AF304659

Sven Jast

DAMIT

EVANGELISIERUNG

GELINGEN

KANN

Artikelsammlung zu einzelnen Aspekten der
Evangelisierung

Bibliografische Information der Deutschen Nationalbibliothek:
Die Deutsche Nationalbibliothek verzeichnet diese Publikation in der Deutschen Nationalbibliografie; detaillierte bibliografische Daten sind im Internet über http://dnb.dnb.de abrufbar.

Herstellung und Verlag: BoD – Books on Demand, Norderstedt

ISBN: 978-3-759-72404-5

Dieses Buch ist auch als E-Book erhältlich.

Soli Deo Gloria –

Allein Gott zur Ehre

Inhaltsverzeichnis

Zum Potenzial der Gläubigen für eine gelingende Evangelisierung

Zum evangelisatorischen Potenzial der einzelnen Teile der Heiligen Messe

Erkenntnisse aus vergangenen fruchtbaren Beispielen der Evangelisierung für die Evangelisierung von heute

Organisationsentwicklung von einer bewahrenden Pfarrei hin zu einer missionarischen Pfarrei

Kirchliches Wachstum durch die Zusammensetzung von Pastoralräten in Pfarreien

Vorwort

Evangelisierung ist die wesentliche Aufgabe der Kirche und ein vielseitiges Geschehen[1]. Die fünf Artikel dieser Artikelsammlung wollen einen Beitrag zur Ermöglichung von deren Gelingen[2] leisten. Sie beleuchten die Thematik der Evangelisierung in verschiedene Richtungen – sind somit also von ihrem jeweiligen Inhalt her nicht als aufeinander bezogen verfasst – und beschäftigen sich dabei mit unterschiedlichen Handlungsmöglichkeiten der Evangelisierenden. Dabei nehmen grob gesagt die ersten drei Artikel dieser Sammlung das evangelisierende Handeln direkt in den Blick, während die beiden weiteren sich eher dem Agieren hinsichtlich der Schaffung von Strukturen widmen, die das evangelisierende Handeln und damit auch eine gelingende Evangelisierung begünstigen können.

Der Aufbau der Artikel ist vom Grundsatz her derselbe: Auf die Einleitung folgen die Untersuchung des jeweiligen Themas, eine Zusammenführung und Weiterbearbeitung der bisher dargelegten Ausführungen sowie ein kurzes Schlussfazit, an das sich das Literaturverzeichnis des jeweiligen Artikels[3] anschließt.

Die einzelnen Artikel und ihre unterschiedlichen Anliegen zum Zweck einer gelingenden Evangelisierung sollen hier kurz vorgestellt werden, wobei bezüglich der genaueren Vorgehensweise auf die Ausführungen im jeweiligen Artikel selbst verwiesen sei:

---

1   Vgl. dazu EN 14 & 17. Zur Definition von Evangelisierung vgl. z. B. JAST, S.: *Evangelisierung*, S. 22-24.
2   Zur Definition von gelingender Evangelisierung vgl. z. B. ebd., S. 27f.
3   Generell gilt für alle Literaturverzeichnisse in diesem Buch: Die einzelne Literatur, die in diesem Buch mit Abkürzung oder Autor und Kurztitel zitiert wird, wird in den Literaturverzeichnissen mit dem Volltitel aufgeschlüsselt. Hauptwerke und Monografien sind dabei durch einen *kursiven Titel* gekennzeichnet, Aufsätze oder Abschnitte eines Buches durch einen normalformatierten Titel.
    Die Internetquellen in den Literaturverzeichnissen wurden im Zuge der Endredaktion dieser Artikelsammlung am 15.05.2024 auf ihre Aktualität hin überprüft.
    Bemerkt sei ebenso noch an dieser Stelle zur verwendeten Literatur, dass sämtliche kirchlichen Dokumente i. d. R. mit Absatznummer zitiert werden, außer es ist explizit die Seite angeführt.

Der erste Artikel trägt den Titel *Zum Potenzial der Gläubigen für eine gelingende Evangelisierung.* In ihm geht es um Folgendes: M. E. existieren neben den bereits von Gläubigen jeglichen Standes ausgeführten Aufgaben in der Evangelisierung noch viele Aufgaben, denen sie (noch) nicht nachkommen, die aber zusammen mit den bereits ausgeführten Aufgaben helfen können, dass die Kirche qualitativ sowie quantitativ wächst. Zu diesem Zweck werden in diesem Artikel die Ausführungen verschiedener weltkirchlich-lehramtlicher Dokumente zusammengetragen.

Zum evangelisatorischen Potenzial der einzelnen Teile der Heiligen Messe betrachtet als zweiter Artikel dieser Sammlung dieses Potenzial, da die Messfeier für die Evangelisierung und damit ebenso für eine gelingende Evangelisierung als wichtig anzusehen ist[4]. Der Artikel hat besonders die Evangelisierung von Menschen des ersten Bereiches der Evangelisierung aus *Evangelii gaudium* Nr. 14 im Blick, d. h. also letztlich diejenigen KatholikInnen, welche ihren Glauben aktiv leben[5]. Denn diese sind es auch, die i. d. R. eine Hl. Messe mitfeiern und auf die die darin enthaltenen evangelisatorischen Potenziale direkt ihre Wirkung entfalten können. Ebenso sind diese Gläubigen wiederum über die bei ihnen selbst besser vorhandene Evangelisierung immer mehr selbst dazu fähig, andere Menschen zu evangelisieren[6]. Dies kann zu einer gelingenden Evangelisierung mit Blick auf alle Menschen beitragen.

Der dritte Artikel mit dem Titel *Erkenntnisse aus vergangenen fruchtbaren Beispielen der Evangelisierung für die Evangelisierung von heute* möchte anhand fruchtbarer Evangelisierungsbeispiele, die mir als Autor persönlich wichtig geworden sind (Apostelgeschichte, die frühe Christenheit, der Hl. Columban und seine Mönche, die hl. Gottesmutter in Guadalupe, der seliggesprochene Jesuitenpater Philipp Jeningen und der heilige Pfarrer von Ars), gemeinsame Wirkfaktoren als Metadaten erarbeiten, die wiederum in

---

4   Vgl. hierzu JAST, S.: *Evangelisierung*, S. 228-230.
5   Vgl. näher zu diesem Bereich EG 14 und JAST, S.: *Evangelisierung*, S. 162f.
6   Vgl. ähnlich ebd., S. 62f.

einer heutigen Form in die evangelisatorische Praxis implementiert werden können, um erfolgreich zu evangelisieren.

Ein eher strukturelles Thema behandelt der vierte Artikel *Organisationsentwicklung von einer bewahrenden Pfarrei hin zu einer missionarischen Pfarrei.* Da der zweitgenannte Pfarreityp evangelisatorische Vorteile gegenüber dem ersten besitzt[7], stellt sich die Frage, wie eine Pfarrei eine Pfarrei missionarischen Typs werden kann. Letztlich geschieht dies über einen Organisationsentwicklungsprozess, bei dem ebenso die „missionarische Entscheidung"[8] von Papst Franziskus eine Rolle spielt. In diesen Artikel lasse ich u. a. Kompetenzen meiner Change Management Ausbildung (Haufe Akademie) miteinfließen und skizziere anhand dessen einen möglichen exemplarischen und überblicksmäßigen Ablaufplan (= Prozessarchitektur) für diese Entwicklung.

Der fünfte Artikel nimmt unter der Überschrift *Kirchliches Wachstum durch die Zusammensetzung von Pastoralräten in Pfarreien* mit diesen Pastoralräten eine pfarreiliche Struktur in den Blick, die für die Evangelisierung bedeutsam ist. Er beschäftigt sich mit der Möglichkeit, ob pfarreiliche Pastoralräte – eine Übertragung in Deutschland auf die Pfarrgemeinderäte ist prinzipiell denkbar – eine Zusammensetzung besitzen können, welche sich an *Eph* 4,11-16 orientiert (dort geht es um inneres-qualitatives und davon ausgehend auch im Prinzip um quantitatives Wachstum einer christlichen Gemeinde). Der Artikel will dazu theoretisch-experimentelle Anregungen formulieren und eine Diskussion bezüglich dieses Themas anstoßen.

Sehr herzlich möchte ich mich an dieser Stelle beim Dreifaltigen Gott bedanken, dessen Ehre alle Artikel gewidmet sind. Ein sehr großes und herzliches Dankeschön richte ich an meine Eltern. Ein weiteres großes Dankeschön von ganzem Herzen gilt den MitarbeiterInnen beim Verlag *Books on Demand*, die diese Publikation möglich gemacht haben.

---

7   Vgl. dazu ebd., S. 272f.
8   EG 27 – im Originaltext steht „missionarischen".

Mögen diese fünf Artikel und die durch sie behandelten Aspekte segensreich zu einer gelingenden Evangelisierung beitragen. Allen geneigten LeserInnen wünsche ich viel Freude beim Lesen und Gottes reichen Segen beim Umsetzen.

Aalen-Dewangen im Mai 2024, Dr. Sven Jast

LITERATURVERZEICHNIS DES VORWORTS

EG = PAPST FRANZISKUS: Apostolisches Schreiben *Evangelii gaudium: über die Verkündigung des Evangeliums in der Welt von heute* / hg. vom Sekretariat der Deutschen Bischofskonferenz. Bonn, 2013 (Verlautbarungen des Apostolischen Stuhls Nr. 194).

EN = PAPST PAUL VI.: Apostolisches Schreiben *Evangelii Nuntiandi: über die Evangelisierung in der Welt von heute* / hg. vom Sekretariat der Deutschen Bischofskonferenz. Neuauflage. Bonn, 2012 (Verlautbarungen des Apostolischen Stuhls Nr. 2).

JAST, S.: *Evangelisierung* = JAST, S.: *Gelingende Evangelisierung und missionarische Entscheidung.* Freiburg i. Br.: Herder, 2023 (Theologie im Dialog Bd. 29).

Zum Potenzial der Gläubigen für eine gelingende Evangelisierung

1. EINLEITUNG

Der vorliegende Artikel beabsichtigt auf Aspekte zu blicken, die zu einer gelingenden Evangelisierung mit beitragen können[1]:

Es sind die Aufgaben der Stände der Kirche mit Blick auf die Evangelisierung und ihr sowohl bereits genutztes als auch noch wenig bis gar nicht genutztes Potenzial für die Evangelisierung[2]. Gerade dasjenige Potenzial, das die beiden letzten Kriterien erfüllt, bietet Chancen für ein gegenüber dem bisherigen Vorgehen erweitertes Handeln der Gläubigen jeglichen Standes in der Evangelisierung.

Dazu trägt dieser Artikel in **Kapitel Nr. *2.*** skizzenhaft Aussagen bezüglich der Aufgaben der Stände der Kirche aus Dokumenten des weltkirchlichen Lehramtes ab einschließlich dem II. Vaticanum zusammen[3].

---

1   Zu den Begriffen *Evangelisierung* und *gelingende Evangelisierung* sowie zu den Termini *Mission* und *Neuevangelisierung* vgl. z. B. JAST, S.: *Evangelisierung*, S. 22-28 – wobei *Mission, Neuevangelisierung* und *Evangelisierung* entsprechend ebd., S. 27 auch im vorliegenden Artikel synonym verwendet werden. Zudem wird in diesem Sinne der Einfachheit halber i. d. R. nur der Begriff *Evangelisierung* gebraucht.

2   Die oben im Text erwähnten Aufgaben, auf die dieser Artikel blickt, und die zu einer gelingenden Evangelisierung beitragen können, vermögen im Zuge ihrer Ausführung auch eine Reform der Kirche i. S. einer stetigeren Angleichung dieser Kirche in ihrem Leben und Wirken an ihr missionarisches Wesen, das sich von Gottes Wirken herleitet (vgl. AG 2), zu bewirken – also quasi eine *Reform im genannten Sinne im Vollzug der Evangelisierung*. Die Reform der Kirche ist hier aber nicht explizit Thema.

3   Die ab inklusive der o. g. Zeit vorrangig sich mit der Evangelisierung beschäftigenden weltkirchlich-lehramtlichen Dokumente sind: AG, EN, RM und EG. Der vorliegende Artikel baut nur in einem Kern auf dem Textbestand in JAST, S.: *Evangelisierung*, S. 128-144 auf (es findet aber im Artikel sonst kein expliziter Verweis darauf statt, da die diesbezügliche Referenz hiermit benannt ist und ferner im Artikel auf die auch dort verwendeten Originalreferenzen verwiesen wird), in dem entsprechend der dortigen Zielsetzung und des dortigen Vorgehens Aussagen der vier gerade genannten Dokumente benannt werden (s. dazu ebd., S. 13, 17f. & 75f.). Diese Aussagen werden in diesem Artikel mit denen anderer weltkirchlich-lehramtlicher Texte ergänzt.

Eine vollständige Darlegung und Analyse aller Aussagen dieser weltkirchlich-lehramtlichen Texte ist aber aufgrund des Charakters eines Artikels
nicht leistbar. Im Anschluss an die Darstellung der Inhalte aller Dokumente zu den Aufgaben der Gläubigen erfolgt im *3.* **Kapitel** eine weiterführende Analyse zum Anliegen dieses Artikels anhand der dargelegten
Sachverhalte. Ein kurzes Fazit als *4.* **Kapitel** und das folgende **Literaturverzeichnis** schließen den Artikel ab.

2. AUFGABEN IN DER EVANGELISIERUNG

2.1 Aufgaben aller Gläubigen

Was die Aufgaben aller Gläubigen anbelangt, ist zuallererst festzuhalten,
dass die gesamte Kirche – dass also das ganze Volk Gottes, alle ChristInnen als Evangelisierende fungieren[4]. Der Evangelisierungsauftrag ist für
sie verpflichtend und gleichzeitig auch ihr heiliges Recht[5]. Bei seiner Ausführung sollen alle Gläubigen und Gemeinden zusammenarbeiten[6].

Es existieren unterschiedliche Aufgaben, die den Gläubigen im Zuge
der Evangelisierung zukommen. Manche Aufgaben gehen das gesamte
Volk Gottes an. Andere Aufträge betreffen nur einzelne Stände. Alle
Evangelisierenden aber ergänzen sich mit ihren jeweils spezifischen Bei-
trägen zur Evangelisierung in Form von Selbst- und Fremdevangelisierung
bei der Ausführung des Sendungsauftrags Jesu (z. B. *Mt* 28,19f.).

Für eine gelingende Evangelisierung ist es wichtig, dass alle Gläubigen
diese Aufgaben, die ihnen das Lehramt zugedacht hat, kennen und je nach
den örtlichen Gegebenheiten und Notwendigkeiten ausführen können
und auch ausführen.

---

4   S. dazu AG 23 & 37 und LG 1. Zum Begriff *Evangelisierende(r)* vgl. z. B. EG 24 & 133.
    Zur Mitarbeit der Kirche an der Sendung Christi s. a. LG 17 und RM 9. Dazu, dass
    laut Bibel die Evangelisierung seit Beginn der Kirche Gemeindeaufgabe ist, s. RM 27.
5   Vgl. hierzu AG 5, 7 & 35 und RM 77. Zur Pflicht der Kirche zu evangelisieren vgl.
    ferner z. B. EN 16 und RM 32 (im Hinblick auf die Missionstätigkeit) sowie LG 17.
6   Vgl. dazu RM 77.

Eine erste generelle Aufgabe, die das ganze Volk Gottes betrifft, ist die folgende: Da der Hl. Geist eine zentrale Rolle im Evangelisierungsgeschehen spielt, ist das Gebet um seine Führung in der Evangelisation wichtig[7]. Von Bedeutung sind auch die Analyse der derzeitigen Situation und mit Blick darauf die Unterscheidung der Geister[8].

Weitere Aufgaben des gesamten Gottesvolkes lassen sich grob in die vier folgenden Bereiche unterteilen:

Einen ersten Bereich bildet die Selbstevangelisierung, also die Ausrichtung nach der Frohen Botschaft[9]. Diese ist von essenzieller Bedeutung, weil die Evangelisierenden zuallererst im Zuge der Glaubensverbreitung ihr eigenes Leben äußerst christlich führen sollen[10].

Vor jeglichem Bemühen um das Evangelisieren anderer Menschen gilt es daher zunächst eines zu beachten: Alle Mitglieder der Kirche haben den Auftrag der Selbstevangelisierung[11]. Auch geht es hier darum, dass sich die Gläubigen andauernd gegenseitig evangelisieren, und so als Evangelisierende wachsen[12].

Damit hängt eine weitere bedeutsame Aufgabe im Bereich der Selbstevangelisierung zusammen. Es ist diejenige, nach Heiligkeit zu streben — wobei dies dann auch die Folge haben soll, die Welt positiv zu verändern[13].

Im Zusammenhang mit der Selbstevangelisierung kann weiterhin die Verkündigung des Friedens erwähnt werden, die nicht nur in Richtung der Evangelisierungsadressaten Auswirkungen haben soll, sondern ebenso für

---

7   Vgl. hierzu EN 75 (ähnl. s. a. RM 92).
8   Vgl. dazu EG 51. Zur Situationsanalyse s. z. B. JAST, S.: *Evangelisierung*, S. 31-59(-73), wobei für eine gelingende Evangelisierung die dortigen Feststellungen durch die Analyse der Lage vor Ort ggf. eine ortsbedingte Modifikation erfahren können. Zur Unterscheidung der Geister vgl. z. B. ebd., S. 268f.
9   Vgl. EN 15.
10 Vgl. AG 36.
11 Vgl. EN 15.
12 Vgl. dazu EG 121, das auch Möglichkeiten nennt, wie dies geschehen kann.
13 Vgl. hierzu LG 40. Dies wird in LG 41 im Hinblick auf das Handeln von ChristInnen in unterschiedlichen Situationen näher ausgeführt. LG widmet der Berufung aller ChristInnen zur Heiligkeit das gesamte 5. Kapitel (vgl. LG 38-42).

jede und jeden Getaufte(n) persönlich den selbstevangelisierenden Effekt der Motivation zur Friedensstiftung besitzt[14].

Der zweite Bereich beinhaltet Aufgaben im Zuge der Evangelisierung anderer Menschen, also für die Fremdevangelisierung:

Generell gilt für die Kirche, dass sie durch göttlichen Auftrag gesandt ist, auf der gesamten Welt bei jeglicher Gelegenheit die Frohe Botschaft zu verkünden (vgl. *Mt* 28,20)[15]. Die Kirche an sich soll zu jeder Zeit dazu dienen, dass sich ein einziges Gottesvolk über die Erde ausbreitet[16] und die Kirche bei allen Menschen eingepflanzt wird[17].

Daher ist nicht nur die Evangelisierung von Heiden ihre Aufgabe (wenngleich ihre vornehmliche), sondern ebenso die Neuevangelisierung der Nationen, denen das Evangelium bereits verkündet worden ist[18].

Im Hinblick auf alle Gläubigen ist hinsichtlich der Evangelisierung anderer festzustellen, dass sich alle ChristInnen ohne Ausnahme gemäß ihren Lebensumständen und Charismen an der Evangelisierung beteiligen sollen[19]. Das bedeutet, täglich die Frohe Botschaft zu allen zu bringen, denen ChristInnen begegnen – egal ob z. B. in einer Unterredung oder bei einem Hausbesuch[20]. Dabei geht es darum, dass letztlich das Wesentliche der christlichen Botschaft verkündet wird[21].

Ebenso geht es für die Evangelisierenden darum, durch ihr Leben und ihre Verkündigung die Kirche als Quelle für heute benötigte moralische Kräfte herauszustellen[22].

---

14   Vgl. dazu EG 239.
15   Vgl. hierzu AG 1f. & 5 (ähnl. s. a. EG 19).
16   Vgl. AG 1. Zu dieser universalen Sicht über Raum und Zeit hinweg sowie ergänzend dazu den Blick auf den teilkirchlichen Aspekt vgl. EN 61f. & 64.
17   Vgl. AG 10.
18   Vgl. RM 30 in Verb. mit dem Gedanken der Zentralität der Heidenmission in RM 32 & 34. Die Notwendigkeit von Neu- und Erstevangelisierung in christlichen Ländern sieht RM 37 als gegeben an. Für Deutschland vgl. dazu z. B. die Feststellungen in JAST, S.: *Evangelisierung*, S. 48-73.
19   Vgl. AG 28.
20   Vgl. EG 127.
21   Vgl. hierzu EG 35 – bzw. näher zu diesem Thema EG 34-39.
22   Vgl. GS 43.

Es bedarf bei der Evangelisierung letztlich der Unterscheidung, was der richtige Weg ist; generell aber haben die ChristInnen die Aufgabe, zu allen Randgebieten zu gehen, wenn dies auch bedeuten kann, dass sie nicht nur zu den Menschen hinausgehen, sondern i. S. des barmherzigen Vaters aus *Lk* 15 ebenso die Türen geöffnet lassen[23].

Im Zuge des gerade genannten Aufbruchs existiert auch die Aufgabe, das Menschengeschlecht zu begleiten, die Seelsorge missionarischer auszurichten und die kirchlichen Strukturen zu erneuern[24].

Weitere Aufgaben zur Evangelisierung anderer Menschen lassen sich im Prinzip dem Prozess der Christwerdung und der Vertiefung des Christseins, d. h. dem Evangelisierungsprozess, zuordnen[25]:

Alle Glieder des Volkes Gottes haben den Auftrag, durch die Verkündigung Gottes und Christi durch Worte und durch ihr Lebensbeispiel ihren heidnischen Mitbürgern dazu zu verhelfen, dass sie Christus annehmen können und letztlich Gott loben[26].

Die Evangelisierenden müssen ihre Verkündigung so den Adressaten anbieten, dass diese sie verstehen und von ihr überzeugt werden. Dabei geht es darum, dass diese Verkündigung respektvoll und ohne Wahrheitsverlust vonstattengeht[27].

---

23 Vgl. dazu näher EG 20 & 46f.

24 Vgl. hierzu EG 24 & 27.

25 Zum Evangelisierungsprozess vgl. z. B. näher JAST, S.: *Evangelisierung*, S. 282-300. Allerdings werden die Ausführungen hier nicht explizit den einzelnen Stufen dieses Prozesses zugeordnet, da dies vom Thema dieses Artikels her nicht nötig ist.

26 Vgl. hierzu AG 11, 13 & 15. Hier nimmt z. B. der interreligiöse Dialog (vgl. z. B. RM 55-57) einen wichtigen Stellenwert ein. Zu ihm sind alle ChristInnen aufgerufen, v. a. die Laien (vgl. RM 57).
    Es gilt für die Gläubigen und besonders für die Gefirmten, an jedem Ort Zeugnis zu geben für Jesus Christus (vgl. LG 10f.). Lebensführung und Verkündigung als Glaubenszeugnis sind nach RM 27 allen ChristInnen aufgetragen. Zum Gesichtspunkt, Gott zu loben s. a. *Mt* 5, 16.

27 Vgl. zu diesem Absatz EN 3, 63 & 80. Zur respektvollen Verkündigung s. a. RM 39. EN 56 spricht sich bspw. dafür aus, dass Atheisten, Ungläubigen und nicht praktizierenden Getauften der Glaube verständlich verkündet wird. Weiterhin vgl. zum Thema verständliche und nicht überhebliche Darlegung der Lehre EG 41f.

Eine große Rolle bei der Evangelisierung der Heiden und dem Aufbau von Gemeinden spielen die Missionare. Diese können neben Priestern ebenso Laien und Ordensleute sein[28]. Sie sollen zu allen gehen, die von Christus noch weit weg sind, und haben den Aufbau von Gemeinden als Auftrag zu erledigen. Dabei sollen sie evangeliumsgemäß leben, für Christus und sein leichtes Joch Zeugnis geben ggf. bis hin zum Martyrium. Die Evangelisierung sollen sie in Arbeitsgemeinschaft mit allen andern leisten, die ebenso dieses Ziel vor Augen haben[29]. Zudem sollen sie ihren Adressaten Christus bringen[30].

Für die Einführung der TaufbewerberInnen in den christlichen Glauben und die dementsprechende christliche Lebensweise sind dann neben Priestern und KatechetInnen alle ChristInnen in einer Gemeinde zuständig. Die TaufpatInnen haben dabei eine besondere Rolle inne. Die TaufbewerberInnen werden darin ausgebildet, selbst zu evangelisieren[31].

Mit Blick auf das Gottesvolk hinsichtlich der Taufe existieren die Aufgaben, alles, was den Glauben verdunkelt und damit Nichtgläubige vom Empfang der Taufe abhalten kann, zu beseitigen und ein glaubhaftes Lebenszeugnis von Christus zu geben[32].

Darüber hinaus soll sich jede Einzelgemeinde sowohl um die zu ihr gehörenden Gläubigen sorgen als auch darum, dass Jung und Alt zu Christus finden können; v. a. soll sie sich aber um die TaufbewerberInnen sowie Neugetauften kümmern und sie in der christlichen Lebensführung ausbilden[33].

---

28 Vgl. AG 23. Deshalb sind die Missionare bereits hier im Zuge der Gesamtheit der Gläubigen aufgeführt.

29 Vgl. zu den Ausführungen seit der letzten Fußnote AG 15 & 23-25. Im Hinblick auf die Inkulturation und die dabei zusammenarbeitenden Kräfte vgl. RM 52. Zum Leben der ChristInnen als JüngerInnen Jesu vgl. ähnl. EG 24. Dort wird auch „[d]ie evangelisierende Gemeinde" (EG 24) näher charakterisiert.

30 Vgl. RM 88.

31 Vgl. zu diesem Absatz AG 14.

32 Vgl. RM 47.

33 Vgl. dazu PO 6.

Wer selbst evangelisiert wurde, soll gemeinsam mit anderen ebenso evangelisieren, dies sogar mutig vollziehen[34]. Die Pfarrei soll daher mittels all ihres Tuns ihre Gläubigen so bilden und ermutigen, dass diese sich selbst aktiv am Evangelisierungsprozess beteiligen[35].

Im Evangelisierungsprozess soll die Gemeinde stets die Früchte beachten, die die Evangelisierung hervorbringt, und die positiven Früchte fördern; Erfolge soll sie feiern[36].

Der dritte Bereich der Aufgaben des gesamten Gottesvolkes in der Evangelisierung anderer enthält Aufträge, die sich vom Reden und Handeln Jesu ableiten lassen.

Zum einen aus den Sendungsaufträgen Jesu: In *Mk* 16,15 geht es darum, in der Evangelisierung das Evangelium auszurufen (Stichwort *Kerygma*). Dadurch sollen die Menschen zum Petrusbekenntnis und dem Bekenntnis des Hauptmannes bei der Kreuzigung bewegt werden (vgl. *Mk* 8,29; 15,39). *Mt* 16,18; 28,19-20 legt den missionarischen Schwerpunkt auf die Kirchengründung einerseits und die Unterweisung andererseits. Lukas sieht das Zeugnis v. a. von der Auferstehung als Akzent der Sendung (vgl. dazu *Lk* 24,48; *Apg* 1,8.22), sowie den Auftrag, die Menschen dazu zu bewegen, sich dem liebenden, gnädigen und befreienden Gott zuzuwenden. Für Johannes geht es darum, dass zwischen Gott, Jesus und den Menschen Gemeinschaft besteht (vgl. dazu *Joh* 17,3.18; 20,21)[37].

Ein weiterer bedeutsamer Auftrag, der sich von Jesus herleiten lässt, ist die Suche nach dem Reich Gottes sowie die Verkündigung seiner Nähe[38].

Daraus folgt: Die ganze Kirche hat laut göttlichem Auftrag dem Reich Gottes zu dienen. Zum einen tut sie dies durch die Verkündigung, die bewirken möchte, dass sich Menschen bekehren. Zum anderen verkündet und fördert sie alle evangeliumsgemäßen Maßstäbe, die sich in den

---

34 Vgl. EN 13 (ähnl. s. a. EN 24) in Verb. mit EN 20. Oben im Text wurde deutlich, dass bereits TaufbewerberInnen in die Lage versetzt werden sollen, sich an der Evangelisierung zu beteiligen (vgl. AG 14).

35 Vgl. EG 28.

36 Vgl. EG 24. Hier geht es allgemein um „[d]ie evangelisierende Gemeinde" (EG 24).

37 Vgl. zu diesem Absatz RM 23. Zum Kerygma s. genauer EG 164.

38 Vgl. EG 180.

Seligpreisungen finden und das Reich Gottes verdeutlichen. Als drittes hält die Kirche Fürbitte, um es zu erhalten[39].

Dabei geht es auch um die Verkündigung von Befreiung (von Andersgläubigen wie von eigenen Kirchenmitgliedern), die sich aber nicht nur im Verkündigen erschöpft, sondern ebenso verschiedene Hilfen miteinschließt, damit Menschen befreit werden[40].

Auf dem Hintergrund der Befreiung besteht die Aufgabe, dass sich das gesamte Volk Gottes einsetzen soll, dass die Armen frei werden. Ebenso soll allen Gläubigen deren Förderung ein Anliegen sein. Ziel ist ihre Eingliederung ins gesellschaftliche Leben. Es geht dabei um eine dauerhafte und nicht nur punktuelle Solidarität[41].

In diesem Zusammenhang ist allerdings die Heilsverkündigung in den Missionen (und damit ebenso bei jeglicher Erstevangelisierung in Deutschland) die primäre Aufgabe[42].

Wo sich spirituelle Wüsten aufgetan haben (egal ob aufgrund von Gesellschaften, die nicht auf Gott gegründet sind oder aufgrund von Widerstand gegen die christliche Religion), sollen v. a. die SeelsorgerInnen wie Amphoren wirken, um den Durst der Menschen im Hinblick auf den letzten Lebenssinn zu löschen[43].

Die Evangelisierung soll auch zur Gemeinschaft beitragen. Dies beinhaltet mehrere Aspekte:

In den Städten bspw. soll die Kirche in diesem Sinne mittels Dialoges vermittelnde Funktion zwischen den einzelnen Kulturformen, die dort leben, ausüben[44].

---

39 Vgl. zu diesem Absatz RM 20.

40 Vgl. EN 30. Zur Befreiung s. a. RM 11, das in ihr auch den Grund für Mission sieht. Zu den genannten Hilfen können bspw. die verschiedenen Wege in RM 43 zählen.

41 Vgl. zu diesem Absatz EG 186-188. Zur Solidarität s. näher EG 189-192. Eine ähnl. Thematik behandelt EG 209-216. Dort geht es um die Sorge für unterschiedliche Arten der schwächsten Menschen.

42 Vgl. zu diesem Absatz RM 83. Zur Heilsverkündigung vgl. EG 114.

43 Vgl. EG 86. Die Überschrift (vgl. EG, S. 60) des die Artikel EG 76-109 umfassenden Abschnitts lässt auf den Bezug auf die SeelsorgerInnen schließen.

44 Vgl. EG 74.

Die Seelsorge soll weiterhin entgegen dem Individualismus aus dem Verhältnis zu Gott eine positive Auswirkung auf die Gemeinschaft zwischen Menschen sichtbar machen[45].

Außerdem sind alle Gläubigen eingeladen, ihr Leben als leuchtende Communio zu gestalten[46] und die Ämter von Priestern, Königen sowie Propheten zu praktizieren[47].

Wenn abgesehen davon die ChristInnen über sämtliche Konfessionen und Denominationen hinweg im geschwisterlichen Miteinander leben, sich darin begleiten, ermutigen und füreinander sorgen, besteht die Möglichkeit der Bewunderung durch andere Menschen und damit auch, dass diese angezogen werden[48].

Zum geschwisterlichen Miteinander passt thematisch die Nächstenliebe. Ist sie letztlich ein göttliches Gebot für alle Gläubigen, so bedarf es doch speziell des engagierten Einsatzes von Laien und Ordensleuten für andere Menschen, besonders für die Armen[49].

Die Nächstenliebe hängt mit dem missionarischen Handeln der Kirche zusammen. Verbunden mit ihr ist eine weitere Aufgabe aller Gläubigen, nämlich der „Aufbau einer besseren Welt"[50].

Ein vierter Bereich der Evangelisierungsaufgaben des ganzen Gottesvolkes befasst sich damit, in diesem selbst das Fundament für die Evangelisierung zu legen:

Dazu zählt die Sensibilisierung der ChristInnen für die Weltmission und die Ausbildung für diese. Diesen Auftrag sollen neben der Ortskirche

---

45   Vgl. EG 67.
46   Vgl. EG 92.
47   Vgl. AG 15.
48   Vgl. EG 99.
49   Vgl. AG 20.
50   EG 183. Vgl. zu den restlichen Ausführungen dieses Absatzes weiterhin EG 179 & 183. Zu diesem Thema passen ebenso die Ausführungen zum Engagement der ChristInnen in der Kultur zum Nutzen aller in GS 57 & 60-62, die Darlegungen zum politischen Handeln von ChristInnen und Kirche in GS 75f., der Auftrag zum Aufbau einer friedlichen Welt in GS 78 & 82 und die Aussagen in Bezug auf die persönliche wie institutionelle Zusammenarbeit aller Gläubigen mit NichtchristInnen, um verbesserte Lebensbedingungen für die gesamte Menschheit herzustellen, in GS 84-90.

besonders die Päpstlichen Missionswerke erfüllen[51]. Durch sie sollen bereits Kinder für die Evangelisierung der Welt begeistert werden[52].

In Bezug auf Jugendliche wiederum gilt, dass ihnen alle Gläubigen echte Aufmerksamkeit schenken und sie evangelisieren sollen. Andererseits sollen die Jugendlichen einen besseren Rahmen erhalten, sich zu engagieren. Zum dritten ist es erforderlich, dass Jugendliche von den Gemeinden auch an das geweihte Leben oder an den Priesterberuf herangeführt werden[53]. Abgesehen davon sollen sich Jugendliche selbst im Rahmen der Evangelisierung Jugendlicher betätigen[54].

Des Weiteren sollen Laien, Priester und Mitglieder der Institute des geweihten Lebens die Laienvereinigungen gut unterstützen, v. a. diejenigen, die Papst und Bischöfe als wichtig ansehen[55].

Soweit die Ausführungen zu den Aufgaben in der Evangelisierung, die alle Mitglieder des Gottesvolkes betreffen. Diese allgemeinen Aufträge können im Hinterkopf immer mit dazugezählt werden, wenn nun die standesspezifischen Aufgaben der einzelnen Stände für das Evangelisierungsgeschehen genauer betrachtet werden.

Beginnen sollen diese standesspezifischen Betrachtungen mit den speziellen Aufgaben für die Laien. Daran schließen sich die besonderen Aufträge an die Kleriker und die gottgeweihten Personen an.

2.2 Spezifische Aufgaben der Laien

Für die Laien existieren unterschiedliche spezifische Aufgaben im Rahmen der Evangelisierung.

Zunächst lassen sich allgemeine Aussagen zu diesen besonderen Aufgaben der Laien festhalten:

---

51   Vgl. zum bisherigen Teil dieses Absatzes RM 83f.

52   Vgl. AG 38.

53   Vgl. zum bisherigen Teil dieses Absatzes EG 105-107. Zur allgemein für das Volk Gottes samt ihrer Priester gültigen Aufgabe, den Priesternachwuchs zu fördern, vgl. PO 11.

54   Vgl. AA 12 sowie EN 72.

55   Vgl. AA 21.

Der Grund für die Evangelisierungsarbeit der Laien ist die Taufwürde[56]. Ihr Engagement ist heutzutage nötiger denn je; es soll wie ein Sauerteig sein[57].

Dieses evangelisierende Engagement der Laien, dieses Apostolat, zeigt sich durch die Verwirklichung der drei göttlichen Tugenden sowie im Handeln zu Gottes Ehre und zum ewigen Heil sämtlicher Menschen. Auch für die Annahme der Frohen Botschaft auf der ganzen Welt Sorge zu tragen, ist Aufgabe aller Angehörigen des Laienstandes.[58].

Die Laien sollen die Frohe Botschaft mit ihren alltäglichen Aufgaben in Einklang bringen. Sie sollen die Gottesliebe in ihrem Leben und in dem, was sie sagen, sichtbar machen[59].

Sie haben aufgrund ihres Status die Aufgabe, dafür zu sorgen, dass alles immer christusähnlicher wird[60]. Dabei geht es sowohl um ihre gegenseitige Hilfe zum Leben in Heiligkeit als auch um ihre Sorge für den Fortschritt durch Arbeit und Güter der menschlichen Gesellschaft; ebenso darin ggf. in Zusammenarbeit der Laien inbegriffen ist eine u. U. nötige Umgestaltung der Gesellschaft mittels des Wertes der Gerechtigkeit[61].

Ferner obliegt es den Laien, Initiativen ins Leben zu rufen und Gottes Gebot in der weltlichen Gesellschaft Relevanz zu verschaffen[62].

Ihre Sendung können die Laien sowohl als Einzelpersonen wie auch in unterschiedlichen Gruppierungen ausüben. Als Einzelne an jedem Ort und zu jeder Zeit zu evangelisieren, ist ihre Pflicht[63].

---

56 Vgl. RM 71 (ähnl. s. AA 3). Mit RM 71 kann die Taufwürde als Grund für die Evangelisierungsarbeit sogar auf das ganze Volk Gottes bezogen werden; RM 77 bestätigt dies. Die Zugehörigkeit zur katholischen Kirche ist sogar ein Privileg, das dazu auffordert, andere zu evangelisieren, damit diese ebenso daran teilhaben können (vgl. dazu RM 11).

57 Vgl. AA 1f.

58 Vgl. zu den Ausführungen dieses Absatzes AA 3.

59 Vgl. CL 34.

60 Vgl. AG 15. Zum Status der Laien vgl. ferner AG 41. Ähnl. Ausführungen zum oben Gesagten s. a. EG 201.

61 Vgl. dazu LG 36.

62 Vgl. GS 43.

63 Vgl. dazu AA 15f. Ähnl. vgl. AA 18.

Ihr Apostolat als Einzelpersonen gestaltet sich in verschiedener Weise: durch ihr Lebenszeugnis, beim Aufbau der Gesellschaft sowie in Liebe und tätiger Nächstenliebe. Besonders sind sie in schwieriger Umgebung gefragt, ihre Sendung dadurch auszuüben, dass sie im Rahmen ihrer Kompetenzen die Priester vertreten[64].

Das evangelisierende Engagement der Laien in Gemeinschaft kann zum einen auf den unterschiedlichen Ebenen der Kirche geschehen (Gemeinschaft der Familien, Pfarrei, Diözese). Zum anderen ist ihr Beitrag ebenso in anderen Gruppierungen möglich. Dabei ist es für die Laien vorteilhaft, in Gemeinschaft zu evangelisieren[65].

Bezüglich der verschiedenen Bereiche des Laienengagements lassen sich diverse Aussagen treffen. Zunächst seien hierzu allgemeine Feststellungen angeführt:

Die Laien sollen sowohl den kirchlichen als auch den säkularen Bereich evangelisieren. Diese zweifache Evangelisierungstätigkeit kann durch verschiedene Taten, Worte und das eigene Lebenszeugnis geschehen – egal ob hinsichtlich von Nichtgetauften oder zur Glaubensvertiefung von Getauften. Christliche Grundsätze sollen die Laien mit Blick auf aktuelle Fragen erörtern, verteidigen und anwenden. Für den säkularen Bereich ist v. a. ihr soziales Engagement gefordert, um alle weltlichen Dinge nach dem christlichen Leben auszurichten[66].

Hinsichtlich der evangelisierenden Tätigkeit der Laien kann sogar mit Blick auf die beiden Bereiche eine Gewichtung vorgenommen werden:

Zuallererst sollen sie ihr Christuszeugnis in Leben und Verkündigung in ihrem eigenen Umfeld geben[67]. Das bedeutet auch, dass das vornehmliche Betätigungsfeld ihres evangelisatorischen Handelns nicht im kirch-

---

64 Vgl. zu diesem Absatz AA 16f.
65 Zu diesem Absatz vgl. AA 18. Zu den Merkmalen der Mitarbeit der Laien bei den päpstlichen und bischöflichen Einrichtungen der sog. *Katholischen Aktion* vgl. AA 20.
66 Vgl. zu diesem Absatz AA 5-8. Zum sozialen Agieren der Laien allgemein s. a. AA 8.
67 Vgl. AG 21.

lichen Bereich liegt, sondern in den verschiedenen gesellschaftlichen Welten und Bereichen[68].

Die Aufgaben der Laien schließen die Weckung von kirchlichen Berufen sowie ihr Engagement in Schulen (als Unterrichtende), Welt, Kirche und Entwicklungshilfe mit ein wie auch Forschungen an diversen Institutionen zum Zweck der Unterstützung der Evangelisierung von NichtchristInnen. Sie sollen mit allen Menschen kooperieren[69].

Ein genauerer Blick auf die unterschiedlichen evangelisatorischen kirchlichen als auch säkularen Tätigkeitsfelder der Laien ergibt für diese die folgenden Aufgaben:

Was den kirchlichen Bereich betrifft, sollen die Laien mit ihren Gaben die Kirche aufbauen und dem menschlichen Wohl dienen. Sie sollen z. B. Gutes tun, die Seligpreisungen leben, sich gegenseitig Freunde sein und sich helfen. Dabei soll ihr Handeln ihrem jeweiligen Stand angepasst sein[70].

Die Laien sind darüber hinaus beauftragt, das Gottesreich zu suchen und die Welt zu heiligen. Ebenso sollen sie sich entsprechend der ihnen zur Verfügung stehenden Energie und Zeit dafür einsetzen, dass die Frohe Botschaft alle Erdenbewohner erreicht und die Kirche sowohl wächst als auch ständig geheiligt wird[71].

Der Einsatz der Laien findet dort statt, wo nur sie die Kirche repräsentieren können. Ihr Zeugnis ist dabei ein Lebenszeugnis[72]. Besonders sollen sie in den verschiedensten Bereichen ihres Umfeldes für Christus Zeugnis geben; den neuen Menschen müssen andere ihnen ansehen können[73].

---

68 Vgl. dazu EN 70. Ähnl. s. AA 9 und PG 51.
69 Vgl. zu diesem Absatz näher AG 41. Zur Weckung von Missionsberufungen in den Familien vgl. RM 80.
70 Vgl. zu diesem Absatz AA 1-4. Ähnl. s. a. LG 36.
71 Vgl. zu den Ausführungen dieses Absatzes LG 31 & 33.
72 Vgl. hierzu LG 35f. Zum Zeugnis der Laien s. a. die Schlussbemerkung des Kapitels über die Laien in LG 38.
73 Vgl. AG 21. Ähnl. vgl. schon AG 20.

Bei der Evangelisierung durch die Laien ist neben dem eigenen Lebenszeugnis ebenso die Wortverkündigung wichtig[74].

Zudem unterstützen die Laien auf geistige Art in wertvoller Weise ihre Hirten und alle anderen Gläubigen. Sie evangelisieren gemeinsam mit anderen, führen Kirchenferne zur Kirche hin, geben das Gotteswort weiter und lassen die pastorale Arbeit wie auch die kirchliche Verwaltung durch ihr Wissen effektiver sein. Sie und ihre Priester arbeiten eng miteinander zusammen. Dabei soll ihre Sorge um das Volk Gottes nicht auf die Pfarrei beschränkt bleiben, sondern sich über Pfarrei- und Diözesangrenzen hinweg bis in den internationalen Bereich hinein ausrichten. Besonders den Missionswerken sollen sie materiell wie personell zur Seite stehen[75].

Laien können somit die Berufung zu verschiedenen Diensten haben, bei denen zwischen ihnen und ihren Hirten eine Kooperation stattfindet – in der Sorge um die Gemeinde sowie im Hinblick darauf, das kirchliche Leben wachsen und zur vollkommenen Lebendigkeit kommen zu lassen[76].

Bei den neugegründeten Kirchen (dies gilt ebenfalls bei Bedarf für die alten) geht es ferner um die Festigung des kirchlichen Wesens[77].

Weiterhin ist die Ausübung der bereits oben erwähnten Nächstenliebe, besonders mit Blick auf die Bedürftigsten, ein zentraler Auftrag für die Laien im Rahmen der Evangelisierung[78].

Zusammenfassend kann anhand des gerade Gesagten festgehalten werden, dass Laien mithelfen, reife Gemeinden zu schaffen[79].

Ein nächstes Tätigkeitsfeld der Laien sowohl im kirchlichen als auch im gesellschaftlichen Bereich ist die Ehe bzw. die Familie. Das bereits erwähnte Zeugnis der Laien ist v. a. dort verwirklicht[80].

---

74 Vgl. AA 6. Zum Inhalt des christlichen Zeugnisses in beiderlei o. g. Arten mit Bezug auf den christlichen Glauben sei auf CL 34 verwiesen.

75 Vgl. zu diesem Absatz AA 10. Hinsichtlich der Zusammenarbeit s. a. AG 21.

76 Vgl. EN 73. Dort finden sich ferner verschiedene Ausführungen zu den Diensten.

77 Vgl. AG 19.

78 Vgl. CL 41. Nächstenliebe zu üben ist ebenso etwas, das alle ChristInnen betrifft, egal welchem Stand sie angehören (s. Kapitel 2.1).

79 Vgl. CL 34.

80 Vgl. dazu LG 35.

Als Familien und Eheleute sind die Laien dazu berufen, Glaubenszeugen zu sein und an der Gnade mitzuwirken. Ihren Kindern sollen sie vom Glauben erzählen, sie im Glauben erziehen und bei der Berufswahl (auch bezüglich geistlichen Berufen) unterstützen. Sie sollen ihre Ehe nach den katholischen Grundsätzen führen und ihren Auftrag zur Glaubenserziehung als verpflichtend sowie als ihr Recht ansehen. Dazu kommt die Verteidigung der Würde und des Zusammenlebens der Familie. Diese ihre Rechte sollen durch ihr Engagement (auch in Kooperation mit anderen) zudem in den Gesetzen eines Landes verankert gehalten werden[81].

In der Familie können sich die Mitglieder gegenseitig evangelisieren, die Frohe Botschaft im Leben anwenden und auch andere evangelisieren. Bei Familien mit konfessionsverbindenden Eltern geht es auch darum, die Einheit zu schaffen. Für die Eltern wie für die ErzieherInnen lautet der Auftrag, die Kinder darin zu unterstützen, die Wahrheit zu entdecken[82].

Thematisch verwandt mit Ehe und Familie ist der Bereich der Jugend. Was diese anbelangt, wurde bereits weiter oben im Text schon etwas im Hinblick auf das Verhältnis von Erwachsenen und Jugendlichen festgehalten. Die Jugendlichen und selbst die Kinder gelten ebenso als diejenigen, die unter ihren Altersgenossen evangelisieren sollen[83].

Eng verknüpft mit Ehe und Familie ist darüber hinaus das Gebiet der Gesellschaft. Dabei gelten sowohl die Familie als auch die Ehe als der erste Bereich, in dem Laien ihre soziale Sendung ausüben[84]. Dies stellt eine wichtige Aufgabe dar, da die Qualität eines Volkes von derjenigen seiner Familien abhängt[85].

---

81 Vgl. zu diesem Absatz AA 11 (ähnl. vgl. LG 35). Zur Pflege der geistlichen Berufe durch die Eltern s. a. LG 11 (hier wird ebenfalls erwähnt, dass Eltern Glaubensboten für ihren Nachwuchs sind) sowie RM 80.

82 Vgl. zu diesem Absatz EN 71 & 78. Zur Erziehung von Kindern und Jugendlichen mit Blick auf die Evangelisierung vgl. weiterhin AA 30 und CL 34.

83 Vgl. AA 12.

84 Vgl. CL 40.

85 Vgl. zu diesem Absatz CL 40.

Die Familie ist als Zelle und Fundament des gesellschaftlichen Lebens gesandt, in die Gesellschaft hineinzuwirken[86].

In diesem Zusammenhang ist der Dienst der Laien an Frauen, Männern, Kindern und Jugendlichen sowie an der Gesellschaft gefragt, um letztlich das Reich Gottes zu verwirklichen. Besonders schlägt sich dieses Engagement in der Förderung der Menschenwürde jeder und jedes einzelnen nieder, wobei diese Förderung im Hinblick auf die unterschiedlichen Berufungen und Berufe der Laien verschiedenartig ausfallen kann[87].

Darüber hinaus haben die Laien die wichtige Aufgabe, die Arbeits- und Lebenswelt mit christlichem Geist durch Taten und Worte zu durchdringen. Ebenso sollen sie zum Wohl der Gemeinschaft beitragen. Dafür können sie mit allen kooperieren, die guten Willens sind. Sie sollen die Solidarität zwischen den Nationen fördern und ebenso im Ausland Christus den Menschen verkünden[88].

Das Engagement der Laien in der Politik schließt mit ein, das Allgemeinwohl durch unterschiedliche Initiativen zu fördern, menschliche Werte der Frohen Botschaft im politischen Leben zu bezeugen sowie für Frieden zu sorgen[89].

Laien sollen darüber hinaus dafür sorgen, dass das Staatswesen von Gerechtigkeit gekennzeichnet ist und die Liebe das Zusammenleben der Menschen untereinander ordnet[90].

Ein weiteres Gebiet für das Engagement der Laien ist ihr Einsatz für die Würde des Menschen im ökonomisch-sozialen Bereich, besonders bei vielen schwerwiegenden Problematiken in der heutigen Arbeitswelt. Zu diesem Bereich zählt ebenso das Engagement für die Umwelt[91].

Als ein letztes Gebiet ist die Evangelisierung der Kultur durch die Laien wichtig, egal ob an Bildungs- und Forschungseinrichtungen oder an

---

86   Vgl. hierzu ausführlich AA 11.
87   Vgl. dazu genauer CL 36-38.
88   Vgl. zu diesem Absatz AA 13f. In AA 13 werden verschiedene Handlungsmöglichkeiten bzgl. Arbeits- und Lebenswelt genannt.
89   Vgl. dazu CL 42.
90   Vgl. AG 19.
91   Vgl. zu diesem Absatz CL 43. Dort s. a. eine Aufzählung diverser Problemarten.

Orten, an denen Kunst geschaffen oder dem Humanismus gemäß nachgedacht wird. Zur evangelisierenden Betätigung der Laien in der Kultur gehört weiterhin die verantwortungsvolle Nutzung der Kommunikationsmittel für die Verkündigung[92].

Mit diesen Ausführungen sind die Schilderungen der speziellen und vielfältigen Aufgaben für die Laien im Zuge der Evangelisierung abgeschlossen. Im Folgenden geht es um die Aufgaben, die den Klerikern im Evangelisationsgeschehen über die o. g. allgemeinen Aufträge für alle Gläubigen hinaus zukommen und durch deren Ausführung sie zu einer gelingenden Evangelisierung beitragen können.

2.3 Spezifische Aufgaben der Kleriker

Die Kleriker haben im Rahmen der Evangelisierung Aufgaben, die berufsübergreifend sowie berufsspezifisch sind. Viele davon sind im Bereich der Seelsorge zu beachten, die selbst ein Feld der Evangelisierung ist[93].

Zuerst werden nun die berufsübergreifenden, interferierenden Aufgaben betrachtet, bevor die berufsspezifischen Aufträge im Blickpunkt stehen sollen.

2.3.1 Interferierende Aufgaben der Kleriker

Es existieren diverse Aufgaben innerhalb der Evangelisierung, die die Kleriker berufsübergreifend betreffen:

Bischöfe, Priester und Diakone haben die Aufgabe der Sammlung des Gottesvolkes und der Betreuung der Ortsgemeinde[94]. In diese Richtung, wenn auch universaler gedacht, fügt sich ebenso ihr Auftrag ein, die gesamte Weltbevölkerung „in Christus, in seiner Kirche zu vereinen"[95].

---

92 Vgl. zu diesem Absatz CL 44.
93 Vgl. EG 14.
94 Vgl. EN 76.
95 KLERUSKONGREGATION: *Priester*, 17.

Die Predigt der Kleriker ist eine der Gelegenheiten, bei denen Evangelisierung stattfindet[96].

Alle Kleriker sollen ferner die Laien bei ihrem Tun, ihrem Wachstum, ihrer Ausbildung sowie der Herausbildung ihres Verantwortungsbewusstseins für die Menschheit unterstützen[97]. Sie sollen das evangelisierende Handeln der Laien auf das Wohl der gesamten Kirche auszurichten helfen und aufmerksam sein, dass es sowohl gemäß der katholischen Lehre als auch der kirchlichen Ordnung erfolgt. Eine gute Zusammenarbeit mit den Laien ist dabei wichtig[98].

Eine weitere Aufgabe, die sämtlichen Seelsorgern zukommt, besteht darin, durch ihr Leben und Wirken allen Menschen deutlich zu machen, wie stark und wahr die Botschaft des Christentums ist[99].

Gemeinsam mit den Oberen sind die Bischöfe (Ordinarien) für die Aus- und Weiterbildung (auch auf spirituellem Gebiet) von Priestern in Bezug auf die missionarische Sendung zuständig[100].

Bischöfe und Priester sollen die besten und nachhaltigsten Methoden für die Evangelisierung herausfinden und umsetzen. Die Frohe Botschaft Gottes zu verkünden ist ihre große Verantwortung, muss beiden das Bedürfnis schlechthin sein und zeichnet ihren Dienst letztlich einzigartig aus. Abgesehen davon haben sie primär die Aufgabe, die christliche Gemeinschaft aufzubauen und weiterzuentwickeln. Weiterhin ist für sie das Hüten, die Verteidigung und Verkündigung der Wahrheit um jeden Preis ein wichtiger Auftrag[101].

---

96 Vgl. hierzu z. B. EG 143.

97 Vgl. AG 21.

98 Vgl. zu diesem Teil des Absatzes ab der letzten Fußnote AA 24f. (zur Kooperation s. a. ähnl. LG 30). Zur Bildung der Laien im Hinblick auf das Apostolat vgl. AA 28-32 sowie zu den Ausbildungsinhalten die Verweise bei AA 28, Fußnote 1, S. 689. In Zusammenhang mit der Ausbildung der Laien durch die Hirten s. a. AA 7. EG 102 sieht es als Manko an, wenn sich Laien ihrer Verantwortung nicht bewusst sind.

99 Vgl. GS 43. Im lat. Originaltext von GS 43 steht für „Seelsorger" „pastores" – d. h., dass damit nicht Laien gemeint sind, streng genommen auch nicht Diakone.

100 Vgl. KLERUSKONGREGATION: *Identität*, S. 38. Zum Stichwort Ordinarius s. a. näher unten die Zusatzbemerkung in Fußnote 130.

101 Vgl. zu diesem Absatz EN 40, 68, 70 & 78. Zur Verkündigung von Bischöfen und Priestern s. a. GS 43.

Sie sind darüber hinaus berechtigt und verpflichtet, die Evangelisation von Getauften durchzuführen[102].

In den jungen Kirchen (wie im Prinzip auch in den alten) sollen die Bischöfe in Gemeinschaft mit ihren Priestern gesamtkirchlich denken, im kirchlichen Geist und im Geist Jesu leben sowie Traditionselemente aus der Kirche mit ihrer Ortskultur zusammenbringen[103].

Weil die Evangelisierung die Menschen in ihrer Ganzheitlichkeit fördern soll, können Bischöfe und Priester sich unter Anwendung der Erkenntnisse der unterschiedlichen Wissenschaftsdisziplinen zu allen Lebensumständen der Menschen äußern[104].

Nachdem nun diverse Aufgaben geschildert wurden, die verschiedene Teile des Klerus gemeinsam betreffen, sollen im Folgenden die spezifischen Aufgaben der Bischöfe, Priester und Diakone jeweils für sich Thema sein, ohne dabei die gerade genannten Aufträge zu vergessen.

2.3.2 Spezifische Aufgaben der Bischöfe

Entsprechend zu den weiter oben geschilderten Aufgaben aller Gläubigen, steht bei den Bischöfen ebenso die Selbstevangelisierung an:
Es existieren verschiedene Aspekte des spirituellen Lebens der Bischöfe. Dieses soll sie letztlich als Ziel auf dem Pfad der Heiligkeit spirituell und apostolisch reif werden lassen[105].

Besondere Beachtung verdient ihr individuelles Gebet, in dem sie für die Menschen beten, für die sie zuständig sind, wie auch dafür, dass ihre Priester heilig werden und es geistliche Berufungen gibt[106].

Zur Selbstevangelisierung kommt im Zuge der Evangelisierung anderer der Dienst der Bischöfe, das Hirtenamt, hinzu. Dieses äußert sich in der

---

102 Vgl. KLERUSKONGREGATION: *Identität*, S. 29f.
103 Vgl. AG 19.
104 Vgl. EG 182.
105 Vgl. zu diesem Absatz genauer PG 13. Teilweise werden die dort erwähnten Gesichtspunkte in den nächsten Artikeln des Dokuments ausgeführt (vgl. PG 14-17 & 22).
106 Vgl. PG 17.

Ausführung der drei Dienste (= *tria munera*) des Lehrens, Heiligens und Leitens[107] mit Blick auf alle Menschen und zu allen Zeiten[108]:

In Bezug auf die Lehre ist die primäre bischöfliche Aufgabe diejenige einer vollständigen Verkündigung[109].

Beim Verkündigen der Frohen Botschaft gilt es, Jesus als deren Zentrum zu sehen. Jeder Bischof soll den Gläubigen zu einer Begegnung mit Jesus verhelfen und ihnen so bewusst machen, dass das Pascha Jesu die Quelle christlicher Erfahrung und ihr unzerstörbarer Bezugspunkt ist[110].

Weiterhin geht es mit Blick auf den Bischof um den wichtigen Zusammenhang zwischen Lehre und Zeugnis des eigenen Glaubenslebens, damit er glaubwürdig sein kann[111].

Andere evangelisierende Aufgaben des Bischofs im Zuge dieses Lehr- bzw. Verkündigungsdienstes sind der Schutz der Lehre und dass er den ChristInnen die Verteidigung und Ausbreitung der Lehre beibringt. Ferner soll er durch seine Verkündigung v. a. die Armen in den Blick nehmen. Zudem ist der Dialog mit seinen Mitmenschen seine Pflichtaufgabe[112]. Der Bischof soll weiterhin für die Förderung, Regelung und Planung der Predigt in den Kirchen seines Bistums sorgen[113].

Ferner hat das Augenmerk des Bischofs auf der Katechese zu liegen. Es gilt für ihn in der katechetischen Tätigkeit, selbst die Führungsrolle zu übernehmen, den Blick auf die Katechese in seinem Bistum zu haben, sich für einen diesbezüglichen Eifer bei allen Beteiligten zu engagieren und TheologInnen sowie Aus- und Weiterbildungsstätten in ihrem Tun zu ermutigen und sie zu unterstützen[114].

---

107 Vgl. hierzu PG 9. Ähnl. s. a. CD 2 & 11.
108 Vgl. CD 2.
109 Vgl. CD 12. Dort finden entfaltende Ausführungen dazu statt.
110 Vgl. zu diesem Absatz PG 27.
111 Vgl. dazu PG 31.
112 Vgl. zu den bisherigen Ausführungen dieses Absatzes CD 13.
113 Vgl. dazu AS 125.
114 Vgl. zu diesem Absatz PG 29. Zur Verantwortlichkeit der Bischöfe für die Katechese aller s. a. CD 14.

Ebenso obliegt es dem Bischof, unterschiedliche Elemente bei der Unterstützung und Konzeption der Katechese zu berücksichtigen, eine nachhaltige aktive Katechese voranzutreiben, die Katechese im Bistum entsprechend den Vorschriften des Hl. Stuhles zu ordnen, geeignete Methoden der Katechese je nach Zielgruppe anzubieten sowie personelle Ressourcen und passende Hilfsmittel für die Katechese bereitzustellen[115]. Das bedeutet z. B. konkret: Was die Katechese für Schulen und Familien anbelangt, steht jeder Bischof in der Verantwortung, zeitgemäßes Unterrichtsmaterial herauszugeben[116]. Auch bezüglich der Unterweisung erwachsener Taufbewerber soll er Sorge tragen[117].

Zudem ist es die Aufgabe des Bischofs, in seinem Zuständigkeitsbereich die Frohe Botschaft zu inkulturieren, u. a. dafür ebenso auf alle sozialen Kommunikationsmittel zurückzugreifen und besonders die Priesteramtskandidaten in diesen genügend auszubilden[118].

Zum Stichwort soziale Kommunikationsmittel gilt es hier noch einen weiteren Gesichtspunkt zu nennen: Der Bischof soll dafür sorgen, dass die Gläubigen einen vorteilhaften Umgang mit den sozialen Kommunikationsmitteln als moderne Areopage/Foren zwecks Evangelisierung und Vermittlung christlicher Glaubensinhalte sowohl als Sendende als auch als EmpfängerInnen pflegen[119].

Abgesehen davon gilt bezüglich des Verkündigungsdienstes, dass der Bischof diesen zwar mit Blick auf alle Menschen als Adressaten zu leisten hat, ihn aber ebenso nicht allein ausführen muss[120].

In puncto Heiligungsdienst ist der Bischof im Hinblick auf die Evangelisierung dazu berufen, die göttlichen Geheimnisse zu spenden und den

---

115 Vgl. zum bisherigen Text dieses Absatzes AS 127f. Zu weiteren Ausführungen über die Arten der Katechese vgl. besonders AS 129f.

116 Vgl. EN 44.

117 Vgl. CD 14. Der gesamte Artikel beschäftigt sich mit der Katechese unterschiedlicher Zielgruppen.

118 Vgl. dazu PG 30.

119 Vgl. hierzu AS 137f. Genauere Ausführungen zu den Aufgaben des Bischofs mit Blick auf die verschiedenen Kommunikationsmittel s. AS 139-141.

120 Vgl. dazu AS 119.

ganzen gottesdienstlichen Bereich in seinem Verantwortungsbereich zu leiten, zu unterstützen und zu regeln. Ebenso geht es für ihn darum, mit Hilfe der Hl. Eucharistie für eine Auferstehungsgemäße Lebensführung der Gläubigen zu sorgen. Verkündigung und Gebet zählen weiterhin zu seinen Aufgaben wie die Sorge für das Gebetsleben, das Zeugensein und die Heiligkeit der ihm anbefohlenen Menschen. Sein Leben soll beispielhaft sein. Zudem hat er die Verantwortung für die Förderung geistlicher Berufungen inne[121].

Zu den weiteren Aufgaben des Bischofs gehört es, in besonderer Weise theologal und dadurch inspirierend für andere zu leben sowie Texte und Riten in ihrem übernatürlichen Verständnis den Menschen nahezubringen, damit diese die heiligen Geheimnisse besser feiern können[122].

Explizit mit der Evangelisierung verbunden ist der Vorsteherdienst des Bischofs in der Eucharistiefeier, da er dadurch die Kirche mit aufbaut. Er hat die Pflicht, die Hl. Messe zu feiern und dafür zu sorgen, dass die ChristInnen besonders am Sonntag die Hl. Messe oder bei Priestermangel auch ähnliche Gottesdienste besuchen können[123].

Der Bischof soll einen ehrfürchtigen Umgang der Gläubigen gegenüber Gott unterstützen und durch die Feier der Sakramente das Gnadenleben im Gottesvolk wachsen lassen. Er soll dafür Sorge tragen, dass die Sakramente oft für die Gläubigen gespendet werden und den Gläubigen zwecks besseren Verständnisses und besserem Mitfeiern Wissen über die Sakramente wie auch über die Sakramentalien vermitteln[124].

Weitere Aufgaben des Bischofs im Rahmen des Heiligungsdienstes existieren hinsichtlich der Regelung der christlichen Initiation sowie der Spendung der Firmung, dann mit Blick auf den Ruf an alle Gläubigen, umzukehren und Buße zu tun, die Priester ständig zur Spendung des

---

121 Vgl. zu den Ausführungen dieses Absatzes CD 15.
122 Vgl. dazu PG 35.
123 Vgl. zu diesem Absatz PG 37. Die oben im Text erwähnten ähnlichen Gottesdienste sind in Deutschland oft die sog. *Wortgottesfeiern*.
124 Vgl. zu diesem Absatz AS 143 & 150.

Bußsakramentes anzuhalten, die Volksfrömmigkeit zu unterstützen und zu überwachen sowie die Heiligkeit der ChristInnen zu fördern[125].

Im Zuge seines Leitungsdienstes soll der Bischof durch sein Anstoßen der Evangelisierung sowie durch seine Leitung und Koordination derselben bei seinen Gläubigen dafür sorgen, dass sich der Glaube an die Frohe Botschaft ausbreitet und wächst, verlorene Schafe wieder zu Jesus zurückgeführt werden und das Gottesreich auf der ganzen Erde Gestalt annimmt[126]. Dazu soll der Bischof das missionarische Element in seinem Bistum fördern, das gemeinsame missionarische Handeln intensivieren sowie den interreligiösen Dialog betreiben[127]. In Anbetracht der gegenwärtigen Situation gilt sogar die missionarische Neuausrichtung als Aufgabe jedes Bischofs und seiner Teilkirche[128].

Weiterhin geht es im Leitungsdienst zugunsten einer voranschreitenden Seelsorgearbeit im Bistum um seine gute und vertrauensvolle Zusammenarbeit mit den Priestern und mit den Gläubigen[129]. Der Bischof (Ortsordinarius) soll zudem für die Zusammenarbeit zwischen Pfarreien sowie kirchlichen Gemeinschaften sorgen; weiterhin ist er für die Steuerung und Koordinierung sowie den beständigen Antrieb des missionarischen Engagements verantwortlich[130]. Es geht für ihn außerdem darum, Gesetze für die Regelung des Apostolats zu erlassen, für Getaufte und Ungetaufte zu beten sowie für Werke der Nächstenliebe zu sorgen[131].

Aufgaben für den Bischof im Leitungsdienst sind ferner, Gottes Ehre und das Seelenheil zu suchen sowie die ChristInnen mit Blick auf die Gemeinschaft der Kirche anzuregen, daran teilzunehmen und Mitverantwor-

---

125 Vgl. dazu PG 38-41. Bzgl. Volksfrömmigkeitsformen s. näher AS 152f. Zur Volksfrömmigkeit selbst s. die Schrift GOTTESDIENSTKONGREGATION: *Volksfrömmigkeit*.
126 Vgl. AS 162. Zur Apostolats-Koordinierung vgl. AS 164.
127 Vgl. PG 65 & 68. Konkretes zum interreligiösen Dialog s. a. AS 208.
128 Vgl. EG 30.
129 Vgl. CD 16.
130 Vgl. dazu AG 15 & 29f. Zur Koordinierung der unterschiedlichen evangelisierenden Tätigkeiten s. a. AA 26 und CD 17. EG 31 führt das Handeln des Bischofs aus. Der Ortsordinarius muss laut Kirchenrecht nicht Bischof sein. Der Diözesanbischof ist aber auf jeden Fall ein Ortsordinarius (vgl. can. 134 § 1f. CIC 1983).
131 Vgl. LG 27.

tung zu übernehmen. Des Weiteren kommt es ihm besonders zu, für die Pfarreien zu sorgen, aber ebenso für seine Priester, die Priesterausbildung und für die Ständigen Diakone. Das geweihte Leben soll er in der Diözese in Ehren halten, fördern und für es sorgen sowie ggf. Heiligsprechungsprozesse von im Bistum tätigen Ordensleuten bzw. Mitgliedern des geweihten Lebens veranlassen (wie ebenso von Diözesanpriestern)[132].

Den Laien, sowohl einzeln als auch in diversen Vereinigungen, soll der Bischof helfen, ihre Sendung in der Welt zu leben[133]. Er soll sie bei ihrer Zusammenarbeit unterstützen, damit sie die Formierung einer Welt vorantreiben können, die Gottes Willen entspricht. Diese Unterstützung soll der Bischof den Laien besonders bei ihrem Engagement für die soziale Ordnung geben, die von Gerechtigkeit geprägt sein soll, und darüber hinaus bei ihren Aktivitäten auf den Gebieten der Politik, der Kultur sowie bei ihrem Einsatz für die Wahrung der Eigenständigkeit der Kirche[134].

Die evangelisierende Sorge des Bischofs für die Familien umfasst – angefangen von der Ehevorbereitung – sämtliche Unterstützung für Ehen und Familien, was ebenso die Förderung und ggf. Gründung katholischer Schulen sowie die Sorge um die freie Ausübung des katholischen Schulunterrichts miteinschließt[135].

In der Familienpastoral geht es zudem um die Sorge des Bischofs für die Bildung der Familienmitglieder und die Befähigung der Familien zur Glaubensweitergabe. Ebenso soll er einerseits für die Errichtung von sog. Familieninstituten sorgen, andererseits für die Gründung von Kommissionen für die Seelsorge an Familien sowohl auf Diözesan-, Dekanats- als auch (nach Möglichkeit) auf Pfarreiebene. Weiterhin soll sein Augenmerk allen gelten, die als Paare in irregulären Situationen leben[136].

---

132 Zu diesem Absatz vgl. PG 43-50. Was Selig- und Heiligsprechungen anbelangt, haben diese durchaus einen evangelisierenden Charakter. Denn diese vorbildlichen Beispiele von Menschen können dazu beitragen, den Glauben und missionarischen Geist bei anderen ChristInnen zu wecken und/oder zu verstärken.

133 Vgl. PG 51.

134 Zum restlichen Text dieses Absatzes seit der letzten Fußnote vgl. AS 109f.

135 Vgl. hierzu näher PG 52.

136 Vgl. zu diesem Absatz AS 202f.

Was die äußerst wichtige evangelisierende Aufgabe der Jugendpastoral anbelangt, ist für den Bischof nicht nur die Sorge um die Jugendlichen an sich bedeutsam (z. B. auf Pfarrebene oder höher, durch den Religionsunterricht oder durch die Seelsorge derjenigen, die in der Jugendpastoral tätig sind), sondern v. a. die Sorge um Studierende im jugendlichen Alter[137]. Der Bischof soll ferner dafür Sorge tragen, dass Jugendliche mithilfe geeigneter Priester und anderer Menschen geistliche Begleitung erfahren und ihre von Gott geschenkte Berufung herausfinden[138].

Ein anderes Gebiet der Seelsorge ist diejenige an der Arbeiterschaft und der ländlichen Bevölkerung. Ihnen soll sich der Bischof in seinem Hirtendienst aufmerksam und in direktem Kontakt zuwenden, gemeinnützige Werke für die Armen unterstützen und sich für die Umweltthematik einsetzen[139].

Den Leidenden wiederum soll der Bischof mithilfe geeigneter MitarbeiterInnen die Frohe Botschaft vom Leben verkünden. Daher soll er für die Krankenpastoral sorgen, die nicht nur die direkte Seelsorge um die Kranken selbst einschließt, sondern ebenso die Evangelisierung der Beschäftigten im Gesundheitswesen[140].

Weiterhin ist im Leitungsdienst die bischöfliche sorgende Aufgabe für Gläubige in außergewöhnlichen Lebenslagen verankert, also für diejenigen ChristInnen, welche kaum oder gar nicht die reguläre Pastoral von Pfarrern zu beanspruchen vermögen[141].

Ein weiteres Gebiet des Leitungsdienstes ist die Ökumene, bei der der Bischof sich zum einen um alle Nichtkatholiken kümmern und zum anderen die praktische Ökumene fördern soll. Zu diesem Gebiet gehört ferner die Bildung der Gläubigen, um mit Sekten umgehen zu können[142].

---

137 Vgl. AS 203.
138 Vgl. hierzu PG 53f.
139 Vgl. zu diesem Absatz AS 204.
140 Vgl. zu diesem Absatz AS 205. Dort finden sich auch die Inhalte für die Evangelisierung des Personals im Gesundheitswesen.
141 Vgl. CD 18. Hier finden sich auch die Aufzählung der damit gemeinten Personen sowie die Beschreibung einer geeigneten Vorgehensweise für die Seelsorge an ihnen.
142 Vgl. zu diesem Absatz AS 207.

Als weitere Aufgabe des Bischofs gilt die Sorge um Frieden wie auch Gerechtigkeit. Er soll dazu das Lebensrecht mit Hilfe der kirchlichen Lehre verteidigen, für die Menschenwürde eintreten, die Schwachen in Schutz nehmen, jegliche Art von Gewalt verurteilen und alle Menschen anhalten, eine friedliche Einstellung zu verinnerlichen[143].

Ein anderes Aufgabengebiet des Bischofs ist die Pastoralvisitation. Diese kann mit der bischöflichen Evangelisierungstätigkeit verknüpft werden, indem der visitierende Bischof bei ihr Menschen zur Evangelisierung ermutigt, eine Vor-Ort-Analyse zum Zweck einer angepassten Pastoral vornimmt und selbst ein nahbares sowie beispielhaftes Verhalten an den Tag legt[144].

Um einen indirekten Beitrag zur Evangelisierung handelt es sich für den Bischof i. S. des Leitungsdienstes noch hinsichtlich dessen, was er allen Klerikern, v. a. den Pfarrern, ans Herz legen soll: den persönlichen und häufigen Umgang mit ihren Gläubigen, besonders mit den Familien durch Hausbesuche[145].

Dem Bischof kommt zudem die Sorge um eine adäquate Ausbildung sämtlicher Personen zu, die einen Verkündigungsdienst übernehmen[146].

Die Bischofskonferenzen schließlich sind verantwortlich für die Weiterbildung des Ortsklerus. Sie soll sich zudem verständigen, damit die Inkulturation des Christentums erreicht und Probleme und Fragen gelöst werden können. Die Bischöfe und Bischofskonferenzen sollen im Bereich der Evangelisierung ebenso die Zusammenarbeit mit den Ordens- und Säkularinstituten sowie anderen Gruppierungen in der Kirche regeln[147].

Soweit die spezifischen bischöflichen Aufgaben im Rahmen der Evangelisierung. Nun geht es um die besonderen Aufgaben der Priester im Rahmen der Evangelisierung.

---

143 Vgl. hierzu AS 209.
144 Zur Pastoralvisitation vgl. AS 220-224, bes. zu diesem Absatz vgl. AS 220 & 223.
145 Vgl. AS 212.
146 EN 73.
147 Vgl. zu diesem Absatz AG 20, 22, 26 & 31f.

2.3.3 Spezifische Aufgaben der Priester

Bei den spezifischen Aufgaben der Priester im Evangelisationsgeschehen spielt zum einen die Selbstevangelisierung eine Rolle. In deren Sinne geht es bei jenen um das Streben nach Vollkommenheit und Heiligkeit, damit sie dem Volk Gottes immer besser dienen können[148]. Die Selbstevangelisierung der Priester beinhaltet weiterhin, dass sie eine lebendige Beziehung zum Auferstandenen pflegen und sich in ihrem Dienst allen Menschen gegenüber so verhalten, dass sie diese damit zu Christus führen können[149].

Zur Selbstevangelisierung zählt für die Priester u. a., die Sakramente – v. a. die Hl. Eucharistie und die Hl. Beichte – zu empfangen, die Bibel zu lesen, die Hl. Maria zu ehren, den in der Hl. Eucharistie gegenwärtigen Christus zu besuchen und anzubeten, Besinnungstage und spirituelle Begleitung wahrzunehmen sowie zu beten[150]. Ferner gehört z. B. auch die Pflege der Liturgiewissenschaft sowie eine ordentliche Feier der Liturgie in das Gebiet der Selbstevangelisierung[151].

Abgesehen davon gibt es eine sehr wichtige geistliche Dimension des priesterlichen Auftrages, die neben ihrem evangelisierenden Handeln nach außen auch eine selbstevangelisierende Komponente besitzt: Sie äußert sich für die Priester im Gewahrsein sowohl einerseits der Möglichkeit des Stützens auf die Stärke Gottes als auch andererseits in der Tatsache, dass Mitbrüder wie ebenso andere Gläubige sie auf ihrem Weg begleiten[152].

Zu den spezifischen Aufgaben der Priester im Evangelisierungsgeschehen gehören weiterhin Aufträge zur Evangelisierung anderer Menschen.

Allgemein kann dazu Folgendes gesagt werden: Die Priester sollen das Opfer Christi feiern, mitten in ihrer Herde leben und ebenso versuchen,

---

148 Vgl. dazu PO 12. Zum Streben nach Vollkommenheit bzw. Heiligkeit in der Praxis vgl. PO 13f.
149 Vgl. KLERUSKONGREGATION: *Priester*, 46. Zur Christusbeziehung s. a. kurz PO 18.
150 S. PO 18. Zur priesterlichen Spiritualität s. a. KLERUSKONGREGATION: *Priester*, 45-86.
151 Vgl. dazu PO 5.
152 Vgl. PO 22.

Außenstehende darin aufzunehmen[153]. Ferner gilt, dass die Priester die Neuevangelisierung mit ganzer Kraft betreiben sollen[154].

Was die Zusammenarbeit der Priester mit anderen Priestern anbelangt, gilt, dass diese (unter der Führung der Bischöfe) nötig ist, damit jeder Priester seinem Sendungsauftrag in guter Weise gerecht werden kann. Weiterhin ist ihre Zusammenarbeit mit den Laien notwendig, deren Berufung sie fördern sollen[155].

Zudem sollen die Priester ein wachsames Auge auf die ökumenische Bildung aller ChristInnen besitzen und dass die entsprechenden Regelungen in der gelebten Ökumene beachtet werden[156].

Auch die Priester haben Anteil an den drei Diensten des Lehrens (Verkündigung / Auferbauung), Heiligens und Leitens[157]:

Im Dienstbereich der Lehre ergeben sich dabei für die Priester die folgenden unterschiedlichen Aufgaben:

Generell geht es für die Priester in diesem Bereich darum, Menschen zur Mitfeier der Hl. Messe zu führen[158].

Ihr primärer Auftrag ist die Verkündigung des Evangeliums, um das Volk Gottes zu konstituieren und an der Zahl der Mitglieder wachsen zu lassen. Dazu ist es unerlässlich, nicht die eigene Meinung zu sagen, sondern die Bibel zu lehren, die Menschen dazu zu bewegen umzukehren und sich zu heiligen sowie den Heiden das Christusgeheimnis zu verdeutlichen.

---

153 Vgl. PO 3.
154 Vgl. KLERUSKONGREGATION: *Priester*, 21. Hilfreich für die Reflexion der Neuevangelisierung in den Pfarreien sind die Fragen, die in KLERUSKONGREGATION: *Lehrer*, S. 15f. aufgeführt sind.
155 Vgl. PO 7 & 9. Zur Zusammenarbeit im Presbyterium vgl. die Ausführungen in PO 8 sowie kurz PO 15. Die Zusammenarbeit mit den Laien beschreiben PO 9 sowie LG 37. Im letztgenannten Text geht es auch darum, dass die Priester die Laien in ihrer Verantwortung unterstützen. Zur verschiedenartigen Berufungsförderung und Unterstützung von Ehegatten durch die Priester s. GS 52.
156 Vgl. KLERUSKONGREGATION: *Lehrer*, S. 10 & 15.
157 Vgl. PO 2. Die drei Dienstämter mit ihren Aufgaben für Priester in der Pfarreiseelsorge sind ebenso in CD 30 Thema. CD 31 hält das „Heil der Seelen" als alleinigen Zweck des pfarrlichen Wirkens fest.
158 Vgl. dazu KLERUSKONGREGATION: *Identität*, S. 32.

Die Verkündigung kann dabei die Erstverkündigung an die Heiden sein. Sie kann aber ebenso bedeuten, ChristInnen – v. a. den nicht so stark Glaubenden – ein besseres Verständnis der Sakramente zu eröffnen. Bei der Förderung des Glaubens spielt die Predigt eine wichtige Rolle, da sie ihn begründet und nährt[159].

Die Priester sind angehalten, die Auferbauung der Gemeinden zu betreiben, d. h. die Gläubigen zu erziehen und ihnen zu helfen, die eigene Berufung zu entfalten[160].

Als ein weiterer Punkt im Dienstamt des Lehrens gilt der Dienst der Hirten an der Einheit. Die Priester sollen dafür sorgen, dass die ChristInnen zusammenwachsen können[161].

Durch ihre Ausübung des Dienstes an der Frohen Botschaft soll letztlich jedes Volk eine Opfergabe für Gott sein und schlussendlich Gott verherrlicht werden[162] – oder etwas anders gesagt: Ihre Sammlung des Gottesvolkes hat letztlich den Zweck, es zu Gott zu führen[163].

Zudem sollen die Priester von der Wahrheit Zeugnis ablegen und ein Lebenszeugnis geben[164]. Dabei gilt im Hinblick auf ihren Verkündigungsdienst neben dem Lebenszeugnis der einzelnen Priester weiterhin die oben bereits erwähnte Predigt als dessen Bestandteil[165].

Ferner existieren im Bereich der Katechese diverse Aufgaben der Priester mit Blick auf die Gemeinde: Anregung verschiedener katechetischer Aktivitäten, Koordination und Leitung der Katechese, Integration der Katechese in das Evangelisierungsgeschehen, Integration von MitarbeiterInnen bei der Katechese sowie deren Aus- und Weiterbildung,

---

159 Vgl. zu diesem Absatz PO 4. Den Aufbau des Volkes Gottes sieht ebenso LG 28 als eine der priesterlichen Tätigkeiten an.

160 Vgl. PO 6.

161 Vgl. PO 9. Zudem ist es Aufgabe der Priester, aus jeglicher Spaltung Einheit zu schaffen (vgl. LG 28).

162 Vgl. PO 2. Letztlich ist auch der Zölibat mit diesem Evangelisierungsauftrag verbunden (s. PO 16; weitere Ausführungen zum Zölibat der Priester finden sich im selben Artikel. Auch die Armut steigert ihre Verfügbarkeit für ihren Dienst – vgl. PO 17).

163 Vgl. LG 28.

164 Vgl. LG 28.

165 Vgl. KLERUSKONGREGATION: *Priester*, 62.

Sicherstellung der Katechese auf verschiedenen Gebieten (Religionsunterricht, Familie…), sowie das Erreichen aller Gläubigen jeglichen Alters durch die Katechese[166].

Priesterliche Predigt wie auch Katechese dienen dazu, dem Gottesvolk den Verkündigungsauftrag und das Gebet zugunsten der Missionen näherzubringen, Familien dazu anzuleiten, Missionsberufe bei den eigenen Kindern zu fördern, Jugendliche für die Mission zu begeistern, damit diese einmal Glaubensboten werden, sowie Spenden zu sammeln[167].

Schlussendlich geht es in diesem Dienstbereich des Lehrens für die Priester noch darum, die Menschen ihres Gebietes, die zu ihnen kommen, aufzunehmen, andere wiederum aufzusuchen, Ordensmitglieder und Laien – eigentlich alle, die ihnen anvertraut sind – für die Pfarrmission auszubilden und zu entsenden, Gläubige im Zuge der Hirtenliebe vor Manipulation zu schützen, besonders das Kerygma überall zu verkündigen und v. a. die Armen zu evangelisieren. Alles, was im Dienstbereich des Lehrens geschieht, soll die Menschen zur Messfeier hinführen[168].

Im Heiligungsdienst existieren weitere Aufgaben für die Priester. Als erste kann – gewissermaßen als Weiterführung zum gerade Dargelegten – die Aufgabe gelten, dass sie mittels der Feier der Hl. Eucharistie eine Vollendung der „Auferbauung des Leibes"[169] herbeiführen[170].

Der Heiligungsdienst sieht die Wortverkündigung als Teilbereich einer jeglichen Liturgie, wobei ebenso wieder die Hinführung auf die Messfeier stattfinden soll. Die Sakramente sollen die Priester mit Anmut, Würde und mit Andacht entsprechend den gottesdienstlichen Normen feiern. Zum Heiligungsdienst gehören ebenfalls das Gebet und die Beichte (sowohl die eigene – s. o. – als auch die Spendung dieses Sakramentes). Von primärer Bedeutung ist weiterhin, dass die ChristInnen innerlich durch das Handeln

---

166 Vgl. zu diesem Absatz ebd., 65.

167 Vgl. hierzu AG 39.

168 Vgl. zu diesem Absatz KLERUSKONGREGATION: *Identität*, S. 31-33. Zum Auftrag an die Priester, die Laien für die Evangelisierung auszubilden, s. a. AA 30 und KLERUSKONGREGATION: *Priester*, 21f.

169 LG 17.

170 Vgl. LG 17. Das Zitat wurde bereits extra gekennzeichnet.

der Priester erneuert werden und gemeinschaftliche Erfahrungen im Glauben machen[171].

Sämtliche Priester sollen darüber hinaus im Zuge des Leitungsdienstes alle ChristInnen ausbilden, die Hl. Eucharistie, das Hl. Bußsakrament und auch sonstige liturgische Formen mitfeiern zu können, den Pflichten ihres Standes nachzukommen und, wenn Gläubige im Glauben fortgeschritten sind, diese zu einem Leben entsprechend den evangelischen Räten einzuladen. Ferner sollen alle Priester das Stundengebet feiern[172].

Die Priester haben ebenso Anteil am Leitungsdienst. Sie sollen sich dabei besonders für die Armen sowie Schutzlosesten einsetzen wie auch für Jugendliche, Ehepaare und Eltern; darüber hinaus für Kranke ebenso wie für Sterbende. Auch um die Mitglieder der Orden sollen sie sich kümmern. Ferner ist es ihr Auftrag, ausgehend von der Hl. Messe eine authentische Christengemeinschaft zu bilden[173].

Ebenso sollen alle Priester Hoffnung zu den Menschen bringen und dafür Sorge tragen, dass sich um Menschen in ihrer Gemeinde gekümmert wird[174].

Zum Leitungsdienst der Priester gehört es ferner, die Mission in Pfarreien bzw. Gemeinden zu organisieren, dafür um den Hl. Geist zu beten, während der Mission besonders die Armen aufzusuchen sowie die Mission im Prinzip ständig (wenn auch mit gewissen Zeiten, in denen sie Schwerpunkt ist) aufrechtzuerhalten und im Gemeindeleben fest zu verankern[175].

Die Missionsarbeit hat für die Priester noch weitere Aspekte, wie die nächsten beiden Absätze zeigen:

Insgesamt sind die Priester beauftragt, ihre Pastoral dahin gehend zu planen und durchzuführen, dass sie damit für die Verbreitung der Frohen

---

171 Zu diesem Absatz vgl. KLERUSKONGREGATION: *Identität*, S. 34-36.

172 Vgl. zu diesem Absatz PO 5.

173 Vgl. zu diesem Absatz PO 6. Die Eltern sollen dabei zu Freundeskreisen zusammengefasst werden (vgl. PO 6).

174 Vgl. KLERUSKONGREGATION: *Priester*, 46f.

175 Zu diesem Absatz vgl. KLERUSKONGREGATION: *Identität*, S. 36f. Zur wichtigen Rolle des Hl. Geistes in der Evangelisierung sei auf Kapitel *2.1* verwiesen.

Botschaft unter den Heiden sorgen und ebenso alle ChristInnen dazu begeistern, die Welt zu evangelisieren[176].

Die Priester sollen sich besonders zusammen mit dem Bischof um die Mission sorgen (wie es bereits ähnlich weiter oben festgehalten wurde); ihre Sendung ist dabei universal zu denken[177].

Soweit zu den Aufgaben für alle Priester. Als wichtige Aufträge im Evangelisationsgeschehen speziell für Pfarrer[178] sollen über die bisher für alle Priester dargelegten hinaus die folgenden stichwortartig benannt werden:

Die Zeiten für die Eucharistiefeiern und die Beichte sollen so gestaltet sein, dass sie für die meisten Gläubigen günstig sind. Damit die Gläubigen das Allerheiligste gut besuchen können, sollen die Kirchen täglich lange offen sein. Die Verehrung der Eucharistie ist eine wichtige Angelegenheit. Das Gebet der Priester soll für die Gläubigen Vorbild sein. Sie sollen sich ebenso um geistliche Berufungen sorgen[179].

Aufgabe der Pfarrer ist weiterhin das Lehren sowie Bewusstmachen der Tatsache, dass es für alle Gläubigen letztlich darum geht, Heiligkeit zu erlangen[180]. Das missionarische Anliegen soll von den Pfarrern mit höchster Priorität verfolgt werden – auch, dass verschiedene Gruppen, welche auf dem Pfarreigebiet existieren, dazu ihren Beitrag leisten[181].

Mit diesen Ausführungen sind die Betrachtungen zu den spezifischen Aufgaben der Priester in der Evangelisierung abgeschlossen. Nun sollen die besonderen Aufträge an die Diakone dargelegt werden.

---

176 Vgl. AG 39.

177 Vgl. RM 67.

178 Vgl. KLERUSKONGREGATION: *Hirte*, 30.

179 Vgl. zu diesem Absatz ebd., 20-22. Die Ausführungen in diesen Artikeln beziehen sich auf can. 528f. CIC 1983, welche verschiedene Aufgaben der Pfarrer benennen.

180 Vgl. KLERUSKONGREGATION: *Hirte*, 28. Weitere pastorale Prioritäten neben der Heiligkeit s. ebd., 27.

181 Vgl. ebd., 29.

2.3.4 Spezifische Aufgaben der Diakone

Bereits bei den sich interferierenden Aufgaben der Kleriker wurden ein paar Aufgaben der Diakone im Evangelisierungsgeschehen beschrieben. Darüber hinaus ergehen folgende Aufträge an sie[182]:

Einerseits sind es Aspekte der Selbstevangelisierung: Wie alle Gläubigen sind Diakone zur Heiligkeit berufen, wobei damit kraft ihrer Weihe die Sendung verbunden ist, die Kirche weiter aufzubauen. Ihre Lebensführung soll tugendhaft und heiligmäßig sein[183].

In diesem Zusammenhang kommt ebenso der Beziehungscharakter ins Spiel. Die Christusbeziehung der Diakone ist die wichtigste; sie sollen wie der Auferstandene agieren. Neben der Christusbeziehung geht es für die Diakone als zweites darum, die Kirche zu lieben und das Erlösungswerk Christi im Rahmen ihres Dienstes zusammen mit allen anderen Gläubigen fortzusetzen. Die dritte Art der Beziehung ist diejenige zu den Menschen. Einerseits ist hier die Aufgabe des Dienstes der Diakone an den Gläubigen zu nennen, der unten im Text noch genauer geschildert werden wird. Andererseits geht es in ihrem spirituellen Leben v. a. darum, immer mehr darin zu wachsen, die Menschen wie Christus zu lieben[184].

Beim eigenen persönlichen Wachstum helfen den Diakonen die Ausübung ihres Dienstes, die Beschäftigung mit der Bibel, ihr Dienst in den verschiedenen liturgischen Formen, der regelmäßige Empfang des Bußsakramentes, ihre tätige Nächstenliebe, das Gebet, die Zuneigung zur Kirche, die Marienfrömmigkeit und die geistliche Begleitung[185].

Andererseits gehören Aufgaben zur Evangelisierung anderer Menschen zu den Aufträgen der Diakone.

---

182 Vorbem.: In KLERUSKONGREGATION: *Diakone* geht es um die Ständigen Diakone. Allerdings kann überlegt werden, welche der Aufgaben für die Evangelisierung auch auf diejenigen Diakone angewandt werden können, die später zu Priestern geweiht werden. Dies ist aber nicht Thema dieses Artikels.

183 Vgl. zu den Ausführungen diese Absatzes KLERUSKONGREGATION: *Diakone*, 44f.

184 Vgl. zu diesem Absatz ebd., 47-49.

185 Vgl. dazu ebd., 50-58. Dort werden die oben im Text genannten Hilfen genauer ausgeführt.

Zu diesen Aufgaben vermögen zunächst allgemeine Punkte festgehalten zu werden, die mit der Lebensweise der Diakone zusammenhängen. Da nämlich die Ständigen Diakone sowohl zölibatär als auch verheiratet oder verwitwet leben können, ist ebenso ihr jeweiliger Lebensstand eine Möglichkeit zur Evangelisierung ihrer Mitmenschen:

Den zölibatär lebenden Diakonen kommt es zu, alle Menschen zu motivieren sowie sämtliche Werte aufzuspüren, welche die transzendente Berufung des Menschen aufzeigen[186].

Verheiratete Diakone können zusammen mit ihrer Familie auf andere Weise evangelisierend wirken: durch die Liebe, welche einen dienenden Charakter gegenüber den anderen Familienmitgliedern annimmt, durch ein beispielhaftes Leben sowie durch die Mitwirkung der ganzen Familie an der Evangelisierung[187].

Verwitwete Diakone wiederum können in ihrer Liebe, ihrem Dienst an ihren Familienmitgliedern und den Gläubigen sowie im Hoffen auf das Wiedersehen im Jenseits wachsen[188]. Das Gesagte hat dabei alles letztlich sowohl selbstevangelisierende als auch fremdevangelisierende Wirkung.

Im Hinblick auf die Evangelisierung anderer existieren weitere unterschiedliche Aufträge an die Diakone:

Die Diakone haben Aufgaben in der Liturgie, in der Verkündigung sowie im Bereich der Nächstenliebe (= Diakonie)[189].

Diese Aufgaben erstrecken sich prinzipiell auf die Arbeit der Diakone innerhalb des Volkes Gottes; jedoch gelten alle drei genannten Dienstbereiche daneben auch für das missionarische Handeln der Diakone außerhalb der Kirche[190].

---

186 Vgl. ebd., 60.
187 Vgl. dazu näher ebd., 61.
188 Vgl. ebd., 62.
189 Vgl. dazu näher LG 29.
190 Vgl. hierzu KLERUSKONGREGATION: *Diakone*, 27.

Mit Blick auf die bereits genannten drei Dienstbereiche ergeben sich für die Diakone die folgenden Aufgaben mit evangelisierendem Charakter, um die Priester und Bischöfe in ihrem Tun zu unterstützen[191]:

Im Bereich der Verkündigung geht es um die entsprechende Vorbereitung der Diakone auf die Verkündigung der Bibel, anschließend um die Verkündigung derselben und die Predigt über sie; zudem sollen die Diakone besonders in einem säkularen Umfeld im Zuge der Neuevangelisierung katechetisch tätig sein – u. a. auf der Ebene der Pfarrei, in ihrem Berufsalltag, in diversen Bildungseinrichtungen sowie in den sog. neuen Foren[192].

Im Hinblick auf den liturgisch-diakonalen Dienst gilt die Taufvorbereitung als wichtige Aufgabe der Diakone, ebenso diverse Dienste rund um die Hl. Eucharistie. Weiterhin können sie die Seelsorge für die Familien ausüben, die Katechese von Eheleuten, die Ehevorbereitung, die Feier des Ehesakraments und die Unterstützung der Paare nach der Trauung. Zudem können sie Krankenseelsorge betreiben[193].

Beim Thema Stundengebet geht es darum, dass die Diakone es selbst feiern; jedoch sollen sie auch darauf hinarbeiten, dass ebenso andere Gläubige an dessen Feier teilnehmen[194].

Die Spendung von Sakramentalien gehört ferner noch zu diesem liturgisch-diakonalen Aufgabenbereich[195].

Was das Feld der Nächstenliebe anbelangt, erstreckt sich der Dienst der Diakone auf die Aspekte von Nächstenliebe und Administration. Er betrifft das ganze Gottesvolk – v. a. Leidende sowie Sünder – und soll dieses durch Wort und Beispiel anregen, sich ebenso mit seinen Charismen bei der Evangelisierung zu beteiligen. Der Einsatz der Diakone i. S. der Nächstenliebe findet sowohl auf der Ebene eines Bistums als auch einer Pfarrei statt. Er dient neben der Erziehungsarbeit der Verlebendigung

---

191 Vgl. zum Aspekt der Unterstützung ebd., 22.
192 Vgl. dazu ebd., 23-26. Zu den oben im Text genannten neuen Foren s. ebd., 26.
193 Vgl. zu diesem Absatz ebd., 31-34.
194 Vgl. ebd., 35.
195 Vgl. ebd., 36.

verschiedenster Gruppen, der Unterstützung von menschlichem Leben sowie der Verwandlung der Erde gemäß den Vorstellungen des Christentums. Ziel der Diakonie ist dabei, dass die Menschen die Gottesliebe erfahren und dadurch umkehren sowie ihre Herzen für die Gnade öffnen[196].

Diakone im Pfarrdienst können sich den folgenden Aufgaben widmen: Zum einen ist die Pfarrseelsorge selbst zu nennen. Andererseits können die Diakone stellvertretend für den Pfarrer oder im Auftrag des Bischofs die Leitung über weit verteilte Gemeinden von Gläubigen ausüben[197].

Außerdem sollen die Diakone die Laien und ihre Sendung akzeptieren und unterstützen[198].

Mit diesen Ausführungen endet die Betrachtung zu den unterschiedlichen Aufgaben der Bischöfe, Priester und Diakone für die Evangelisierung. Nachfolgend sollen nun die evangelisatorischen Aufgaben aller gottgeweihten Personen und damit ihr spezifischer Beitrag für eine gelingende Evangelisierung dargestellt werden.

2.4 Spezifische Aufgaben der gottgeweihten Personen

Laien und Kleriker, die zum Ordensstand gehören[199], sowie die Mitglieder anderer Institute des geweihten Lebens, die je nach Institut ebenso Laien oder Kleriker sein können, haben über die Aufträge für alle Gläubigen sowie über die Aufgaben, die ihrem jeweiligen Stand entsprechen, hinaus die folgenden besonderen Aufträge in der Evangelisierung:

Auch für die Personen des geweihten Lebens ist die Selbstevangelisierung primäre missionarische Aufgabe. Diese geschieht durch die Öffnung der Herzen gegenüber dem Hl. Geist[200].

---

196 Vgl. zu diesem Absatz ebd., 37f. Unterschiedliche Aspekte des diakonalen Dienstes
     i. S. der Nächstenliebe finden sich ebd., 38.
197 Vgl. zu diesem Absatz ebd., 41. Dort wird genauer auf dieses Aufgabengebiet der
     Ständigen Diakone samt spezifischer Regelungen eingegangen.
198 Vgl. ebd., 9.
199 Vgl. zu den Mitgliedern des Ordensstandes LG 43.
200 Vgl. zu diesem Absatz VC 25.

Zentral i. S. der Selbstevangelisierung ist es für diese Menschen, nach Heiligkeit zu streben. Diese geistliche Qualität dient letztlich ebenfalls als Möglichkeit, die Zeitgenossen aufzurütteln. Die Selbstevangelisierung geschieht für alle gottgeweihten Personen ähnlich wie oben beim Klerus durch die Beschäftigung (auch gemeinschaftlich) mit der Bibel, durch die Teilnahme an verschiedenen Formen der Liturgie (v. a. an der Hl. Messe und dem Stundengebet), durch Marienfrömmigkeit sowie durch den häufigen Empfang des Bußsakramentes, der Inanspruchnahme geistlicher Begleitung und der Bildung des inneren Menschen[201].

Was die Thematik der Evangelisierung anderer anbelangt, können im Rahmen allgemeiner Aussagen einerseits generelle Ausführungen bezüglich der Institute des geweihten Lebens gemacht werden, andererseits vermag danach auf die gottgeweihten Personen selbst eingegangen zu werden:

Für das Evangelisierungsgeschehen ist es sehr wichtig, dass die kontemplativen Institute beten, Buße tun und Opfer bringen, damit die Menschen bekehrt werden. Die kontemplativen Einrichtungen sollen sich in den Gebieten, in denen Mission betrieben wird, niederlassen. Dort sollen sie vor den Heiden durch ihr Leben Gott als den Liebenden und Herrlichen bezeugen sowie das Einssein in Christus[202].

Die aktiven Gemeinschaften werden gebeten nachzuprüfen, ob sie helfen können, Gottes Herrschaft durch ihr Handeln unter den Heiden auszubreiten. Ebenso wird von den Säkularinstituten angenommen, dass sie fruchtbare Evangelisierung betreiben können[203]. Dazu gelten als Bereiche die Diakonie, die Evangeliumsverkündigung, die Bildungsarbeit, die Kultur sowie die Verbundenheit mit Not leidenden Menschen jeglicher Art[204].

Mönche sowohl aus kontemplativen wie auch aktiven Gemeinschaften haben zuallererst die Aufgabe, Gott innerhalb der Klostermauern zu

---

201 Vgl. zu diesem Absatz VC 93-95 & 103. Die Bibelbetrachtung in Gemeinschaft muss laut VC 94 auch anderen Gläubigen gelehrt werden. Generell gilt die Feststellung, dass die Ordensleute eine besondere Berufung zur Heiligkeit besitzen (vgl. EN 69).
202 Vgl. zu diesem Absatz AG 40.
203 Vgl. zum bisherigen Teil dieses Absatzes AG 40.
204 Vgl. dazu RM 69.

dienen. Sie sollen in ihren Klöstern die Voraussetzung dafür schaffen, dass die Gläubigen hier auferbaut werden können. Ihre Tätigkeit sollen sie mit den Bischofskonferenzen abstimmen[205].

Außerdem sollen Ordensfrauen und -männer über ihr Handeln und Reden das Evangelium überall verkünden[206].

Einen einzigartigen Dienst an der Evangelisierung leisten die gottgeweihten Personen besonders durch ihr Lebenszeugnis. Dieses besteht darin, dass sie sich Gott und ihren Mitmenschen ganz hingeben[207].

Im Hinblick auf das Thema Zeugnis existieren darüber hinaus noch weitere Aspekte: Es gibt eine enge Verbindung zwischen den evangelischen Räten und dem Bezeugen der Liebe zu Jesus vor den Menschen; diese Christusliebe führt nämlich ebenso dazu, dass sich die Mitglieder des geweihten Lebens an der kirchlichen Sendung beteiligen[208]. Personen des geweihten Lebens sollen sogar ganz der Sendung verschrieben sein und darin – entsprechend den Konstitutionen des jeweiligen Instituts – durch ihr Lebenszeugnis Jesus für die Menschen erfahrbar machen[209].

Zeugnischarakter hat weiterhin ihr Zusammenleben in Liebe. Darüber hinaus sind alle gottgeweihten Personen dazu angehalten, ihren Mitmenschen durch ihr Tun und ihr Dasein die Liebe Jesu zur Kirche und seine Hingabe für sie zu bezeugen[210].

Ihr Lebenszeugnis ist schlussendlich auch mit den Seligpreisungen verbunden. Hierzu können zwei Aspekte festgehalten werden:

Einerseits lassen alle Ordensleute sichtbar werden, dass eine Verwandlung der Welt sowie deren Darbringung an Gott nur unter Mithinzuziehung der Denkweise der Seligpreisungen möglich ist[211].

Andererseits geht es im Leben mit der endzeitlichen Erwartung auch darum, entsprechend den Seligpreisungen das Gottesreich in der heutigen

---

205 Vgl. zu diesem Absatz PC 9 & 23.
206 Vgl. PC 25.
207 Vgl. VC 76.
208 Vgl. zu den bisherigen Ausführungen dieses Absatzes RD 14f.
209 Vgl. VC 72.
210 Vgl. zu diesem Absatz RD 15.
211 Vgl. LG 31.

Zeit schon zu vergegenwärtigen. Alle Gottgeweihten sollen die Werte der Seligpreisungen bezeugen und sie damit den Gläubigen bewusst machen. Gleichzeitig sollen sie durch dieses Zeugnis ihre Mitchristen zu einem heiligen Leben anspornen. Außerdem geht es für sie darum, die Gläubigen auf das Ziel des ewigen Glücks bei Gott hinzuweisen[212].

Hinsichtlich der Evangelisierung gilt, dass diese ohne die eigene Aneignung der Botschaft nicht vollzogen werden kann. Sie vermag von allen gottgeweihten Personen mitgetragen zu werden, die ihrerseits mit Eifer überall den Auferstandenen verkünden und von der Frohen Botschaft her auf die Herzensanliegen der Menschen Antwort geben sollen[213].

Soweit die allgemeinen Ausführungen über die Aufgaben der Personen des geweihten Lebens in der Evangelisierung. Folgende Einsatzgebiete im Rahmen der Evangelisierung kommen für diese infrage:

Ein Einsatzgebiet besteht darin, Hinweise auf Gottes Handeln zu erkennen, unter Mitwirkung des Hl. Geistes und im Spiegel der Frohen Botschaft zu unterscheiden und daraus Handlungsstrategien für die Evangelisierung zu entwickeln. Ebenso sollen die gottgeweihten Personen bei der Zusammenarbeit aller Gläubigen, die gemeinschaftlich und dialogisch stattfinden soll, unterstützend wirken[214].

Sie sind zudem angehalten, sämtlichen Menschen Christus zu verkündigen und ihn zu vergegenwärtigen. Dabei spielen Inkulturation wie auch interreligiöser Dialog, bei dem das Engagement der Personen des geweihten Lebens nötig ist, eine Rolle[215].

Weitere Gebiete, auf denen die gottgeweihten Personen evangelisierend wirken sollen, sind die Bildungseinrichtungen, die Kultur, die sozialen Kommunikationsmittel sowie das Feld der Ökumene[216].

---

212 Vgl. zu diesem Absatz VC 27 & 33. Zu den Auswirkungen des Zeugnisses der Seligpreisungen auf die Laien s. kurz VC 55.
213 Vgl. zu den Ausführungen dieses Absatzes näher VC 81.
214 Vgl. zu diesem Absatz VC 73f.
215 Vgl. zu diesem Absatz VC 77-79 & 102. Zur Inkulturation s. genauer VC 80. Zum interreligiösen Dialog s. VC 102.
216 Vgl. hierzu näher VC 96-101.

Darüber hinaus geht es für sie um den Dienst gegenüber denen, die äußerst arm und bedürftig sind, sowie um die Verkündigung des Auferstandenen gegenüber diesen wie auch gegenüber denjenigen, welchen er unbekannt oder in Vergessenheit geraten ist[217].

In diesem Zusammenhang ist ebenso der Dienst an den Kranken und Leidtragenden als evangelisierende Tätigkeit zu sehen: Alle gottgeweihten Personen sollen diesen Menschen ins Bewusstsein rufen, dass sie durch ihre Teilnahme am Kreuz Christi als SeelsorgerInnen geeignet sind. Ferner gehört es zum Auftrag aller Gottgeweihten, das Gesundheitswesen mittels der Werte der Frohen Botschaft zu evangelisieren[218].

Eine weitere evangelisierende Tätigkeit aller Gottgeweihten ist es, Menschen, die Gott suchen, aufzunehmen und geistlich zu begleiten[219].

Darüber hinaus existiert als Aufgabe für die Mitglieder der Orden, dass sie gemäß ihren Möglichkeiten die Laien in ihrem evangelisierenden Tun unterstützen sollen[220].

Weiterhin geht es um das Annehmen der seelsorgerlichen Vorgaben des für ihren Wohnort zuständigen Diözesanbischofs durch die Ordensfrauen und -männer[221].

Des Weiteren werden alle Gottgeweihten, die Kinder und Jugendliche erziehen und bilden, ermutigt, dass sie diese zum Dienst für ihre Mitmenschen ausbilden[222].

Im Falle, dass es einen wachsenden Ortsklerus in den jungen Kirchen gibt, soll das Engagement der Institute modifiziert werden[223].

Hiermit sind die Betrachtungen zu den Aufgaben der gottgeweihten Personen abgeschlossen. Im Folgenden geht es um eine Analyse der Aufga-

---

217 Zu diesem Absatz vgl. VC 75. Weitere Ausführungen zur Sorge um die Armen s. VC 82. Dort wird dieser Dienst als eine Evangelisierungstätigkeit angesehen.
218 Vgl. dazu VC 83. Dort findet sich mehr zu den evangelisierenden Aufgaben im Gesundheitswesen.
219 Vgl. VC 103.
220 Vgl. AA 25.
221 Vgl. dazu PG 50.
222 Vgl. PG 53.
223 Vgl. AG 32. Ähnl. vgl. AG 27.

ben des Gottesvolkes und seiner Stände hinsichtlich des dort vorhandenen Potenzials für die Evangelisierung als Anliegen dieses Artikels.

3. ANALYSE

Zum Zweck der Analyse sollen zuerst wichtige Gesichtspunkte aus dem vergangenen *2.* Kapitel kurz aufgeführt werden[224]. Anschließend geht es um Überlegungen zum evangelisatorischen Potenzial aller Gläubigen. Diese sollen in allgemeiner bzw. kursorischer Form erfolgen, da die jeweilige Situation vor Ort nicht berücksichtigt werden kann.

Das gesamte Volk Gottes besitzt mehrere gemeinsame Aufgaben, bei denen es zusammenarbeiten soll. Das Gebet um den Hl. Geist ist hier zuerst zu nennen. Abgesehen davon lassen sich vier Bereiche des gemeinsamen Engagements ausmachen:

1. Die Selbstevangelisierung als wichtigste Aufgabe.
2. Die Fremdevangelisierung besonders der Heiden und die Neuevangelisierung, die Begleitung von Menschen auf dem Weg der Christwerdung und in der Gemeinde selbst.
3. Im Zuge der Fremdevangelisierung: das Handeln entsprechend des Vorbildes Jesu, welches das Mithandeln an der Verwirklichung des Reiches Gottes miteinschließt.
4. Die Sensibilisierung der ChristInnen jeden Standes und jeden Alters für die Mission.

Die Laien haben besonders die Aufgabe, im weltlichen Bereich zu evangelisieren. Ebenso sollen sie die Kirche durch ihr Lebenszeugnis, die Verkündigung und in Kooperation mit anderen ChristInnen jeglichen Standes mit aufbauen. Dabei können sich weltliche und kirchliche Wirkungsbereiche überschneiden. Ehe und Familie gelten bei den Laien als vornehmliche

---

224 Durch den zusammenfassenden Charakter der folgenden Ausführungen wird bzgl. der im *2.* Kapitel genannten Aspekte auf die dortigen Referenzstellen verwiesen.

Bereiche der Evangelisierung (hier geht es darum, den Glauben vorzuleben und weiterzugeben), dann Kinder und Jugendliche (diese können nicht nur evangelisiert werden, sondern sollen selbst evangelisieren). In der Gesellschaft zählen die Verwirklichung des Reiches Gottes, die christliche Prägung der Arbeitswelt, das Engagement in sämtlichen Bereichen der Politik und die Prägung der Kultur zu den Aufgaben der Laien.

Den Klerikern kommen zum einen Aufgaben zu, die sich überschneiden: Bischöfe, Priester und Diakone sind für die Sammlung des Gottesvolkes sowie die Betreuung der Ortsgemeinde verantwortlich. Sie haben zu predigen sowie die Laien in ihrem Tun auszubilden und zu unterstützen. Bischöfe wie auch Obere sind für die Aus- und Weiterbildung von Priestern in Bezug auf die missionarische Sendung zuständig. Bischöfe und Priester tragen besondere Verantwortung für die Evangelisierung.

Den Bischöfen selbst kommt die Selbstevangelisierung als Aufgabe zu, aber ebenso die Fremdevangelisierung über die *tria munera*: Hier geht es i. S. des Lehrens um die Verkündigung in verschiedenen Bereichen und die Inkulturation und i. S. des Heiligens um die Feier der Sakramente sowie zur Befähigung anderer in diesem Bereich, um hier entsprechend den kirchlichen Regelungen einbezogen zu werden bzw. Gott gegenüber ehrfürchtig zu sein. Im Sinne des Leitungsdienstes sind die Bischöfe für die Evangelisierung und die Aus- und Weiterbildung sowie die Zusammenarbeit der verschiedenen Gläubigen zu diesem Zweck verantwortlich. Des Weiteren gehört dazu die Sorge für unterschiedliche Menschen(gruppen).

Bei den Priestern geht es ebenfalls um die Selbstevangelisierung. In Bezug auf die Fremdevangelisierung kommt bei ihnen der Neuevangelisierung eine besondere Priorität zu. Eine Zusammenarbeit mit anderen Priestern und Laien ist für sie selbstredend. Auch die Priester haben Aufgaben im Rahmen der *tria munera*: Die Evangeliumsverkündigung ist i. S. des Dienstes der Lehre ihre erste Aufgabe. Es geht zudem um den Gemeindeaufbau. Sie haben ihr Lebenszeugnis und die Wortverkündigung an die Menschen zu bestreiten. Im Heiligungsdienst betreffen die priesterlichen Aufgaben die Feier der Sakramente sowie die Aus- und Weiterbildung der Gläubigen für ihr liturgisches Leben. Der Leitungsdienst vereint seelsorgerliche Anliegen, aber besonders auch missionarische Gesichtspunkte – Letztere sind v. a. für Pfarrer bedeutsam.

Die Diakone haben ebenso die Aufgabe der Selbstevangelisierung. Sie leisten im Rahmen der Fremdevangelisierung ihren Dienst für das Volk Gottes und missionarisch auch außerhalb dessen. Sie sind in der Liturgie, in der Verkündigung sowie i. S. der Nächstenliebe aktiv.

Personen des geweihten Lebens besitzen i. S. der Selbstevangelisierung die primäre Aufgabe, nach Heiligkeit zu streben. Mit Blick auf die Fremdevangelisierung ist zwischen den kontemplativen und den aktiven Gemeinschaften zu unterscheiden. Bei Ersteren ist es wichtig, dass sie für die Evangelisierung von Menschen beten, Buße tun, Opfer bringen und ihr Lebenszeugnis ablegen. Bei den Zweitgenannten geht es neben der Heidenmission um viele verschiedene Gebiete, in denen sie evangelisieren können. Von den Instituten des geweihten Lebens können auch Evangelisierungsstrategien entwickelt werden.

Damit ist die Zusammenfassung abgeschlossen. Nun wird i. S. des Anliegens dieses Artikels auf das Potenzial der Gläubigen für die Evangelisierung eingegangen – das bereits genutzte, aber v. a. das noch nicht genutzte:

Zuerst soll es dabei um generelle Darlegungen anhand der vollzogenen Schilderungen zu den Aufgaben gehen.

Besonders deutlich wurde durchgängig, dass die Selbstevangelisierung die vornehmliche Aufgabe quer durch alle Stände hindurch darstellt. Hier kann jede/r Gläubige überprüfen, inwieweit sie/er diese Aufgabe verwirklicht und wie diese noch eingehender gestaltet werden kann. Umso stärker die Selbstevangelisierung von Gläubigen ist, desto leichter kann durch sie auch die Evangelisierung anderer geschehen[225]. Freilich sind für die Selbstevangelisierung wie ebenso für die Fremdevangelisierung Hilfen für alle Gläubigen nötig, die besonders alle Kleriker geben sollen.

---

225 Vgl. hierzu JAST, S.: *Evangelisierung*, S. 62f.

Mit dem o. g. Stichwort der Fremdevangelisierung wurde bei den generellen Aufgaben aller Gläubigen deutlich, dass diese sowohl das Christwerden als auch das Christsein umfassen, aber genauso die Verwirklichung des Reiches Gottes und die Sensibilisierung der ChristInnen für die Mission. Damit sind einerseits in allgemeiner Weise Prioritäten abgesteckt, die vor Ort auf ihre Beachtung überprüft werden können. Andererseits vermag dort auch auf die diesbezügliche Kooperation aller ein Blick geworfen zu werden und es können ggf. demgemäß Anpassungen vollzogen werden.

Diese Kooperation wiederum wird hier nicht nur i. S. einer direkten Zusammenarbeit im Miteinander gesehen, sondern ebenso i. S. einer komplementären[226] Weise.

In beiden Bedeutungen kann am Ort der Evangelisierung (dies kann *kirchlich* betrachtet auch eine Diözese sein, nicht nur ein Dekanat oder eine Pfarrei; es kann aus *weltlicher* Sicht ebenso z. B. der Arbeitsplatz sein) nachgeprüft werden, wie diese Zusammenarbeit von den dort Evangelisierenden vollzogen wird. Hinsichtlich der o. g. Komplementarität geht es dann eher um die evangelisierenden Aufgaben der einzelnen Stände, die diese getrennt, aber in Ergänzung zueinander erfüllen. Während die Kleriker hier primär für die Kirche zuständig sind, sollen sich die Laien vornehmlich im weltlichen Bereich evangelisierend engagieren. Hier kann gefragt werden, inwieweit beide dies an ihrem Ort der Evangelisierung bereits verwirklichen oder nicht.

Damit ist nun das Ende der generellen Darlegungen und somit nun der Punkt erreicht, an dem zusätzlich die Aufgaben der einzelnen Stände in ihrem Potenzial für die Evangelisierung für sich betrachtet werden sollen:

Das evangelisatorische Engagement der Laien soll besonders den weltlichen Bereich betreffen und hier v. a. in der Ehe und Familie beginnen. Im Familienleben ergeben sich zahlreiche evangelisatorische Gelegenheiten und damit Potenziale für die Evangelisierung. Denn der Glaube kann in diesem Kontext besonders intensiv sowohl in quantitativer als auch in

---

226 Vgl. zur Komplementarität AUGUSTIN, G.: *Freude*, S. 237-242. Außerdem sei auf Beispiele in ALLEN, J. L.: *Gesicht*, S. 231 & 241f. verwiesen.

qualitativer Hinsicht weitergegeben werden. Aber ebenso in den anderen oben angeführten weltlichen Bereichen können die Laien viel zur Evangelisierung beitragen. Da es viele weltliche Bereiche gibt, in denen sich Laien engagieren können, ist situationsabhängig einerseits danach zu fragen, in welchen dieser Bereiche sie bereits tätig sind und in welchen Bereichen ihr evangelisatorisches Engagement zusätzlich nötig ist. Andererseits kann dort überprüft werden, welche evangelisatorischen Aufgaben Laien in den einzelnen Bereichen, in denen sie bereits tätig sind, schon wahrnehmen und welche noch nicht. Denn es existiert hier ggf. noch Bedarf, der von ihrem Wirken noch nicht abgedeckt ist[227]. Es kann weiterhin die Frage gestellt werden, inwieweit ihr Engagement dort dazu verhilft, Menschen in den Evangelisierungsprozess der Christwerdung und des Christseins einzuführen bzw. ferner in diesem Prozess das Christsein vertiefen zu helfen[228].

Hiermit ist auch die Schnittstelle zum Engagement der Laien im kirchlichen Bereich angesprochen. In diesem vermögen sie auf unterschiedliche Art und Weise zu wirken. Dabei können am Ort der Evangelisierung die einzelnen Felder dieses kirchlichen Bereichs betrachtet werden, welches evangelisatorische Engagement Laien dort bereits leisten und was dort an ihrem evangelisatorischen Potenzial noch nicht genutzt wird. Darüber hinaus können ähnlich wie im weltlichen Bereich Felder ausgemacht werden, die evangelisatorisch noch nicht beachtet werden, und hierfür – wenn nach Unterscheidung der Geister[229] nötig – vorhandenes oder noch neu zu suchendes Potenzial der Laien verwendet werden.

Nach den Laien soll es nun um die Kleriker gehen: Die missionarische Aus- und Weiterbildung von Priestern, die Bischöfen und Oberen obliegt, ist stets ausbaufähig[230].

---

227 Hierzu sei auch auf die Analyse von Papst Franziskus in EG 102 verwiesen.
228 Vgl. zum Evangelisierungsprozess z. B. genauer die Ausführungen in JAST, S.: *Evangelisierung*, S. 282-300.
229 Vgl. dazu z. B. ebd., S. 268f.
230 S. bes. zur Ausbildung ebd., S. 317-319.

Bei den Bischöfen ist, wie bereits beschrieben, die Verkündigung eine wichtige Aufgabe. Hier geht es i. S. des Anliegens dieses Artikels letztlich darum, das Potenzial der verschiedenen Bereiche der Verkündigung, die sie vollziehen und beaufsichtigen, auszuschöpfen: Predigt, Katechese usw. Als Ziel ist hier die Inkulturation zu nennen[231]. Die Feier der Sakramente selbst besitzt ebenso evangelisierende Wirkung, die ausgenützt werden kann[232]. Gerade die Bildung der Gläubigen auf diesem Gebiet kann diese Wirkung verstärken. Da die Bischöfe unterschiedliche Menschen(gruppen) im Blick haben sollen, können sie diesen entsprechende Evangelisierungsmethoden entwickeln (lassen) und den vor Ort Zuständigen zur Verfügung stellen. Dieses Evangelisierungsmaterial kann passend zum Evangelisierungsprozess[233] auch aufeinander aufbauen.

Die Priorität der Neuevangelisierung für die Priester ist ein Gradmesser für alle ihre Aufgaben. Die Verkündigung gilt dabei als ihre erste Aufgabe. Hier geht es neben dem Lebenszeugnis auch um die Wortverkündigung. Dies alles bietet vielfältige Gelegenheiten zur Evangelisierung. Quantität und Qualität dieses Handelns sind hier Potenziale, die die Priester ausnützen können – letztlich zum Gemeindeaufbau. Zur Feier der Sakramente sowie der Aus- und Weiterbildung der Gläubigen zu deren Mitfeier fanden sich oben bereits bei den Bischöfen Ausführungen, die ebenso für die Priester gelten können. Die Seelsorge für Menschen bietet durch unterschiedliche Anlässe viel Potenzial zur Evangelisierung sowohl von Einzelpersonen als auch von Gruppen von Menschen. Der missionarische Aspekt, der bei den Aufgaben für die Priester und besonders für die Pfarrer herausgestellt wurde, ist unter der Priorität der Neuevangelisierung besonders wichtig und vor Ort auf sein bereits genutztes und noch ungenutztes Potenzial zu untersuchen. V. a. sollen alle Menschen evangelisiert werden, welche sich von Christus weit weg befinden[234]. Darauf aufbauend

---

231 Vgl. zum Ziel der Inkulturation ausführlicher ebd., S. 121f.
232 Vgl. dazu z. B. ebd., S. 228-230.
233 Zum Evangelisierungsprozess vgl. z. B. genauer ebd., S. 282-300.
234 Vgl. hierzu EG 15.

können dann die Priester in ihrer Tätigkeit die anderen Schritte des o. g. Evangelisierungsprozesses vollziehen.

Für die Diakone stellen neben ihrem Dienst im vielfältigen Bereich der Liturgie die beiden Tätigkeitsfelder der Verkündigung sowie der Nächstenliebe Bereiche mit Potenzial zur Evangelisierung dar. Gerade mit Blick auf den o. g. Evangelisierungsprozess kann die Nächstenliebe eine gute Voraussetzung für die Verkündigung (auch für die innerhalb von Liturgien, in denen ein Diakon seinen Dienst verrichten kann) schaffen.

Die Personen des geweihten Lebens vermögen gemäß ihren Ordens- oder Institutsregeln evangelisierend zu wirken – entweder kontemplativ oder aktiv – und dabei mit anderen Menschen zusammenwirken. Die aktiven Gemeinschaften können dabei bei der Heidenmission sowie auf anderen Gebieten einbezogen werden. Dies macht sie zu wertvollen Verbündeten von anderen dort evangelisierenden Gläubigen. Es stellt sich die Frage, wie das Potenzial von Personen des geweihten Lebens dort bereits ausgeschöpft wird und ggf. noch mehr ausgeschöpft werden kann.

Gerade i. S. von Verbündeten ist auch der folgende Punkt zu sehen: Die Entwicklung von Evangelisierungsplänen macht die Institute des geweihten Lebens für die Bischöfe mit Blick auf Pastoralpläne interessant sowie für Pfarreien, in denen diese Pläne umgesetzt werden sollen.

Hiermit sind die allgemeinen bzw. kursorischen Betrachtungen der Potenziale der Gläubigen als Ganzheit und der einzelnen Stände abgeschlossen. Es erfolgt nun ein kurzes Fazit.

4. FAZIT

Bei den Ausführungen zu den Potenzialen der Gläubigen mit Blick auf sie sowohl als Gesamtheit als auch hinsichtlich von ihnen als Mitglieder unterschiedlicher Stände wurden diverse Potenziale und damit verschiedene Möglichkeiten für den Beitrag zu einer gelingenden Evangelisierung erkennbar.

Manche der Potenziale sind am Ort der Evangelisierung ggf. noch gar nicht oder nur wenig genutzt und damit im Hinblick auf eine gelingende Evangelisierung von Interesse. Freilich gilt es, bei der Ausschöpfung aller Potenziale von den jeweiligen Verantwortlichen und ggf. anderer Agierenden auch die tatsächlichen Verhältnisse vor Ort zu beachten und dementsprechend dann unter Zuhilfenahme der Unterscheidung der Geister Entscheidungen zu treffen, welche Potenziale wie, wann und wo eingesetzt werden sollen. Dies schließt neben der Berücksichtigung dessen, was als Potenzial bereits Anwendung erfährt bzw. noch erfahren sollte, ebenso die tatsächlich bei den ChristInnen vor Ort vorhandenen Potenziale mit ein (z. B. Charismen, Fähigkeiten, zeitliche Ressourcen). Dies kann i. S. dieses Artikels zu einer gelingenden Evangelisierung beitragen.

LITERATURVERZEICHNIS

1. Primärliteratur

AA = II. VATIKANISCHES KONZIL: Dekret über das Apostolat der Laien *Apostolicam actuositatem*. In: BRECHTER, H. u. a. (Hg.): *Lexikon für Theologie und Kirche*. Zweite, völlig neu bearbeitete Auflage / Das Zweite Vatikanische Konzil – Konstitutionen, Dekrete und Erklärungen Lateinisch und Deutsch, Kommentare – Teil II. Sonderausgabe. Freiburg i. Br.: Herder, 1967 (Bd. 13 der Sonderausgabe), S. 585-701.

AG = II. VATIKANISCHES KONZIL: Dekret über die Missionstätigkeit der Kirche *Ad gentes*. In: BRECHTER, H. u. a. (Hg.): *Lexikon für Theologie und Kirche*. Zweite, völlig neu bearbeitete Auflage / Das Zweite Vatikanische Konzil – Konstitutionen, Dekrete und Erklärungen Lateinisch und Deutsch, Kommentare – Teil III. Sonderausgabe. Freiburg i. Br.: Herder, 1968 (Bd. 14 der Sonderausgabe), S. 9-125.

AS = KONGREGATION FÜR DIE BISCHÖFE: *Direktorium für den Hirtendienst der Bischöfe* [„Apostolorum Successores"] / hg. vom Sekretariat der Deutschen Bischofskonferenz. Bonn, 2004 (Verlautbarungen des Apostolischen Stuhls Nr. 173).

CD = II. VATIKANISCHES KONZIL: Dekret über die Hirtenaufgabe der Bischöfe *Christus Dominus*. In: BRECHTER, H. u. a. (Hg.): *Lexikon für Theologie und Kirche*. Zweite, völlig neu bearbeitete Auflage / Das Zweite Vatikanische Konzil – Konstitutionen, Dekrete und Erklärungen Lateinisch und Deutsch, Kommentare – Teil II. Sonderausgabe. Freiburg i. Br.: Herder, 1967 (Bd. 13 der Sonderausgabe), S. 127-247.

CIC 1983 = *Codex des kanonischen Rechtes.* Lateinisch-deutsche Ausgabe mit Sachverzeichnis. Im Auftrag der Deutschen Bischofskonferenz, der österreichischen Bischofskonferenz, der Schweizer Bischofskonferenz, der Erzbischöfe von Luxemburg und von Straßburg, sowie der Bischöfe von Bozen-Brixen, von Lüttich und Metz, 5. Aufl., Kevelaer: Butzon & Bercker, 2001.

CL = JOHANNES PAUL II.: Nachsynodales apostolisches Schreiben *Christifideles Laici: über die Berufung und Sendung der Laien in Kirche und Welt* / hg. vom Sekretariat der Deutschen Bischofskonferenz, 4., korr. Aufl. Bonn, 1991 (Verlautbarungen des Apostolischen Stuhls Nr. 87).

EG = PAPST FRANZISKUS: Apostolisches Schreiben *Evangelii gaudium: über die Verkündigung des Evangeliums in der Welt von heute* / hg. vom Sekretariat der Deutschen Bischofskonferenz. Bonn, 2013 (Verlautbarungen des Apostolischen Stuhls Nr. 194).

EN = PAPST PAUL VI.: Apostolisches Schreiben *Evangelii Nuntiandi: über die Evangelisierung in der Welt von heute* / hg. vom Sekretariat der Deutschen Bischofskonferenz. Neuauflage. Bonn, 2012 (Verlautbarungen des Apostolischen Stuhls Nr. 2).

EÜ = *Die Bibel: Einheitsübersetzung der Heiligen Schrift* / vollständig durchgesehene und überarbeitete Ausgabe. Stuttgart: Katholisches Bibelwerk, 2016 (ISBN 078-3-460-44000-5 Standardausgabe (blau)).

GOTTESDIENSTKONGREGATION: *Volksfrömmigkeit* = KONGREGATION FÜR DEN GOTTESDIENST UND DIE SAKRAMENTENORDNUNG: *Direktorium über die Volksfrömmigkeit und die Liturgie: Grundsätze und Orientierungen* / hg. vom Sekretariat der Deutschen Bischofskonferenz. Bonn, 2001 (Verlautbarungen des Apostolischen Stuhls Nr. 160).

GS = II. VATIKANISCHES KONZIL: Pastoralkonstitution über die Kirche in der Welt von heute *Gaudium et spes.* In: BRECHTER, H. u. a. (Hg.): *Lexikon für Theologie und Kirche.* Zweite, völlig neu bearbeitete Auflage / Das Zweite Vatikanische Konzil – Konstitutionen, Dekrete und Erklärungen Lateinisch und Deutsch, Kommentare – Teil III. Sonderausgabe. Freiburg i. Br.: Herder, 1968 (Bd. 14 der Sonderausgabe), S. 241-592.

KLERUSKONGREGATION: *Diakone* = KONGREGATION FÜR DEN KLERUS: Direktorium für den Dienst und das Leben der Ständigen Diakone. In: KONGREGATION FÜR DAS KATHOLISCHE BILDUNGSWESEN, KONGREGATION FÜR DEN KLERUS: *Grundnormen für die Ausbildung der Ständigen Diakone – Direktorium für den Dienst und das Leben der Ständigen Diakone* / hg. vom Sekretariat der Deutschen Bischofskonferenz. Bonn, 1998 (Verlautbarungen des Apostolischen Stuhls Nr. 132), S. 67-131.

KLERUSKONGREGATION: *Hirte* = KONGREGATION FÜR DEN KLERUS: Instruktion *Der Priester, Hirte und Leiter der Pfarrgemeinde* / hg. vom Sekretariat der Deutschen Bischofskonferenz. Bonn, 2002 (Verlautbarungen des Apostolischen Stuhls Nr. 157).

KLERUSKONGREGATION: *Identität* = KONGREGATION FÜR DEN KLERUS: Rundbrief *Die missionarische Identität des Priesters in der Kirche als eine Ausübung der tria munera innewohnende Dimension.* Vatikanstadt: Libreria Editrice Vaticana, 2010.

KLERUSKONGREGATION: *Lehrer* = KONGREGATION FÜR DEN KLERUS: *Der Priester, Lehrer des Wortes, Diener der Sakramente und Leiter der Gemeinde für das dritte Jahrtausend* / hg. vom Sekretariat der Deutschen Bischofskonferenz. Bonn, 1999 (Verlautbarungen des Apostolischen Stuhls Nr. 139).

KLERUSKONGREGATION: *Priester* = KONGREGATION FÜR DEN KLERUS (HG.): *Direktorium für Dienst und Leben der Priester.* Neuausgabe. Vatikanstadt: Libreria Editrice Vaticana, 2013.

LG = II. VATIKANISCHES KONZIL: Dogmatische Konstitution über die Kirche *Lumen gentium.* In: BRECHTER, H. u. a. (Hg.): *Lexikon für Theologie und Kirche.* Zweite, völlig neu bearbeitete Auflage / Das Zweite Vatikanische Konzil – Konstitutionen, Dekrete und Erklärungen Lateinisch und Deutsch, Kommentare – Teil I. Sonderausgabe. Freiburg i. Br.: Herder, 1966 (Bd. 12 der Sonderausgabe), S. 137-347.

PC = II. VATIKANISCHES KONZIL: Dekret über die zeitgemäße Erneuerung des Ordenslebens *Perfectae caritatis.* In: BRECHTER, H. u. a. (Hg.): *Lexikon für Theologie und Kirche.* Zweite, völlig neu bearbeitete Auflage / Das Zweite Vatikanische Konzil – Konstitutionen, Dekrete und Erklärungen Lateinisch und Deutsch, Kommentare – Teil II. Sonderausgabe. Freiburg i. Br.: Herder, 1967 (Bd. 13 der Sonderausgabe), S. 249-307.

PG = JOHANNES PAUL II.: Nachsynodales Apostolisches Schreiben *Pastores gregis* von Papst Johannes Paul II. zum Thema: „Der Bischof – Diener des Evangeliums Jesu Christi für die Hoffnung der Welt" / hg. vom Sekretariat der Deutschen Bischofskonferenz. Bonn, 2003 (Verlautbarungen des Apostolischen Stuhls Nr. 163).

PO = II. VATIKANISCHES KONZIL: Dekret über Dienst und Leben der Priester *Presbyterorum Ordinis.* In: BRECHTER, H. u. a. (Hg.): *Lexikon für Theologie und Kirche.* Zweite, völlig neu bearbeitete Auflage / Das Zweite Vatikanische Konzil – Konstitutionen, Dekrete und Erklärungen Lateinisch und Deutsch, Kommentare – Teil III. Sonderausgabe. Freiburg i. Br.: Herder, 1968 (Bd. 14 der Sonderausgabe), S. 127-239.

RD = JOHANNES PAUL II.: Apostolisches Schreiben *Redemptionis donum* von Papst Johannes Paul II. über das gottgeweihte Leben im Licht des Geheimnisses der Erlösung / hg. vom Sekretariat der Deutschen Bischofskonferenz. Bonn, 1984 (Verlautbarungen des Apostolischen Stuhls Nr. 55).

RM = Papst Johannes Paul II.: Enzyklika *Redemptoris Missio: über die fortdauernde Gültigkeit des missionarischen Auftrages* / hg. vom Sekretariat der Deutschen Bischofskonferenz. Bonn, 1990 (Verlautbarungen des Apostolischen Stuhls Nr. 100).

VC = Johannes Paul II.: Nachsynodales Apostolisches Schreiben *Vita consecrata* von Papst Johannes Paul II. an den Episkopat und den Klerus, an die Orden und Kongregationen, an die Gesellschaften des Apostolischen Lebens, an die Säkularinstitute und an alle Gläubigen über das geweihte Leben und seine Sendung in Kirche und Welt / hg. vom Sekretariat der Deutschen Bischofskonferenz. Bonn, 1996 (Verlautbarungen des Apostolischen Stuhls Nr. 125).

2. Sekundärliteratur

Allen, J. L.: *Gesicht* = Allen, J. L.: *Das neue Gesicht der Kirche: die Zukunft des Katholizismus* / aus dem Amerikanischen von Bernhardin Schellenberger. Gütersloh: Gütersloher Verlagshaus, 2010.

Augustin, G.: *Freude* = Augustin, G.: *Zur Freude berufen: Ermutigung zum Priestersein* / mit einem Geleitwort von Kardinal Walter Kasper. Freiburg i. Br.: Herder, 2010 (Spiritualität aus dem Glauben).

Jast, S.: *Evangelisierung* = Jast, S.: *Gelingende Evangelisierung und missionarische Entscheidung.* Freiburg i. Br.: Herder, 2023 (Theologie im Dialog Bd. 29).

Zum evangelisatorischen Potenzial der einzelnen Teile der Heiligen Messe

1. EINLEITUNG

Die Hl. Messe spielt eine wichtige Rolle in der Evangelisierung und damit ebenso im Hinblick auf die Möglichkeit einer gelingenden Evangelisierung[1]. Sie besitzt folglich ein Potenzial für die Evangelisierung sowie für eine gelingende Evangelisierung. Dieser Sachverhalt wird in diesem Artikel als *evangelisatorisches Potenzial* bezeichnet. In diesem Text soll jedoch nicht das evangelisatorische Potenzial der Hl. Messe als Ganze betrachtet werden – dies würde die Form eines Artikels sprengen. Vielmehr soll es hier im Rahmen dieser Form kursorisch um die einzelnen Teile der Hl. Messe und ihr evangelisatorisches Potenzial gehen.

Die Evangelisierung kennt unterschiedliche Bereiche: I. Seelsorge an KatholikInnen, welche ihren Glauben leben, II. KatholikInnen, welche den Glauben nicht leben und III. Nichtgläubige[2].

Im Hinblick auf das hier bearbeitete Thema des evangelisatorischen Potenzials einzelner Teile der Hl. Messe steht v. a. der erste genannte Bereich im Fokus, selbst wenn ggf. Menschen des zweiten und dritten Bereiches eine Messfeier besuchen. Letzteres ist aber nicht der Normalfall, sodass die einzelnen Teile der Hl. Messe in der Regel kein *direktes* evangelisatorisches Potenzial auf sie ausüben können[3]. Die gerade gebrauchte

---

1   Zu den Begriffen *Evangelisierung* und *gelingende Evangelisierung* sowie zu den Termini *Mission* und *Neuevangelisierung* vgl. z. B. JAST, S.: *Evangelisierung*, S. 22-28 – wobei *Mission*, *Neuevangelisierung* und *Evangelisierung* entsprechend ebd., S. 27 auch im vorliegenden Artikel synonym verwendet werden und zudem in diesem Sinne der Einfachheit halber i. d. R. nur der Begriff *Evangelisierung* gebraucht wird. Zur Rolle der Hl. Messe mit Blick auf die Evangelisierung vgl. ebd., S. 228-230.

2   Vgl. dazu EG 14.

3   Ausnahmen können die Begräbnismesse (vgl. hierzu die Ausführungen in AEM 341) sowie die Spendung von Sakramenten an Verwandte und Bekannte der Personen aus dem zweiten und dritten Bereich sein.

Wendung *kein <u>direktes</u> evangelisatorisches Potenzial* meint hier, dass über die Riten der Hl. Messe und über die die Hl. Messe in Präsenz oder via moderner Medien mitfeiernden Gläubigen, die in ihrem Alltag mit den Menschen des zweiten und dritten Bereiches zu tun haben, die Hl. Messe dennoch für diese ein *indirektes* evangelisatorisches Potenzial entfalten kann. Dies auszuführen würde jedoch den Rahmen dieses Artikels sprengen.

Ein weiterer Punkt, der durchaus mit dem ersten der o. g. Bereiche zusammenhängt, ist bei einer allgemeinen Betrachtung des evangelisatorischen Potenzials einzelner Teile der Hl. Messe ebenfalls wichtig: Die Hl. Eucharistie ist eher etwas für diejenigen Menschen, die eingeweiht i. S. von in einer Beziehung mit Christus stehend sind[4], und hat somit besonders die Gläubigen im Blick. Ebenso bietet sie eher für die Glaubenden Gelegenheit zur Feier evangelisatorische Erfolge[5] sowie dazu, wieder von Christus für die Evangelisierung ausgestattet zu werden. Dies bedeutet, dass die Eucharistiefeier und damit ebenso ihre einzelnen Teile nicht unbedingt als die erste Gelegenheit gelten, um die o. g. KatholikInnen, die ihren Glauben nicht leben, oder die ebenfalls o. g. Nichtgläubige zu evangelisieren – obwohl ihr Nutzen katechetischer Art beträchtlich[6] sein kann.

Von diesem Standpunkt aus soll im Folgenden das evangelisatorische Potenzial der einzelnen Teile der Hl. Messe betrachtet werden. Dabei wird in diesem Artikel einerseits die Gestalt der Messfeier vorausgesetzt, wie sie nach der aktuell gültigen *Allgemeinen Einführung ins Römische Messbuch* (= AEM) bzw. der *Feier der Gemeindemesse*[7] gefeiert werden kann. Das bedeutet, dass es hier um die Betrachtung der wesentlichen Teile Eröffnung, Wortgottesdienst, Eucharistiefeier und Abschluss (Entlassung)[8] mit ihren jeweiligen Elementen in Bezug auf das Thema dieses Artikels geht. Andererseits wird grundsätzlich von einer üblichen Werktags- bzw. Sonntags-

---

4   Vgl. RATZINGER, J.: *Weggemeinschaft*, S. 80 und MALLON, J.: *Divine*, S. 136.
5   Vgl. EG 24.
6   Vgl. AEM 11 (Bem.: Es ist es hier ausnahmsweise die Nr. 11 des Einleitungsteils gemeint). In St. Benedict/Halifax bspw. besitzt die Eucharistiefeier auch bei den Sakramentenkatechesen einen zentralen Platz (vgl. MALLON, J.: *Divine*, S. 275-277).
7   S. die Publikation *Gemeindemesse*.
8   Zu den Teilen der Eucharistiefeier vgl. AEM 8.

messe mit Gläubigen ausgegangen[9]. Nur ggf. fließen Aspekte mit evangelisatorischem Potenzial aus den Eucharistiefeiern mit Kindern sowie Gruppenmessen[10] mit ein. Letztere sind ebenso mit Blick auf eine kleinere Werktagsgemeinde interessant.

Nun sollen in diesem Artikel bezüglich des evangelisatorischen Potenzials der einzelnen Teile der Hl. Messe im anschließenden *2.* **Kapitel** allgemeine Betrachtungen zu denjenigen Aussagen über die Hl. Messe festgehalten werden, die sich mehreren oder ggf. sogar allen Teilen zuordnen ließen. Das *3.* **Kapitel** handelt vom evangelisatorischen Potenzial der einzelnen Teile der Hl. Messe. Die Analyse als *4.* **Kapitel** enthält Betrachtungen zum dargelegten evangelisatorischen Potenzial der einzelnen Teile der Hl. Messe. Das *5.* **Kapitel** ist ein kurzes Fazit. Ihm folgt das **Literaturverzeichnis**.

Als Nächstes findet die Betrachtung von einzelnen Aspekten mit einem evangelisatorischen Potenzial in der ganzen Eucharistiefeier statt.

2. EVANGELISATORISCHE ASPEKTE IN DER GESAMTEN HEILIGEN MESSE

Es existieren einzelne Gesichtspunkte mit evangelisatorischem Potenzial, die sich auf verschiedene Stellen der Messfeier beziehen können.

Im Anschluss werden zunächst *allgemeine Feststellungen* benannt. Danach finden sich Ausführungen mit Blick auf die *Messformulare*, die *Volksfrömmigkeit*, die *Symbolik*, die *Gestik*, die *Vortragsweise von Texten*, die *Musik und den Gesang* sowie auf die *Stille*.

Zu den *allgemeinen Feststellungen* können die im Folgenden angeführten Aspekte gezählt werden:

---

9   Dies geschieht i. S. von AEM 77.

10   Grundsätzlich zu deren evangelisatorischen Potenzial ist *Gruppenmessen,* 9 von Interesse. Dem ist auch der Gewinn aus einer solchen Eucharistiefeier für die Mitfeier des Sonntagsgottesdienstes (vgl. ebd., 20) hinzuzufügen.

Bei der Hl. Messe ist Christus anwesend und nährt die anwesende Gemeinde mit dem Wort Gottes als Lehre sowie mit seinem Leib als Speise[11].

Ferner ist die Mitwirkung aller Beteiligten bei der Eucharistiefeier für einen Empfang der Frucht der Erlösung in immer größerem Maße nötig[12].

Auch wenn mit Blick auf die Mitwirkenden all ihr Tun ebenfalls dabei helfen kann, dass ihre Spiritualität vertieft wird, so können z. B. die folgenden konkreten Aspekte für sie von evangelisatorischem Potenzial sein:

Für den Priester gilt hinsichtlich seiner Zelebration der Hl. Messe, dass er ein dienendes Handeln sowie eine Bewusstmachung der Anwesenheit des Auferstandenen mittels seines sämtlichen Agierens vollziehen soll[13].

Die Gemeinde selbst ist zu ihrer eigenen Hingabe sowie guter Gemeinschaft aufgerufen[14]. In dieser Gemeinschaft können Jung und Alt sich gegenseitig bereichern[15]. Wechselrufe und Akklamationen im Laufe der Messfeier verbinden wiederum den Zelebranten und die Mitfeiernden enger miteinander[16].

Sind überwiegend Kinder in einer Eucharistiefeier anwesend, sollte diese so gestaltet werden, dass sie jene auf die Erwachsenenmessfeier hinführt[17]. D. h. nicht nur, dass sie lernen sollen, an der Erwachsenenmesse tätiger teilnehmen zu können. Vielmehr geht es hier ebenso darum, dass ihr Glaube immer mehr zu einem Erwachsenenglauben ausgebildet wird.

Die aktive Teilnahme der miteinander Feiernden soll auch von den SängerInnen und MusikerInnen gefördert werden[18].

---

11   Vgl. hierzu AEM 7-9. Näheres zum Gegenwärtig-Sein Christi inmitten seiner Gottesdienstgemeinde und den Konsequenzen daraus s. KOSCHAR, M.: Sorge, S. 519.

12   Vgl. AEM 2.

13   Vgl. AEM 60.

14   Vgl. AEM 62. Hinsichtlich des Zusammenhangs der Hingabe des Auferstandenen und der Hingabe der Gläubigen s. z. B. MENKE, K. H.: *Sakramentalität*, S. 134.

15   Vgl. *Kindermessen*, 16. Hinsichtlich Kindern ist auch das evangelisatorische Potenzial ihrer Einbeziehung zu beachten (vgl. ebd., 17-19).

16   Vgl. AEM 14. Zur tätigen Teilnahme der anwesenden Gläubigen in Zusammenhang mit den Akklamationen s. AEM 15.

17   Vgl. *Kindermessen*, 21. Hilfreich ist es, hierzu die in ebd., 22f., 30, 34, 35, 47 & 54 geschilderten Aspekte als Elemente von evangelisatorischem Potenzial zu sehen.

18   Vgl. AEM 63f. Ähnl. s. a. AEM 67.

Die Lesungen so vorzutragen, dass deren innewohnende Kraft für die Hörenden erfahrbar wird, setzt bereits eine gute dementsprechende Fähigkeit sowie Vorbereitung der Vorlesenden voraussetzt[19].

Durch hinweisende Worte an unterschiedlichen Stellen des Gottesdienstes[20] können die Anwesenden dazu hingeführt werden, das Geschehen besser mitzuvollziehen und somit selbst auch einen besseren geistlichen Gewinn daraus zu schöpfen.

Darüber hinaus sollen alle Zeichen, Gesten und Handlungsweisen des gottesdienstlichen Geschehens den heiligen Bereich der Eucharistie erkenntlich machen[21].

Zu den allgemeinen Feststellungen soll noch ein letzter Aspekt festgehalten werden: Dieser besagt, dass das Zusammenwirken von Willkommenskultur, guten Predigten sowie guten Liedern eine große evangelisatorische Wirkung entfalten kann[22].

Als grundsätzlich bedeutsam für das evangelisatorische Potenzial der *Messformulare* hinsichtlich aller Mitfeiernden kann die Möglichkeit ihrer situationsangepassten Auswahl[23] betrachtet werden.

Darüber hinaus geht es bei den Messformularen an nichtgebotenen Gedenktagen darum, dass die Perikopenordnung, die für die Wochentage vorgesehen ist, möglichst erhalten bleibt sowie Messformulare gemäß der Frömmigkeit aller ChristInnen ausgewählt werden[24].

Abgesehen davon ist es evangelisatorisch beachtenswert, dass die verschiedenartigen Gebete mit Blick auf unterschiedliche Thematiken sowie diverse Anliegen für das Beten aller Mitfeiernden anregend sein können[25].

---

19 Hinsichtlich der LektorInnen vgl. hierzu AEM 66 sowie die Ausführungen in PEL 14. Dasselbe gilt auch für Priester und Diakon mit Blick auf das Evangelium.
20 Vgl. dazu näher AEM 11 & 68. Auch sei hier z. B. auf PEL 42 verwiesen.
21 Vgl. KOSCHAR, M.: Sorge, S. 516.
22 Vgl. hierzu SIMON, W. E.: *Great*, S. 100f. & 123. Eingehendere Ausführungen bzgl. der drei oben im Text genannten Aspekte in der Praxis s. ebd., S. 101-123. Zu den Mitwirkenden in der Willkommenskultur s. a. AEM 68.
23 Vgl. dazu ausführlich AEM 313.
24 Vgl. hierzu AEM 316.
25 Vgl. AEM 323. Hingewiesen sei hier ebenso auf AEM 321-323, 327-334 & 341.

Evangelisatorisch von Bedeutung ist hinsichtlich der Messformulare weiterhin, dass die Eucharistiefeier sogar im Anliegen der Mission bzw. der Neuevangelisierung gefeiert werden kann[26].

Zum Thema der Messformulare sei hier noch das Thema Kirchenjahr hinzugefügt: Denn sämtliche Orationen, Lesungen usw. prägen die Hl. Messe im Laufe des Kirchenjahres auf unterschiedliche Art und Weise. Damit können sie den Mitfeiernden zu den verschiedenen Zeiten des Kirchenjahres unterschiedliche evangelisatorische Impulse geben[27]. U. a. zum Thema Kirchenjahr ist ebenso der nun folgende Aspekt der Volksfrömmigkeit von Relevanz.

Die *Volksfrömmigkeit* ist für die Evangelisierung hilfreich[28], da sie in vor Ort bekannten Symbolen und Handlungsweisen zum Ausdruck kommt und so den Anwesenden helfen kann, den Glauben besser für sich selbst zu erschließen. Unterschiedliche Aspekte können in diesem evangelisatorischen Sinne von ihr im Laufe des Kirchenjahres in die Messfeiern mit einfließen – sei es im Zuge von Festen und Hochfesten[29], sei es bezüglich der Heiligenverehrung[30] oder des liturgischen Verstorbenengedenkens[31].

Bei der Feier der Hl. Messe ist auf eine den menschlichen Sinnen zusagende *Symbolik* zu achten, welche der Nahrung, der Stärkung sowie der Bezeugung des Glaubens dient[32].

---

26   Die Formulare für die Mission s. MB, S. 1069-1072 (näher dazu s. KRANEMANN, B.: Liturgie, S. 69-71). Das Formular für die Neuevangelisierung s. bei GOTTESDIENST-KONGREGATION: *Neuevangelisierung.*

27   Zum Kirchenjahr s. a. SC 102-111. Zum Kirchenjahr in Verbindung mit dem, was sonst in den betreffenden Monaten geschieht (und was auf die Verhältnisse in der jeweiligen Pfarrei zu übertragen wäre, ohne dass dies im vorliegenden Artikel leistbar wäre und auch nicht Thema ist) s. a. kurz WHITE, M., CORCORAN, T.: *tools*, S. 116-120.

28   Vgl. dazu z. B. EN 48, EG 69, 90 & 237 und besonders EG 122-124 & 126.

29   Vgl. hierzu besonders GOTTESDIENSTKONGREGATION: *Volksfrömmigkeit*, 100-102, 104, 111-113, 115, 118-120, 125, 129, 139, 141, 154-156, 159f., 163, 171, 174f., 177, 182 & 245.

30   Vgl. v. a. ebd., 187f., 190, 207, 215f., 221, 223, 227, 231 & 234.

31   Vgl. dazu besonders ebd., 251f. & 225.

32   Vgl. AEM 5.

Alle liturgischen Geräte sollen schlicht und edel sein[33]. Damit tragen sie zur Feierlichkeit bei und schaffen bei allen Mitfeiernden ein Bewusstsein für die Besonderheit dessen, was gefeiert wird, sowie für die Anwesenheit Gottes.

Die gottesdienstliche Kleidung wiederum veranschaulicht die unterschiedlichen Dienste und verdeutlicht damit ebenso die Feierlichkeit[34]. Dabei ist evangelisatorisch auch die Farbe der benutzten Paramente durch die damit verbundene Symbolik[35] von Belang. Die Verwendung der jeweiligen Farbe ist von der AEM geregelt[36]. Ebenso macht sie Aussagen zur Festlichkeit der verwendeten Gewänder[37].

Zur *Gestik* gehört die Körperhaltung, deren Einheitlichkeit Ausdruck des Miteinanders, der Einheit sowie der inneren Einstellung aller Mitfeiernden ist und zu deren Förderung beiträgt[38].

Darüber hinaus können unterschiedliche Gesten nicht nur die Feierlichkeit erhöhen, sondern auch die Mitfeiernden darauf aufmerksam machen, *was* gefeiert wird und ebenso darauf, was das Gefeierte mit dem Leben der Christgläubigen und der Welt zu tun hat. Bspw. können unterschiedliche Prozessionen von verschiedenen Mitfeiernden innerhalb der Hl. Messe den Bezug zum Alltag außerhalb dieser Feier herstellen (z. B., dass in der Gabenprozession die Mitfeiernden ihre Gaben, die sie in ihrem Leben letztlich von Gott geschenkt bekommen haben, zum Altar bringen bzw. durch die Ministranten/Messdiener dorthin bringen lassen)[39].

Unter dem Stichwort der Gestik soll weiterhin bspw. auf die offene Armhaltung des Priesters bei manchen Teilen der Hl. Messe hingewiesen werden: Diese kann, wenn er die Gemeinde grüßt oder – in etwas anderer Form – wenn er in Orantenhaltung betet, bei der ersten Handlung als eine

---

33   Vgl. AEM 287. Näheres zu den liturgischen Gefäßen s. ferner in AEM 289-296. Zu anderen gottesdienstlich verwendeten Gegenständen vgl. AEM 311.
34   Vgl. AEM 297. Zu den gottesdienstlichen Gewändern s. a. AEM 298-310.
35   Vgl. dazu AEM 307.
36   Vgl. AEM 308-310.
37   Vgl. AEM 306 & 309f.
38   Vgl. hierzu AEM 20. Zur Körperhaltung s. a. AEM 21.
39   Beispiele von Prozessionen finden sich in AEM 22.

Willkommenshaltung[40], bei der zweitgenannten Handlung als eine vertrauensvolle und würdige Gebetshaltung angesehen werden.

Bei der Betrachtung der einzelnen Teile der Messfeier unten im Text wird ggf. nochmals auf die Gesten Bezug genommen.

Was die *Vortragsweise von Texten* anbelangt, kann Folgendes festgehalten werden: Da die Art und Weise, wie Texte vorgetragen werden, durchaus Einfluss darauf hat, wie Texte bei den Mitfeiernden ankommen und daher auch wirken können, sollte diese adäquat geschehen[41]. Hierbei ist ebenso zu berücksichtigen, ob die Texte gesungen werden können/sollen[42].

Musik und Gesang stellen die nächste Thematik dar, die sich über die Messfeier verteilt findet. Musik besitzt einen zentralen Stellenwert in der Liturgie[43]. Fruchtbar evangelisierende Pfarreien verwenden in ihrer Liturgie verschiedene Musikstile bis hin zu moderner Musik und bieten für Gläubige ebenso die Gelegenheit, ihre eigene Musikrichtung in die Gottesdienstgestaltung mit einfließen zu lassen[44]. So kann in einer Eucharistiefeier durch die Musik ein breites Publikum von Menschen zum einen mit einbezogen, zum anderen angesprochen werden[45].

Wichtig ist dabei zu beachten, dass es durchaus eine Breite in der Musikauswahl geben darf und kann[46].

---

40 Vgl. RÖTTGER, D.: *Inspirationen*, S. 22.

41 Näheres dazu s. AEM 18 & 66. Zur Kirchenmusik vgl. ebenso SC 112-121.

42 Vgl. AEM 19. Zum Singen von biblischen Texten s. a. OCM 4, 6 & 10.

43 Vgl. WEIGEL, G.: *Erneuerung*, S. 242.

44 Vgl. hierzu WIENHARDT, TH.: *Qualität*, S. 568. Es sei bzgl. der Bedeutung von Musik für eine gelingende Evangelisierung ebenso kurz auf JAST, S.: *Anders*, S. 36 verwiesen.

45 Zur Rolle der Musik s. z. B. SIMON, W. E.: *Great*, S. 100f. & 119-123, WHITE, M., CORCORAN, T.: *Rebuilt*, S. 109-115 und kurz WHITE, M., CORCORAN, T.: *tools*, S. 103-105 & 114. Verwiesen sei auch kurz auf https://www.euangel.de/ausgabe-2-2022/musik-in-der-evangelisierung/musik-in-der-evangelisierung-gemeinschaft-durch-musik/ (aufgerufen am 15.05.2024, 7:57 Uhr).

46 Vgl. dazu näher MALLON, J.: *Divine*, S. 143-146 sowie RÖTTGER, D.: *Inspirationen*, S. 33-36. Bereits in *Graduale*, 3 geht es um eine Variation der gregorianischen Musik. Hinsichtlich der Verwendung von Musik können Überlegungen auf dem Hintergrund von MALLON, J.: *Handbuch*, S. 131-135 angestellt werden. Zur Verwendung von evangelikalen Lobpreisliedern vgl. die Ausführungen in MALLON, J.: *Divine*, S. 149-151. Hinsichtlich der Musik im Gottesdienst sei hier ebenso auf WEIGEL, G.: *Erneuerung*,

Zudem ist es bedeutsam, dass die Musik schön ist, da sie so einen Transzendenzbezug herstellt und die Mitfeiernden beeindrucken kann[47].

Abgesehen davon ist bei den Liedern auf Qualität zu achten, aber ebenso auf die Qualität des Klangsystems sowie ggf. von Liederbüchern oder auch Bildschirmen für den Liedtext[48]. Nur so können Lieder bzw. Instrumentalmusik Menschen gut erreichen.

Der Charakter der Lieder selbst ist von der Liturgie her entweder vorgegeben oder von der Auswahl der jeweiligen Texte, Melodien und Rhythmen her an einer bestimmten Stelle der Liturgie als sinnvoll zu erachten[49].

Die *Stille* ist eine Bedingung der Möglichkeit, dass der göttlich-menschliche Dialog stattfinden kann[50]. Sie vermag abhängig vom jeweiligen Element der Hl. Messe und wo sinnvoll z. B. zum Nachdenken sowie als eine Ermöglichung für ein stilles Gebet zum Lob Gottes eingesetzt zu werden und damit verbunden unterschiedliche Auswirkungen auf die Mitfeiernden in ihrer inneren Haltung und ihrem (Glaubens-)Leben haben[51]. Ebenso kann sie zur Bereitung der Gaben eingehalten werden[52].

Nach diesen allgemeinen Betrachtungen widmet sich das nächste Kapitel genauer dem evangelisatorischen Potenzial der einzelnen Teile der Messfeier.

S. 242-247 hingewiesen. Allerdings sieht G. Weigel hier z. B. die Lieder, die Jesus zitieren, nur aus derjenigen bestimmten Perspektive, dass die Gemeinde diese von sich singen würde (vgl. ebd., S. 246f.). Doch diese Lieder können ebenso als katechetische Lieder betrachtet werden. D. h., es ist durchaus die literarische Gattung des Textes eines Liedes mitzuberücksichtigen.

47 Vgl. dazu MALLON, J.: *Divine*, S. 146.

48 Vgl. hierzu die Ausführungen in ebd., S. 151-154.

49 J. Mallon bevorzugt aus unterschiedlichsten Gründen Lieder, die Lobpreis sind (vgl. ebd., S. 147-149).

50 Vgl. PEL 28. Die dortige diesbezügliche Feststellung kann nicht nur für den Wortgottesdienst, sondern für die gesamte Messfeier gelten.

51 Vgl. AEM 23. Zur Meditationsstille nach der ersten Lesung vgl. *Gemeindemesse*, 41, nach beiden Lesungen vgl. *Gruppenmessen*, 37. PEL 28 sieht mit Blick auf den Wortgottesdienst die Stille als Hilfe zur Annahme des Vorgetragenen sowie zur Formulierung einer Gebetsantwort darauf an.

52 Vgl. *Gemeindemesse*, 71 & 77.

3. TEILE DER HEILIGEN MESSE

Die Hl. Messe besteht wie bereits weiter oben angeführt hauptsächlich aus vier Teilen, die im Folgenden näher betrachtet werden sollen: Eröffnung, Wortgottesdienst, Eucharistiefeier und Abschluss (Entlassung).

3.1 Eröffnung

Die Eröffnung sammelt die Gläubigen zu einer Gemeinschaft, in der das Gottesreich gegenwärtig ist[53]. Sie ist zudem wichtig, damit alle Anwesenden die Hl. Messe gewinnbringend für sich und würdig feiern können[54].

Aus den Ausführungen zum Ablauf der Hl. Messe in *Die Feier der Gemeindemesse* ist zu schließen, dass diese sogar bereits mit dem Versammeln der Gläubigen beginnt[55]. Im Sinne der Gemeinschaftsbildung kann eine Willkommenskultur hier bereits unterstützend wirken[56]. Außerdem kann bereits der Weg zur Hl. Messe und die Zeit vor dem Einzug in selbstevangelisatorischer Weise dazu benutzt werden, sich auf den Gottesdienst vorzubereiten. Dies vermag auf unterschiedliche Art zu geschehen (z. B. beten, eine Besinnung über die Texte des Gottesdienstes abhalten usw.)[57].

Der Einzug aller, die in dieser Messfeier mit speziellen Diensten betraut sind, kann durch die Feierlichkeit (Weihrauch, Kreuz, Musik Gesang…)[58]

---

53 Vgl. hierzu MEßNER, R.: *Einführung*, S. 173, 175 & 179. Zur Sammlung in die Gemeinschaft s. a. AEM 24.

54 Vgl. AEM 24.

55 Vgl. *Gemeindemesse*, 1.

56 Bedenkenswert zur Willkommenskultur sind z. B. RÖTTGER, D.: *Inspirationen*, S. 19-22 und die Ausführungen in SIMON, W. E.: *Great*, S. 101-112 (als Hintergrund für die Planung s. MALLON, J.: *Handbuch*, S. 140-150) sowie WHITE, M., CORCORAN, T.: *Rebuilt*, S. 115-12. Zur Begrüßung der Gäste s. a. WHITE, M., CORCORAN, T.: *tools*, S. 100, 110-112 & 114. Zur Willkommenskultur s. a. JAST, S.: *Evangelisierung*, S. 274-276.

57 Vgl. hierzu HERMANS, J.: *Eucharistie*, S. 104. Weitere Hinweise zur Vorbereitung s. a. ebd., S. 89-94 & 104f. (letztere Seitenangabe bezieht sich v. a. auf die Vorbereitung des Priesters und des liturgischen Dienstes in der Sakristei).

58 Zum Einzug vgl. AEM 25f.

alle Anwesenden dazu hinführen, dass nun etwas Besonderes beginnt und das Herz der Anwesenden dafür öffnen.

Das Kreuzzeichen ist dann zugleich der sprachlich ausgedrückte Eintritt aus dem Alltag in die Präsenz des Reiches Gottes, also in die himmlische Realität, hinein wie auch die Erinnerung an die Taufe[59], mit der für die ChristInnen die Zugehörigkeit zu Gottes Familie, zum Gottesvolk, beginnt.

Die Grußformel des Priesters wiederum lässt allen Mitfeiernden die Anwesenheit des Auferstandenen bewusst werden[60].

Dabei ist die Gestik der offenen Arme des Zelebranten nicht nur die Unterstreichung dieses Zuspruches. Sie kann ebenso die offene Haltung Christi gegenüber sämtlichen Menschen ausdrücken[61] (v. a., wenn noch mitbedacht wird, dass Christus ebenso im Priester gegenwärtig ist[62]). Diese Geste ist eine einladende Haltung, eine Haltung des Willkommens[63].

Die Einführung in den Gottesdienst bietet Gelegenheit zur Erschließung dessen, was in dieser Messfeier z. B. gelesen wird oder geschieht (dies kann ebenfalls als Teil einer Willkommenskultur betrachtet werden[64]). Zudem können an dieser Stelle die Gläubigen zu durchaus sehr gemeinschaftsbildenden Gebetspatenschaften füreinander eingeladen werden, die dann in den Fürbitten eingelöst werden[65].

Durch das Schuldbekenntnis werden sich die Mitfeiernden bewusst, dass sie auch Sünder sind, die Gottes Barmherzigkeit bedürfen und nach Heiligkeit streben sollen[66]. Allerdings braucht es bei einem festlichen

---

59 Vgl. MEßNER, R.: *Einführung*, S. 175f.
60 Vgl. AEM 28. Der liturgische Gruß des Priesters am Beginn der Messfeier stellt eine Zusage dar (vgl. MEßNER, R.: *Einführung*, S. 180).
61 Vgl. RÖTTGER, D.: *Inspirationen*, S. 22.
62 Vgl. SC 7. Zur Relevanz des Handelns „*in persona Christi*" (EE 29) vgl. z. B. EE 29.
63 Vgl. RÖTTGER, D.: *Inspirationen*, S. 22. S. a. oben Kapitel 2.
64 An dieser Stelle können z. B. gerade bei Feiern mit eher kirchenfernen Menschen diese besonders eingeladen werden (dazu, dass ein gutes Einladungsverhalten in Pfarreien ein Merkmal fruchtbarer Evangelisierung ist, vgl. die Ausführungen in WIENHARDT, TH.: *Qualität*, S. 568).
65 Vgl. hierzu MALLON, J.: *Divine*, S. 188f.
66 Alle Gläubigen sind zur Heiligkeit berufen. Dies ist v. a. Thema des 5. Kapitels von LG (= LG 39-42).

Gottesdienst nicht gesprochen zu werden[67]. Damit hilft es, die Festlichkeit in den Vordergrund zu rücken, die die Herzen der Menschen für die Begegnung mit Gott zu öffnen vermag.

Das sonntägliche Taufgedächtnis[68] kann das Bewusstsein aller anwesenden ChristInnen, zu Gott und seinem Reich zu gehören, verstärken.

Kyrie, Gloria und Tagesgebet sind zusammen zu betrachten, weil sie Anbetung sind: Das Kyrie ruft nochmals den Gläubigen ins Bewusstsein, wer für sie ihr Herr ist und auf wessen Barmherzigkeit sie hoffen. Das Gloria weitet dies alles trinitarisch. Dieser Anbetungsteil wird durch die festliche Rede (oder auch das Singen) des Tagesgebets beschlossen, dessen zentraler Part das stille Beten der Anwesenden im Anschluss an die Aufforderung zum Gebet ist[69].

Dabei kann das Tagesgebet allen Mitfeiernden helfen, den besonderen Charakter der Messfeier zu erkennen[70].

Mit dem Tagesgebet ist der Eröffnungsteil der Messfeier abgeschlossen. Im Folgenden soll es um den Wortgottesdienstteil gehen.

3.2 Wortgottesdienst

Zum Wortgottesdienst sind zunächst die folgenden evangelisatorischen Aspekte festzuhalten: Durch die Lesungen sowie die Predigt, welche diese ausdeutet, ereignet sich ein Sprechen Gottes zu den Gläubigen, ferner seine Offenbarung des Geheimnisses von Erlösung sowie Heil wie auch sein Nähren des geistlichen Lebens der Gläubigen. Die Gegenwart des Auferstandenen findet durch das göttliche Wort statt. Die Gläubigen reagieren in unterschiedlicher Weise in Gesängen und Gebeten darauf[71].

---

67   Vgl. *Gemeindemesse*, 22.
68   Vgl. MB 1207-1211. Ferner s. hierzu *Gemeindemesse*, 16.
69   Vgl. zu diesem Absatz MEßNER, R.: *Einführung*, S. 180-182. Zu Kyrie, Gloria und Tagesgebet s. a. AEM 30-32.
70   Vgl. AEM 32. Hingewiesen sei hier auch auf die obigen Ausführungen zu den Messformularen im *2. Kapitel*.
71   Vgl. zu diesem Absatz AEM 33.

Worte und Gesten machen im Wortgottesdienstteil das gerade Gesagte deutlich, dass Gott selbst zu den Mitfeiernden spricht[72].

Die Hl. Schrift selbst spielt bei der Evangelisierung eine tragende Rolle[73]. Aus ihr vorzulesen (bei den Lesungen wie auch beim Evangelium) vergegenwärtigt das, was Gott getan hat – auch in eschatologischer Perspektive – und damit ebenso heute noch tut[74]. Dies verwandelt die HörerInnen[75]. Weiterhin findet beim Hören der Hl. Schrift der Aufbau und die Expansion der Kirche statt. Das, was die Gläubigen aus der Bibel gehört haben, sollen sie wenigstens mit ihrem Lebenszeugnis verkünden[76]. Daneben erfährt das Gottesvolk durch Christi Wort neben der bereits erwähnten Vermehrung auch Einigung sowie Stärkung[77]. Gottes Wort ist ebenso das Bundeswort, das die Gemeinde hört und gläubig darauf Antwort geben soll, um dadurch stetig besser das neue Bundesvolk zu werden[78]. Dies ist letztlich ein Ziel der Evangelisierung[79].

In der Regel sind die Lesungen für die einzelnen Gottesdienste festgelegt[80]. Die alttestamentlichen Lesungen (der sog. Antwortpsalm ist die zweite dieser Lesungen) unterstützen dabei, das Evangelium in das Heilshandeln Gottes mit Israel einzuordnen, die neutestamentliche Lesung, die nicht aus einem Evangelium stammt, hilft das Evangelium aus der apostolischen Zeit heraus zu interpretieren und seine Aussagen zu ergänzen[81].

---

72 Vgl. dazu die Darlegungen in MEßNER, R.: *Einführung*, S. 185f. sowie z. B. in AEM 35.

73 Vgl. z. B. EN 75.

74 Vgl. zu verschiedenen Aspekten des Wortgottesdienstes genauer MEßNER, R.: *Einführung*, S. 184f. & 187-190.

75 Vgl. hierzu die Ausführungen in ebd., S. 185.

76 Zu den Ausführungen seit der letzten Fußnote vgl. PEL 7.

77 Vgl. PEL 44.

78 Vgl. PEL 45. Es sei hier festgehalten, dass ebenso das Leben der Mitfeiernden im Alltag entsprechend dem Gehörten eine Form der Antwort ist.

79 Zu den Zielen der Evangelisierung vgl. JAST, S.: *Evangelisierung*, S. 117-127.

80 Vgl. dazu ausführlich PEL 58-109.

81 Vgl. hierzu MEßNER, R.: *Einführung*, S. 191f. Zum Antwortpsalm vgl. ebd., S. 192 sowie AEM 36 & 38f. Über dessen pastorale Bedeutung und den Umgang mit ihm sei hier auf PEL 19 verwiesen.

Bei besonderen Gelegenheiten können andere Lesungstexte als die vorgeschriebenen verwendet werden[82]. Dies hilft den Anwesenden noch mehr, von der aktuellen Situation her eine Verbindung zu Gottes Handeln in der Vergangenheit in einer gleichen oder ähnlichen Situation herzustellen und daraus Vertrauen in Gottes Agieren für die Gegenwart und Zukunft zu gewinnen.

Das Halleluja kann die Mitfeiernden an Ostern[83] und damit an die Auferstehung Jesu sowie ebenso an die eigene Auferstehung erinnern.

Hinsichtlich des Evangeliums ist zu überlegen, ob sein Text gesungen wird, oder nur die Rahmendialoge. Letztere zu singen ist ein Betonen der Relevanz der Evangeliumsverkündigung sowie der Aufruf an die Anwesenden zum Glauben[84].

Nach dem Evangelium ist die Homilie (Predigt) ein wichtiger Bestandteil der Hl. Messe zur Stärkung des christlichen Lebens[85]. Predigten gibt es zu unterschiedlichen Gelegenheiten[86].

Die Predigt enthält großes evangelisatorisches Potenzial, denn in ihr kann zum einen auf verschiedene Weise das Kerygma verkündigt werden[87]. Zum anderen können aktuelle menschliche Themen und Probleme auf dem Hintergrund dieses Heilshandelns Gottes betrachtet[88] und so den Mitfeiernden zum Umgang damit geholfen werden. Nur eines von vielen möglichen Beispielen für beide genannten Aspekte ist die kurze Predigt

---

82   Vgl. hierzu AEM 325.

83   Vgl. MB [93].

84   Vgl. PEL 17.

85   Vgl. hierzu AEM 41. Speziell zur Thematik der Homilie s. die Publikation HD.

86   Vgl. AEM 42.

87   Zum Kerygma vgl. EG 164. Für das evangelisatorische Potenzial der Homilie sei einerseits auf PEL 24 hingewiesen. Andererseits vgl. dazu z. B. die Anregungen in EG 135-144, in MALLON, J.: *Divine*, S. 158-174, in MALLON, J.: *Handbuch*, S. 126 (& 136-139), in WHITE, M., CORCORAN, T.: *Rebuilt*, S. (139-143) & 148-156, in WHITE, M., CORCORAN, T.: *tools*, S. 123-136, in SIMON, W. E.: *Great*, S. 113-118 sowie kurz mit Blick auf eine biblisch-katechetische Predigt in WEIGEL, G.: *Erneuerung*, S. 240.

88   Vgl. dazu MEßNER, R.: *Einführung*, S. 192, der dort zur Predigt ebenso betont, dass sie von ihrem eigentlichen Wesen her keinen thematischen Charakter, sondern Zeugnischarakter besitzt.

bei Begräbnismessen sowie Totenmessen. Diese ist dort vorgesehen[89]. Durch sie kann das Geheimnis von Tod und Auferstehung den Anwesenden erschlossen werden. Gott selbst kann in diesem Zuge tröstend an ihnen handeln.

In Gruppenmessen ist als Alternative für die Predigt ein spiritueller Dialog möglich[90], was für die Anwesenden einen höheren Gewinn für ihr Leben auszumachen vermag. Doch auch sonst kann eine Predigt dialogische Züge beinhalten, um die Mitfeiernden besser in die Gedankengänge mit einzubeziehen und die Predigt für sie (ebenso wie in den Gruppenmessen) fruchtbarer werden zu lassen. Das vermag sogar z. B. in derjenigen Form zu geschehen, dass alle Mitfeiernden, die online einer Hl. Messe beiwohnen, über die Chatfunktion oder ggf. auch über Umfragetools ihren Beitrag zum Dialog in der Predigt leisten können.

Diese und bereits die vorangehenden Ausführungen zur Predigt zeigen, dass diese (auf dem Hintergrund der biblischen Texte) durchaus das Leben und die Lebensweise von Menschen verändern kann.

Das (Apostolische[91]) Glaubensbekenntnis, das auf die Predigt bzw. die Meditationsstille danach folgt, ist einerseits die Zustimmung der Mitfeiernden zu allem, was sie im Wortgottesdienst gehört haben, andererseits Erinnerung an wichtige Glaubenswahrheiten[92]. Dies vermag den eigenen Glauben zu festigen. Das Glaubensbekenntnis kann gesprochen oder gesungen oder sogar durch ein Glaubenslied ersetzt werden[93].

Letztes Element des Wortgottesdienstes sind die Fürbitten. Dort halten die Gläubigen zusammen mit dem Auferstandenen Fürsprache[94].

---

89 Vgl. dazu AEM 338.
90 Vgl. *Gruppenmessen*, 38.
91 Zur Verwendung des Apostolischen Glaubensbekenntnisses s. *Gemeindemesse*, 65.
92 Vgl. AEM 43. Ähnlich s. PEL 29.
93 Zum Singen vgl. AEM 44. Zum Ersetzen des Glaubensbekenntnisses durch ein Glaubenslied vgl. *Gemeindemesse*, 66.
94 Vgl. MEßNER, R.: *Einführung*, S. 195f. Vgl. weiterhin AEM 45f.

Im Rahmen der Fürbitten können die verschiedensten Anliegen vor Gott gebracht werden[95], sodass hier ebenso Platz sein kann, für die/den jeweilige/n eigene/n GebetspartnerIn zu beten, die/den jede/r Mitfeiernde sich zu Beginn der Messfeier gesucht hat[96].

Die unterschiedliche Rollenverteilung bei den Fürbitten macht darüber hinaus deren Wichtigkeit deutlich[97].

Nach den Fürbitten beginnt der Eucharistieteil der Messfeier, welcher nun im Fokus der Betrachtungen stehen soll.

3.3 Eucharistiefeier

Die Handlung bei der Eucharistiefeier entspricht den Taten und Worten Jesu[98]. So kann das Geschehen in der Eucharistie als Akt der Nachfolge gelten, der nicht nur Gnaden als Früchte bringt, sondern auch die Kirche – und damit die miteinander Feiernden – immer mehr mit Christus verbindet. Dazu kommt, dass das Brotteilen das Verkündigen der Einheit der ChristInnen ist[99].

Die Herbeibringung der zu konsekrierenden Gaben durch Gläubige weist einen symbolhaften Charakter auf[100]. Neben diesen Gaben wird u. a. die Kollekte eingesammelt. Sie besitzt für die Gläubigen sowohl eine selbstevangelisatorische Komponente, nämlich das Bewusstwerden der Haltung der Hingabe, als auch eine fremdevangelisatorische Wirkung i. S. eines Aktes der Nächstenliebe[101].

---

95   Vgl. AEM 46.
96   Vgl. MALLON, J.: *Divine*, S. 188 (s. dazu auch oben in Kapitel 2.).
97   Vgl. dazu MEßNER, R.: *Einführung*, S. 197. Zu den verschiedenen Beteiligten s. a. AEM 47.
98   Vgl. AEM 48.
99   Vgl. AEM 48.
100 Vgl. AEM 49 (auch AEM 101 ist hier interessant). Näheres dazu s. MEßNER, R.: *Einführung*, S. 209.
101 Vgl. ebd., S. 209. Zur Kollekte und dem Herbeibringen anderer Gaben s. a. AEM 49.

Die Verwendung von Weihrauch lässt sowohl das Emporsteigen des Gebets sowie der Gaben bewusst werden[102] als auch die Gegenwart des Auferstandenen im Priester wie unter allen Mitfeiernden[103].

Die Händewaschung ist eher ein selbstevangelisatorischer Akt des Zelebranten, in Richtung innerer Reinigung streben zu wollen[104], was ja ein Schritt hin zur Heiligkeit ist, zu der alle ChristInnen berufen sind[105]. Außerdem ist die Händewaschung als Präparation des Zelebranten für das eucharistische Hochgebet gedacht[106].

Das Gabengebet besitzt ebenso evangelisatorisches Potenzial, da es nicht nur dem Segen über die Gaben dient, sondern ferner die Anliegen, die mit diesen Gaben in Verbindung stehen, zum Thema macht (wenngleich auch nicht jedes Anliegen im Einzelnen). Darüber hinaus bereitet es die versammelte Gemeinde geistlich auf das eucharistische Hochgebet vor[107].

Dieses wiederum ist zentral für die ganze Messfeier[108] und besitzt durch seine unterschiedlichen Teile vielfältige evangelisatorische Aspekte. Diese werden bei den Mitfeiernden durch das Mitvollziehen entfaltet.

In Form allgemeiner Betrachtungen soll nun auf folgende evangelisatorische Punkte aufmerksam gemacht werden, die sich aus der Struktur der verschiedenen approbierten Hochgebete ergeben[109]:

Das eucharistische Hochgebet selbst ist ein Gebet aller Mitfeiernden, was sich aus dem *Amen* der Gemeinde an dessen Ende ergibt.

In Messfeiern überwiegend mit Kindern können vor dem Eingangsdialog Dankmotive genannt werden[110]. So wird für jene das Hochgebet

---

102 Vgl. AEM 51.
103 Vgl. SC 7.
104 Vgl. AEM 52.
105 Vgl. zu dieser Berufung LG 39-42.
106 Vgl. MEßNER, R.: *Einführung*, S. 209.
107 Zu diesem Absatz zum Gabengebet vgl. ebd., S. 209.
108 Vgl. AEM 54.
109 Zu den vier Hochgebeten des römischen Messbuchs vgl. ausführlich MEßNER, R.: *Einführung*, S. 216-220. Es gibt ebenso weitere approbierte Hochgebete (s. die Publikationen BIBELWERK: *Hochgebet* sowie LITURGISCHE INSTITUTE: *Hochgebete*).
110 Vgl. *Kindermessen*, 22

noch mehr zum Dankgebet, die Eucharistie (= *Danksagung*) viel stärker auch zur persönlichen Danksagung.

Der Eingangsdialog zwischen Zelebranten und Gemeinde und das Stehen aller lässt deutlich werden, dass sich alles im Himmel (oben) abspielt[111]. Bei Gruppenmessen können hier konkrete Dankanliegen genannt werden[112]. Dies hat dieselbe mögliche Wirkung wie gerade oben bei den Kindermessen beschrieben.

Das eucharistische Hochgebet verwendet eine der zahlreichen Präfationen aus dem Messbuch bzw. die zu ihm gehörende Präfation[113], welche alle die Dankthematik dieses Gebets auf vielfache Art ausdrücken sowie spezifische Gesichtspunkte des Heilsmysteriums betonen[114].

Das anschließende Heilig macht ebenso die Verbindung mit dem Himmel deutlich[115]. Die Epiklese soll letztlich die Verwandlung in die Neuschöpfung durch den Hl. Geist erbitten[116] und verdeutlichen.

Die Konsekration verbindet die Gemeinde mit dem Tun und Reden Jesu im Verlauf des Letzten Abendmahles. Dabei wird erkennbar, dass die Hl. Messe in seinem Auftrag gefeiert wird[117]. Zudem enthält sie die Festigung des durch die Taufe zwischen den Gläubigen sowie Christus begründeten Bundes, welcher sowohl die Sündenvergebung vonseiten Christi als auch die Forderung nach ethischem Agieren gegenüber den Gläubigen beinhaltet[118].

---

111 Vgl. MEßNER, R.: *Einführung*, S. 200f. Kritisch äußert er sich zum Verlust der Gebetshaltung *versus Orientem*, weil damit die eschatologische Perspektive verloren geht (vgl. ebd., S. 201; zum *versus Orientem* vgl. weiterhin die Ausführungen in WEIGEL, G.: *Erneuerung*, S. 230-234). Diese Perspektive hat sicherlich evangelisatorisches Potenzial — ohne dass an dieser Stelle näher darauf eingegangen werden soll.

112 Vgl. hierzu *Gruppenmessen*, 42.

113 Vgl. AEM 55. Weiterhin sei verwiesen auf die Präfationen in den Publikationen BIBELWERK: *Hochgebet* sowie LITURGISCHE INSTITUTE: *Hochgebete*.

114 Vgl. AEM 321.

115 Vgl. AEM 55.

116 Vgl. hierzu die Ausführungen in MEßNER, R.: *Einführung*, S. 210-212.

117 Vgl. AEM 55. Ähnl. s. MEßNER, R.: *Einführung*, S. 206. Verwiesen sei ferner auf die Ausführungen eingangs des Kapitels *3.3*.

118 Vgl. BENINI, M.: Hochgebet, S. 94, Sp. 2.

Die Anamnese wiederum erinnert an die Heilstaten Jesu[119], und zwar in präsent machender Weise[120]. Sie kann dadurch den Glauben sowie auch die Dankbarkeit der Mitfeiernden stärken.

Das Darbringungsgebet besitzt mit der Darbringung der eucharistischen Gabe und dem Lernen der Selbsthingabe für die Gläubigen evangelisatorisches Potenzial für die Stärkung der Einheit zwischen ihnen und Gott sowie zwischen ihnen selbst[121].

Die Interzessionen machen das gemeinsame Feiern mit allen Gliedern der Kirche, die Darbringung für diese alle[122] sowie das Beten für sie wie auch für alle weiteren Angehörigen der Menschheit deutlich[123]. Dass unterschiedliche Menschengruppen dabei genannt werden, lässt diese in der Feier der Hl. Messe als gegenwärtig erscheinen[124]. So kann sich die feiernde Gemeinde, sei sie noch so klein, nie allein und einsam vorkommen, steht sie doch in ihrer Feier in der Gemeinschaft mit der ganzen Kirche. Dies vermag die eigene Stimmung zu heben und den Glauben zu stärken.

In der Abschlussdoxologie wird nochmals die Verbindung zu Gott deutlich und das Feiern mit der himmlischen Versammlung. Die Doxologie betet Gott an und nimmt seine Verherrlichung im Eschaton vorweg, die ihrerseits geschichtliches Ziel ist[125].

Je nachdem welches eucharistische Hochgebet ausgewählt[126] und gebetet wird, kann dieses durch seine Inhalte und deren Hochgebets-spezifische Formulierungen die Mitfeiernden in evangelisatorischer Art und Weise beeinflussen.

Es ist ferner nicht nur Konsekrationsgebet, sondern ebenso Tischgebet hinsichtlich der Hl. Kommunion[127].

---

119 Vgl. AEM 55.
120 Vgl. BENINI, M.: Hochgebet, S. 94, Sp. 3.
121 Vgl. dazu AEM 55.
122 Vgl. AEM 55.
123 Vgl. zu den Interzessionen näher BENINI, M.: Hochgebet, S. 95, Sp. 2 & S. 96, Sp. 2.
124 Vgl. MEßNER, R.: *Einführung*, S. 213f.
125 Vgl. ebd., S. 216. Dort wird ebenso festgehalten, dass die Hl. Messe dieses geschichtliche Ziel antizipiert.
126 Vgl. hierzu AEM 322 (und *Gemeindemesse*, 98).
127 MEßNER, R.: *Einführung*, S. 220.

Das Stichwort der Hl. Kommunion leitet zum Kommunionteil über. In diesem soll alles, was vor dem eigentlichen Kommunionempfang geschieht, die ChristInnen für denselben bereit machen – für die Begegnung und Vereinigung mit Jesus Christus im Allerheiligsten Altarsakrament:

Das Vaterunser besitzt sowohl die Brot-Bitte, die ebenso eucharistisch gedeutet werden kann, wie die Bitte um Sündenvergebung. Letztere soll dazu führen, dass Geheiligte die Kommunion empfangen[128]. Heiligkeit an sich ist ein Ziel der Evangelisierung[129]. Das Vaterunser selbst kann dem Kirchenjahr oder der Situation gemäß eingeleitet werden[130]. Dies kann helfen, das Gebet mit tieferem Verständnis zu beten.

Im Vaterunser wie auch im anschließenden Embolismus geht es um die Bitte um die Befreiung vom Teufel[131]. Damit sind Vaterunser und Embolismus ein Teil des geistlichen Kampfes[132].

Das Gebet um Frieden kann dem Kirchenjahr oder der Situation entsprechend formuliert werden[133], sodass hier die Gemeinde einen größeren Gewinn für ihr Verständnis, ihr Tun und ihr Leben gewinnen kann.

Sämtliche Worte und Handlungen rund um den Friedensgruß besitzen ebenso vorbereitenden Charakter auf den Kommunionempfang[134].

Das Brotbrechen ist eine Handlung Jesu[135]. Beim Brotbrechen werden das Einssein sowie die geschwisterliche Liebe der Beteiligten ausgedrückt[136]. Die Mahlgemeinschaft der ChristInnen kommt über die gemeinsame Teilhabe am Tod Christi zustande[137]. Die Dimension der Gemeinschaft kann durch das Brechen eines einzelnen Hl. Brotes besser zur

---

128 Vgl. zum bisherigen Teil dieses Absatzes AEM 56.

129 Vgl. dazu z. B. LG 39.

130 Vgl. hierzu die Anweisungen in *Gemeindemesse*, 126f.

131 S. dazu AEM 56. Dass mit „dem Bösen" (GE 160) im Vaterunser der Teufel gemeint ist, stellt GE 160 fest.

132 Zum geistlichen Kampf s. GE 158-175, zum Vaterunser besonders auf GE 160 (zum geistlichen Kampf s. a. bspw. JAST, S.: *Evangelisierung*, S. 265-270).

133 Vgl. *Gemeindemesse*, 132.

134 Vgl. AEM 56.

135 Vgl. z. B. *Mt* 26,26. S. a. AEM 56.

136 Vgl. AEM 283 Ähnl. s. a. AEM 56 und *Gruppenmessen*, 43, welches AEM 283 zitiert und die Einheit betont.

137 Vgl. MEẞNER, R.: *Einführung*, S. 220. Ähnl. s. a. EE 21 (& 23).

Geltung kommen[138]. Das Agnus Dei unterstreicht die Deutung des Brotbrechens auf Jesu Passion hin[139].

Vorbereitung auf die Kommunion ist ebenso das stille Gebet aller sowie die demütige Bezeugung, dass sie unwürdig sind, die Kommunion zu empfangen[140].

Der Kommunionempfang selbst sollte unter beiderlei Gestalten geschehen – mit demjenigen Leib Christi, der in der jeweiligen Eucharistiefeier konsekriert wurde[141]. Dadurch wird die Verbundenheit von Hochgebet und Hl. Kommunion deutlich[142].

Zudem stellt das Empfangen des Hl. Leibes und Blutes als einer von Gott geschenkten, von den Empfangenden nicht selbst ergreifbaren Gabe[143] ein eigenes spirituelles Symbol dar.

Zur Kelchkommunion sei festgehalten, dass Christus seinen Bund in diesem Blut geschlossen hat[144]. Somit wird den Gläubigen ihre besondere Verbindung mit Jesus und Gott durch das Blut Christi deutlich, sowie dass sie heilsgeschichtlich in den Neuen Bund hineingenommen sind.

Darüber hinaus lässt die Kelchkommunion durch den Festcharakter des (gewandelten) Weines für die Empfangenden die Tischgemeinschaft

---

138 Vgl. MEßNER, R.: *Einführung*, S. 222.
139 Vgl. ebd., S. 221. Zum Agnus Dei vgl. z. B. näher AEM 56.
140 Vgl. AEM 56.
141 Vgl. AEM 56. Auch wenn der Kommuniongang in Prozessionsweise der jeweiligen Kommunizierenden einzeln hin zur/m KommunionspenderIn einen Individualismus begünstigt, ist ein gemeinsames Kommunizieren in Gruppen (vgl. dazu MEßNER, R.: *Einführung*, S. 222) nach Ansicht des Autors dieses Artikels nicht der optimale Weg des Kommunizierens. Denn diese Symbolik birgt die Gefahr, auf eine *abteilungsweise* Gemeinschaft hinzuweisen, anstatt auf die Gemeinschaft *aller* Mitfeiernden mit Gott und untereinander. Eine Diskussion der adäquaten Symbolik, um die Gemeinschaft sowohl mit Gott als auch der Mitfeiernden untereinander passend darzustellen, gehört nicht zum Gegenstand dieses Artikels. Es sei hier lediglich angeführt, dass die Gemeinschaft der Mitfeiernden *letztlich* aus der Gemeinschaft mit Gott entsteht (vgl. die allgemeinen Feststellungen zur Communio in KASPER, W.: *Wahrheit I*, S. 424, die damit schlussendlich ebenso für die Messfeier gelten), und nicht über die Symbolik – auch wenn diese zur Verdeutlichung dessen helfen kann und evangelisatorisches Potenzial besitzt (zur Symbolik s. a. das *2.* Kapitel dieses Artikels).
142 Vgl. MEßNER, R.: *Einführung*, S. 221.
143 Vgl. dazu ebd., S. 221.
144 Vgl. GOTTESDIENSTKONGREGATION: *Volksfrömmigkeit*, 175.

im Eschaton Gegenwart werden[145]. Dieser Sachverhalt kann für die versammelten Gläubigen im Allgemeinen, aber genauso im Besonderen eine persönliche Bedeutung i. S. einer Stärkung durch die Hl. Kommunion besitzen. Letzteres wird v. a. bei Begräbnismessen erkennbar:

Die Kommunion bei den Begräbnismessen soll v. a. ebenso von den Angehörigen empfangen werden[146]. Damit kann sowohl ihre Verbundenheit mit den Mitfeiernden und der/m Verstorbenen deutlich werden als auch die Tatsache, dass Jesu Tod das ewige Leben für die/den Verstorbenen erreicht hat und im Eschaton eine gemeinsame Tischgemeinschaft im Himmel erhofft[147] wird.

Der Kommuniongesang drückt einerseits im Gesang aller deren spirituelle Communio aus und vertieft diese; auch ist er ein Kundtun der Freude des Herzens[148]. Damit besitzt er einen eigenen geistlichen und gemeinschaftsstärkenden und somit evangelisatorischen Sinn für die Mitfeiernden.

Im Anschluss an die Kommunion ist Platz für Stille oder für Lob und Dank in Form von Liedern[149]. Damit können sowohl die innigliche Verbundenheit der einzelnen Mitfeiernden mit Jesus Christus Raum finden als auch die vorhandenen Emotionen ausgedrückt werden. Zudem kann gerade auch hier z. B. um den Hl. Geist gebetet werden[150].

In Gruppenmessen vermag die Erfahrung der Eucharistiefeier an dieser Stelle der Messfeier noch durch eigene, laut ausgesprochene Gebete der Mitfeiernden, welche den Bezug zwischen dieser spezifischen Hl. Messe und der Gruppe bzw. ihrem Leben als ChristInnen herstellen, intensiviert zu werden; danach folgt das Schlussgebet der Hl. Messe[151].

---

145 Vgl. MEßNER, R.: *Einführung*, S. 222. Vgl. hierzu ebenfalls AEM 240.
146 Vgl. hierzu AEM 339.
147 Das Sterben in Todsünde kann u. U. (vgl. dazu näher KKK 1861) für Verstorbene und Angehörige auch eine Trennung in der Ewigkeit bedeuten.
148 Vgl. AEM 56.
149 Vgl. AEM 56.
150 Vgl. MALLON, J.: *Divine*, S. 242.
151 Vgl. *Gruppenmessen*, 45.

Auch nach der Gebetsaufforderung des Priesters zum Schlussgebet besteht die Möglichkeit, eine Stille folgen zu lassen[152], die für die stille Sammlung, den inneren Dank sowie für das innere Lob der Mitfeiernden hilfreich sein kann.

Hiermit sind die Ausführungen zum Eucharistieteil der Messfeier beendet. Nun soll das evangelisatorische Potenzial des Schlussteils der Hl. Messe betrachtet werden.

3.4 Abschluss (Entlassung)

Nach den Vermeldungen (Verlautbarungen), die das Pfarreileben mit seinen verschiedenen Bereichen als – liturgische wie auch außerliturgische – Möglichkeit der Fortführung der eucharistischen Gemeinschaft und ggf. weitere Bereiche betreffen können, folgt der Segen, welcher ein Übergangsritus zwischen dem Reich Gottes und damit der himmlischen Realität in der Hl. Messe sowie der Alltagswelt aller Mitfeiernden darstellt und für diese als Ermöglichung dient, die Eucharistie dort zu leben, was auch das entsprechende christliche Zeugnis miteinschließt (es geht also um das Verwirklichen der christlichen Sendung). Die Entlassung ist der Zeitpunkt, mit dem diese gelebte Eucharistie beginnt[153].

Der priesterliche Gruß vor dem Segensgebet macht nochmals deutlich, dass der auferstandene Herr anwesend und mit seiner Gemeinde ist, auch anschließend im Alltag. Der Segen selbst kann durch seine unterschiedlichen möglichen Formulierungen verschiedene Akzente beinhalten[154].

Dass die Entlassung Sendungscharakter besitzt, ist leider anhand der deutschen Übersetzung des Entlassrufes nicht erkennbar (es soll an dieser Stelle aber nicht in die Diskussion darüber eingestiegen werden, weil dies nicht hier Thema ist). Letztlich soll die Sendung dazu führen, die Menschen in das Reich Gottes und damit in die Hl. Messe zu sammeln[155].

---

152 S. dazu genauer AEM 122.

153 Vgl. zu den Ausführungen dieses Absatzes MEßNER, R.: *Einführung*, S. 225.

154 Vgl. dazu AEM 57 sowie *Gemeindemesse*, 163 & 168f.

155 Ähnl. s. RM 26. Zu den Zielen der Evangelisierung s. näher JAST, S.: *Evangelisierung*, S. 117-127.

Soweit die Ausführungen zum Schlussteil der Messfeier und damit ebenso zu ihren einzelnen Teilen. Es folgen nun weiterführende Betrachtungen zum evangelisatorischen Potenzial der einzelnen Teile der Hl. Messe.

4. EVANGELISATORISCHES POTENZIAL

Mit Blick auf die bisherigen Darlegungen zum evangelisatorischen Potenzial der einzelnen Teile der Hl. Messe sollen nun weitere Ausführungen angestellt werden[156]. Dies soll in Form einer Akzentsetzung bezüglich diverser Aspekte geschehen, um den Rahmen eines Artikels zu wahren:

Wie an den Ausführungen dieses Artikels erkennbar werden konnte, bilden die einzelnen Teile der Hl. Messe vielfältige Gelegenheiten, evangelisatorisch zu wirken. Dies gilt von Beginn der Messfeier an.

Aus den vollzogenen Darlegungen vermag generell mit Blick auf alle Teile der Hl. Messe festgehalten zu werden, dass diese mit ihren jeweiligen Elementen oft auf verschiedene Aspekte von Glaubenswirklichkeiten entweder hinweisen, sie bewusst machen oder vergegenwärtigen.

Den einzelnen Teilen der Hl. Messe kann aufgrund der in diesem Artikel dargelegten Ausführungen grob gesagt sogar eine jeweilige evangelisatorische Schwerpunktsetzung zugesprochen werden: Die Eröffnung öffnet den Blick der Mitfeiernden für die himmlische Wirklichkeit, in der ihre aktuell gefeierte Hl. Messe stattfindet. Im Wortgottesdienst wiederum geht es zentral um die Verkündigung des Gotteswortes, also um das Sprechen Gottes, das die Mitfeiernden annehmen sollen und auf das sie in verschiedener Weise antworten. Der Eucharistiefeier-Teil setzt die Begegnung und Gemeinschaft mit Gott im Allerheiligsten Altarsakrament (und damit auch die Gemeinschaft untereinander) als Schwerpunkt und der Abschluss (Entlassung) sendet die Anwesenden in den Alltag hinein zum dortigen Leben als ChristInnen.

---

156 Da sich diese Ausführungen auf das bisher Dargelegte beziehen, sei bzgl. der Referenzen ebenso auf die jeweils dort angegebenen Referenzstellen verwiesen.

Weiterhin wurden im Verlauf des Artikels in unterschiedlicher Weise nicht nur evangelisatorische Potenziale deutlich, die sich allein auf die Messfeier selbst beziehen und damit die Gläubigen hinsichtlich ihrer dortigen tätigen Teilnahme und damit der Ausübung ihres gemeinsamen Priestertums unterstützen können[157]. Vielmehr wurden ebenfalls solche Potenziale für mögliche Verbindungen zwischen den Elementen der Hl. Messe und dem Alltag der Gläubigen erkennbar (z. B. über Gebete), was sich für die Menschen des I. Bereiches der Evangelisierung[158] in der Hl. Messe selbst und in ihrem Alltag sowohl als Individuen wie ebenso als christliche Gemeinschaft auswirken kann. Die Mitfeiernden können weiterhin auf diese Weise immer intensiver ihren Glauben leben und ihn damit auch besser weitergeben, also andere Menschen evangelisieren (dies ist aber nicht Thema dieses Artikels).

In der liturgischen Praxis kann eine mögliche Wechselwirkung der einzelnen Elemente der Teile der Messfeier sowie der Aspekte, die sich in mehreren bzw. allen ihrer Teile finden und im *2.* Kapitel dieses Artikels behandelt wurden, zur verstärkten evangelisatorischen Wirkung des jeweiligen Potenzials berücksichtigt werden.

Abgesehen davon bleibt festzuhalten, dass die verschiedenen Aspekte der einzelnen Teile der Hl. Messe ihr evangelisatorisches Potenzial durch eine vorausgehende Katechese oder Erklärung während der Feier besser entfalten können (wobei Letztere aus diversen Gründen nicht zu exorbitant sein sollte[159]).

Es ist weiterhin aufgrund der vielen unterschiedlichen Teile der Hl. Messe schwierig, bei der Mitfeier auf alle möglichen Potenziale zu achten. Daher ist es in der pastoralen Praxis eher sinnvoll, diesbezüglich immer wieder verschiedene Schwerpunkte zu setzen. Abgesehen davon können von allen Anwesenden bei jeder Mitfeier immer zahlreichere unterschiedliche (selbst-)evangelisatorische Aspekte eingeübt und internalisiert werden, die sich dann, wie oben festgehalten, auch auf ihren Alltag auswirken

---

157 Damit wird dem Anliegen von SC 14 & 19 entsprochen.
158 Vgl. dazu EG 14 und z. B. die Ausführungen im *1.* Kapitel dieses Artikels.
159 Dazu vgl. ausführlicher RATZINGER, J.: *Weggemeinschaft*, S. 81f.

und so ihr evangelisatorisches Potenzial für die Mitfeiernden selbst und indirekt wiederum für diejenigen, welche von den Mitfeiernden dann dort evangelisiert werden, entfalten können.

Damit die Chancen erhöht werden, dass die verschiedenen evangelisatorischen Potenziale ihre Wirkung bei den Mitfeiernden entwickeln können, bedarf es ferner der Schaffung einer dementsprechenden Sensibilität und Ausführungskompetenz bezüglich der liturgischen Praxis bei allen, die einen Dienst in der Messfeier ausüben.

Hiermit sind die weitergehenden Ausführungen zu den evangelisatorischen Potenzialen der einzelnen Teile der Hl. Messe zu einem Ende gekommen. Es schließt sich nun ein kurzes Fazit an.

5. FAZIT

Wie in diesem Artikel dargelegt wurde, beinhalten die einzelnen Teile der Messfeier eine Vielfalt an evangelisatorischem Potenzial.

Kann dieses von denjenigen, die in dieser Feier einen liturgischen Dienst vollziehen, in der gottesdienstlichen Praxis berücksichtigt werden, vermag es auf seine Weise letztlich zu einer gelingenden Evangelisierung beizutragen – zuerst *direkt* mit Blick auf die Mitfeiernden selbst und über deren christliches evangelisatorisches Leben und Handeln dann *indirekt* ebenso in Bezug auf andere Menschen.

LITERATURVERZEICHNIS

1. Primärliteratur

AEM = Allgemeine Einführung in das Römische Messbuch. In: SEKRETARIAT DER DEUTSCHEN BISCHOFSKONFERENZ: *Die Messfeier – Dokumentensammlung; Auswahl für die Praxis*, 12. Aufl., Bonn, 2015 (Arbeitshilfen Nr. 77), S. 7-89 – genauere Angaben über den urspr. Ort der Veröffentlichung s. ebd., S. 7.

BIBELWERK: *Hochgebet* = KATHOLISCHES BIBELWERK: *Hochgebet für Messen für besondere Anliegen* - Altarausgabe: Für die Bistümer des deutschen Sprachgebiets. 13. Auflage, Freiburg i. Br.: Herder, 2017 (diverse Orte und Verlage).

EE = Johannes Paul II.: Enzyklika *Ecclesia de Eucharistia: über die Eucharistie in ihrer Beziehung zur Kirche* / hg. vom Sekretariat der Deutschen Bischofskonferenz. Bonn, 2003 (Verlautbarungen des Apostolischen Stuhls Nr. 159).

EG = PAPST FRANZISKUS: Apostolisches Schreiben *Evangelii Gaudium: über die Verkündigung des Evangeliums in der Welt von heute* / hg. vom Sekretariat der Deutschen Bischofskonferenz. Bonn, 2013 (Verlautbarungen des Apostolischen Stuhls Nr. 194).

EN = PAPST PAUL VI.: Apostolisches Schreiben *Evangelii Nuntiandi: über die Evangelisierung in der Welt von heute* / hg. vom Sekretariat der Deutschen Bischofskonferenz. Neuauflage. Bonn, 2012 (Verlautbarungen des Apostolischen Stuhls Nr. 2).

EÜ = *Die Bibel: Einheitsübersetzung der Heiligen Schrift* / vollständig durchgesehene und überarbeitete Ausgabe. Stuttgart: Katholisches Bibelwerk, 2016 (ISBN 078-3-460-44000-5 Standardausgabe (blau)).

HD = KONGREGATION FÜR DEN GOTTESDIENST UND DIE SAKRAMENTENORDNUNG: *Homiletisches Direktorium* / hg. vom Sekretariat der Deutschen Bischofskonferenz. Bonn, 2015 (Verlautbarungen des Apostolischen Stuhls Nr. 201).

GE = FRANZISKUS: Apostolisches Schreiben *Gaudete et exsultate* des Heiligen Vaters Papst Franziskus über die Heiligkeit in der Welt von heute / hg. vom Sekretariat der Deutschen Bischofskonferenz. Bonn, 2018 (Verlautbarungen des Apostolischen Stuhls Nr. 213).

Gemeindemesse = Die Feier der Gemeindemesse. In: SEKRETARIAT DER DEUTSCHEN BISCHOFSKONFERENZ: *Die Messfeier – Dokumentensammlung: Auswahl für die Praxis*, 12. Aufl. Bonn, 2015 (Arbeitshilfen Nr. 77), S. 91-115 – genauere Angaben über den urspr. Ort der Veröffentlichung s. ebd., S. 91.

Graduale = Graduale simplex – Auszug. In: SEKRETARIAT DER DEUTSCHEN BISCHOFSKONFERENZ: *Die Messfeier – Dokumentensammlung: Auswahl für die Praxis*, 12. Aufl. Bonn, 2015 (Arbeitshilfen Nr. 77), S. 185-190 – genauere Angaben über den urspr. Ort der Veröffentlichung s. ebd., S. 185.

Gruppenmessen = Richtlinien der Deutschen Bischofskonferenz für Messfeiern kleiner Gemeinschaften (Gruppenmessen). In: SEKRETARIAT DER DEUTSCHEN BISCHOFSKONFERENZ: *Die Messfeier – Dokumentensammlung: Auswahl für die Praxis*, 12. Aufl. Bonn, 2015 (Arbeitshilfen Nr. 77), S. 163-172 – genauere Angaben über den urspr. Ort der Veröffentlichung s. ebd., S. 163.

GOTTESDIENSTKONGREGATION: *Neuevangelisierung* = KONGREGATION FÜR DEN GOTTES-DIENST UND DIE SAKRAMENTENORDNUNG: *Heilige Messe für die Neuevangelisierung*, Vatikanstadt, 24.09.2012 (Prot. N. 568/12/L; Bem.: Dieses Dokument findet sich auch im Internet unter https://www.dbk.de/fileadmin/redaktion/diverse_downloads/Dossiers/MISSA_GER.pdf (aufgerufen am 15.05.2024, 7:55 Uhr)).

GOTTESDIENSTKONGREGATION: *Volksfrömmigkeit* = KONGREGATION FÜR DEN GOTTES-DIENST UND DIE SAKRAMENTENORDNUNG: *Direktorium über die Volksfrömmigkeit und die Liturgie: Grundsätze und Orientierungen* / hg. vom Sekretariat der Deutschen Bischofskonferenz. Bonn, 2001 (Verlautbarungen des Apostolischen Stuhls Nr. 160).

KKK = ECCLESIA CATHOLICA: *Katechismus der Katholischen Kirche*, München: Oldenbourg, 1993 (diverse Orte und Verlage).

LG = II. VATIKANISCHES KONZIL: Dogmatische Konstitution über die Kirche *Lumen gentium*. In: BRECHTER H. u. a. (Hg.): *Lexikon für Theologie und Kirche*. Zweite, völlig neu bearbeitete Auflage / Das Zweite Vatikanische Konzil – Konstitutionen, Dekrete und Erklärungen Lateinisch und Deutsch, Kommentare – Teil I. Sonderausgabe. Freiburg i. Br.: Herder, 1966 (Bd. 12 der Sonderausgabe), S. 137-347.

LITURGISCHE INSTITUTE: *Hochgebete* = LITURGISCHE INSTITUTE LUZERN, SALZBURG, TRIER (HG.): *Fünf Hochgebete.* Votivhochgebet „Versöhnung" – Hochgebete für Messfeiern mit Kindern / Studienausgabe für die Bistümer des deutschen Sprachgebietes mit einem Anhang: Hochgebet für Messfeiern mit Gehörlosen. Approbierter und konfirmierter Text. Freiburg i. Br.: Herder, 2005.

Kindermessen = Direktorium für Kindermessen. In: SEKRETARIAT DER DEUTSCHEN BI-SCHOFSKONFERENZ: *Die Messfeier – Dokumentensammlung: Auswahl für die Praxis*, 12. Aufl. Bonn, 2015 (Arbeitshilfen Nr. 77), S. 145-162 – genauere Angaben über den urspr. Ort der Veröffentlichung s. ebd., S. 145.

MB = *Die Feier der Heiligen Messe: Messbuch für die Bistümer des deutschen Sprachgebietes* / authentische Ausgabe für den Liturgischen Gebrauch, hg. im Auftrag der Bischofskonferenzen Deutschlands, Österreichs und der Schweiz sowie der Bischöfe von Luxemburg, Bozen-Brixen und Lüttich Kleinausgabe, 2. Auflage. Freiburg u. a.: Herder u. a., 1988.

OCM = Ordo Cantus Missae – Auszug. In: SEKRETARIAT DER DEUTSCHEN BISCHOFSKON-FERENZ: *Die Messfeier – Dokumentensammlung: Auswahl für die Praxis*, 12. Aufl. Bonn, 2015 (Arbeitshilfen Nr. 77), S. 179-183 – genauere Angaben über den urspr. Ort der Veröffentlichung s. ebd., S. 179.

PEL = Pastorale Einführung. In: ÖSTERREICHISCHE BISCHOFSKONFERENZ, DEUTSCHE BI-SCHOFSKONFERENZ (HG.): *Die Feier der Heiligen Messe – Lektionar* für die Bistümer des deutschen Sprachgebiets / Authentische Ausgabe für den liturgischen Gebrauch. Die

Sonntage und Festtage im Lesejahr A: Messlektionar. Neuausgabe. Regensburg: Friedrich Pustet, 2018 (Band I), S. 11*-42*.

RM = Papst Johannes Paul II.: Enzyklika *Redemptoris Missio: über die fortdauernde Gültigkeit des missionarischen Auftrages* / hg. vom Sekretariat der Deutschen Bischofskonferenz. Bonn, 1990 (Verlautbarungen des Apostolischen Stuhls Nr. 100).

SC = II. Vatikanisches Konzil: Konstitution über die Heilige Liturgie *Sacrosanctum Concilium*. In: Brechter H. u. a. (Hg.): *Lexikon für Theologie und Kirche*. Zweite, völlig neu bearbeitete Auflage / Das Zweite Vatikanische Konzil – Konstitutionen, Dekrete und Erklärungen Lateinisch und Deutsch, Kommentare – Teil I. Sonderausgabe. Freiburg i. Br.: Herder, 1966 (Bd. 12 der Sonderausgabe), S. 9-109.

2. Sekundärliteratur

2.1 Printquellen

Benini, M.: Hochgebet = Benini, M.: Zur Spiritualität des Hochgebets. Das Hochgebet ist zwar der Höhepunkt der Eucharistiefeier, doch oft der Tiefpunkt der persönlichen Teilnahme. – Eine Bildbetrachtung. In: Liturgische Institute Trier, Salzburg und Fribourg (Hg.): *Gottesdienst*. Freiburg i. Br.: Herder, 2024 (Heft 9/2024, 58. Jahrgang), S. 93, Sp. 1 – S. 96, Sp. 3.

Hermans, J.: *Eucharistie* = Hermans, J.: *Die Feier der Eucharistie. Erklärung und spirituelle Erschließung*. Regensburg: Verlag Friedrich Pustet, 1984.

Jast, S.: *Anders* = Jast, S.: *Anders und doch nutzbar. Erkenntnisse zur Neuevangelisierung aus meiner Reise nach Kanada und in die USA*. Norderstedt: Books on Demand, 2022.

Jast, S.: *Evangelisierung* = Jast, S.: *Gelingende Evangelisierung und missionarische Entscheidung*. Freiburg i. Br.: Herder, 2023 (Theologie im Dialog Bd. 29).

Kasper W.: *Wahrheit I* = Kasper W.: *Die Wahrheit in Liebe tun: Schriften zur Pastoral* / erster Teilband. Freiburg i. Br.: Herder, 2018 (Walter Kasper: Gesammelte Schriften Bd. 17).

Koschar, M.: Sorge = Koschar, M.: Die bleibende Sorge um ein vertieftes Verständnis der Liturgie als pastoraler Aufgabe. In: Augustin, G. u. a. (Hg.): *Priester und Liturgie* / hg. von George Augustin, Alfons Knoll, Michael Kunzler und Klemens Richter; Manfred Probst zum 65. Geburtstag. Paderborn: Bonifatius, 2005, S. 507-522.

Kranemann, B.: Liturgie = Kranemann, B.: Liturgie – mit missionarischer Dimension. In: Kranemann, B. u. a. (Hg.): *Mission: Konzepte und Praxis der katholischen Kirche in Geschichte und Gegenwart*. Würzburg: Echter, 2009, S. 49-76.

MALLON, J.: *Divine* = MALLON, J.: *Divine Renovation – Wenn Gott sein Haus saniert: von einer bewahrenden zu einer missionarischen Kirchengemeinde*. Grünkraut: D & D Medien, 2017.

MALLON, J.: *Handbuch* = MALLON, J.: *Divine Renovation: Handbuch für die Umwandlung Ihrer Pfarrei*. Grünkraut: D & D Medien, 2018.

MENKE, K. H.: *Sakramentalität* = MENKE, K. H.: *Sakramentalität: Wesen und Wunde des Katholizismus*. 2., durchgesehene und verbesserte Aufl. Regensburg: Friedrich Pustet, 2012.

MEßNER, R.: *Einführung* = MEßNER, R.: *Einführung in die Liturgiewissenschaft*. 2., überarb. Aufl., München u. a.: Schöningh, 2009.

RATZINGER, J.: *Weggemeinschaft* = RATZINGER, J.: *Weggemeinschaft des Glaubens. Kirche als Communio* / Festgabe zum 75. Geburtstag hg. vom Schülerkreis. Red.: Stephan Otto Horn und Vinzenz Pfnür. Mit einer aktuellen Bibliographie von Joseph Ratzinger. Augsburg: Sankt-Ulrich-Verlag, 2002.

RÖTTGER, D.: *Inspirationen* = RÖTTGER, D.: *Es geht auch anders: Inspirationen aus der Kirche in Frankreich und den USA*. Paderborn: Bonifatius, 2017.

SIMON JR., W. E.: *Great* = SIMON JR., W. E.: *Great catholic parishes: a living mosaic: how four essential practices make them thrive* / William E. Simon Jr. Notre Dame, Indiana: Ave Maria Press, 2016.

WEIGEL, G.: *Erneuerung* = WEIGEL, G.: *Die Erneuerung der Kirche: tiefgreifende Reform im 21. Jahrhundert*. Illertissen: Media Maria, 2015.

WIENHARDT, TH.: *Qualität* = WIENHARDT, TH.: *Qualität in Pfarreien: Kriterien für eine wirkungsvolle Pastoral*. Würzburg: Echter, 2017 (Angewandte Pastoralforschung 3).

WHITE, M., CORCORAN, T.: *Rebuilt* = WHITE, M., CORCORAN, T.: *Rebuilt – Die Geschichte einer katholischen Pfarre: Gläubige aufrütteln, Verlorene erreichen, Kirche eine Bedeutung geben*. Graz: Pastoralinnovation, 2016.

WHITE, M., CORCORAN, T.: *Tools* = WHITE, M., CORCORAN, T.: *Tools for rebuilding: 75 really, really practical ways to make your parish better*. Notre Dame, Indiana: Ave Maria Press, 2013.

2.2 Internetquellen

- https://www.dbk.de/fileadmin/redaktion/diverse_downloads/Dossiers/MISSA_GER.pdf (aufgerufen am 15.05.2024, 7:55 Uhr).
- https://www.euangel.de/ausgabe-2-2022/musik-in-der-evangelisierung/musik-in-der-evangelisierung-gemeinschaft-durch-musik/ (aufgerufen am 15.05.2024, 7:57 Uhr).

Erkenntnisse aus vergangenen fruchtbaren Beispielen der Evangelisierung für die Evangelisierung von heute

1. EINLEITUNG

Die Kirchengeschichte weist viele Beispiele für gelingende, erfolgreiche bzw. fruchtbare Evangelisierungsbemühungen[1] auf. Aus Beispielen der Vergangenheit heraus (es existieren ebenso aktuelle Beispiele, doch stehen diese hier nicht im Fokus) sollen in diesem Artikel übergeordnete Wirkfaktoren gewonnen werden, die auch für die heutige Evangelisierung i. S. von Ermöglichungsaspekten, nicht i. S. von Mechanismen[2] für eine gelingende Evangelisierung bedenkenswert sein können.

Damit ist das Vorgehen in diesem Artikel bereits vorgezeichnet: Im Folgenden soll nun eine kleine Auswahl von vergangenen Beispielen kursorisch präsentiert werden (**Kapitel Nr. *2*.**)[3]. Diese Beispiele sind die

---

1   Zu den Termini *Evangelisierung* und *gelingende Evangelisierung* s. JAST, S.: *Evangelisierung*, S. 22-28. Für das Anliegen dieses Artikels reicht es aus, unter dem Begriff der *Evangelisierung* die Glaubensverbreitung, -erneuerung und -vertiefung zu verstehen, sowie unter einer *gelingenden* (oder in möglichem synonymen Gebrauch – vgl. ebd., S. 27f. – auch *fruchtbaren* bzw. *erfolgreichen* – s. o.) *Evangelisierung* eine signifikante Steigerung dieser Glaubensverbreitung, -erneuerung und -vertiefung in qualitativer wie auch quantitativer Hinsicht. Ferner werden in diesem Artikel die Begriffe *Evangelisierung, Evangelisation* sowie *Mission* synonym gebraucht (zu dieser Möglichkeit s. ebd., S. 22 & 27).

2   Zum Thema Wirkmechanismen bzw. Faktoren: Mit MÜLLER, P. R.: *Columban*, S. 70 sieht der Autor dieses Artikels den Begriff der Mechanismen als problematisch an, weil dadurch der – allerdings falsche – Eindruck entstehen könnte, dass eine bestimmte Vorgehensweise automatisch einen entsprechenden Effekt hervorruft. Dies wäre dann ein Kausalzusammenhang (= Ursache-Wirkungs-Zusammenhang). Weiterhin gilt die Prämisse, dass ohne die Gnade und den Willen Gottes eine gelingende Evangelisierung durch den Einsatz von Wirkfaktoren von Menschen nicht erreicht zu werden vermag; sie kann schon gar nicht von Menschen ‚gemacht' werden.

3   Die Beispiele dieses Artikels sind für den Autor persönlich bedeutsam. Ihm ist bewusst, dass andere Beispiele mit Blick auf daraus zu gewinnende Wirkfaktoren ggf. zu anderen Ergebnissen führen können. Eine Analyse von viel mehr Beispielen würde allerdings den Rahmen dieses Artikels sprengen.

Apostelgeschichte, die frühe Christenheit, der hl. Columban und seine Mönche, die hl. Gottesmutter in Guadalupe, der sel. Jesuitenpater Philipp Jeningen und der hl. Pfarrer von Ars.

Die ausgewählten Beispiele besitzen die Kennzeichen eines oder beider erfolgreichen Wege der Glaubensverbreitung, die durch die ganze Kirchengeschichte hindurch beschritten wurden und werden: eine kapillare Glaubensverbreitung mittels des Lebenszeugnisses von ChristInnen, das sich in ihrem Umfeld auswirkt, und eine professionelle Glaubensverbreitung durch herumreisende professionelle Missionare[4].

Die o. g. Beispiele sollen in diese beiden Methodenkategorien entsprechend ihren Charakteristika eingeordnet werden. Darüber hinaus findet ebenso eine Einordnung in die folgenden drei Evangelisationsmodelle statt, die hier kurz vorgestellt werden sollen[5]:

1. Beim sog. „[d]idaktisch-sakramentale[n] Modell"[6] geht es um die objektive kirchliche Lehre und ihre Akzeptanz. Ferner wird der Glaube in Form von Vertrauen verstanden.

2. Dem „[k]erygmatisch-charismatische[n] Modell"[7] ist es wichtig, sowohl das Gottvertrauen bei der Erstevangelisierung zu erfahren als auch das Glaubenszeugnis von Gläubigen durch deren Akte der Nächstenliebe und Wunder sowie Heilungen mittels Charismen zu erleben[8]. Ziel dieses Modells ist es, dass Menschen in ihrem Inneren die Erlösung erkennen.

3. Das „[p]olitisch und sozial transformierende [… oder auch] handlungsorientierte Modell"[9] stellt den Glauben als Agieren i. S. von

---

4   Vgl. hierzu SIEVERNICH, M.: Epochen, S. 21f.

5   Zu diesen Modellen vgl. ausführlich AUGUSTIN, G.: *Mission*, S. 81-97. Zu den nachfolgenden Punkten 1.-3. vgl. besonders ebd., S. 81-92. Zitate werden extra gekennzeichnet.

6   Ebd., S. 81. Änderung der Formatierung durch S. J.

7   Ebd., S. 85. Änderung der Formatierung durch S. J.

8   Bedeutend ist, festzuhalten, dass es letztlich Gott ist, der die Wunder sowie die Heilungen geschehen lässt.

9   Ebd., S. 90 (im Originaltext steht „transformierendes"). Änderung der Formatierung durch S. J.

Befreiung in verschiedenster Weise sowohl von Individuen als auch Gruppen wie ebenso der Schöpfung primär in den Fokus. Weiterhin geht es diesem Modell um das Lehren sowie Erwecken des Glaubens.

Die o. g. Wirkfaktoren, die im Anschluss an die Darstellung der vergangenen Beispiele aus denselben erarbeitet werden (**Kapitel Nr. *3*.**), werden als *diachron-generierte Wirkfaktoren*[10] bezeichnet. Bezüglich ihnen folgen Reflexionen zu ihrer Anwendung im heutigen Kontext. Ein kurzes Fazit (**Kapitel Nr. *4*.**) und das **Literaturverzeichnis** schließen den Artikel ab.

Wie oben festgehalten sollen im Folgenden die verschiedenen Beispiele fruchtbarer Evangelisierung dargelegt werden.

2. FRUCHTBARE EVANGELISIERUNGS-BEISPIELE DER VERGANGENHEIT

Im Folgenden sollen die bereits oben erwähnten Beispiele kursorisch dargestellt werden. Auch die Wirkungen der jeweiligen Evangelisierungstätigkeit sollen im Verlauf dessen kurz ausgeführt werden.

2.1 Die Apostelgeschichte

Die *Apg* schildert die sieghafte Verbreitung von Kirche und Froher Botschaft „von Jerusalem bis Rom"[11]. Sie ist daher ein sehr gutes Beispiel für eine gelungene Evangelisierung.

Die Ausbreitung der Jerusalemer Urkirche, wie sie in der *Apg* beschrieben wird, lässt diverse Sachverhalte bezüglich der Evangelisierung erkennen. Um diese Aspekte herauszufinden genügt es, sich hier bezüglich der Schilderungen der *Apg* an den Literalsinn zu halten (es geht hier also nicht um eine genaue Exegese der *Apg*) und daraus Schlüsse zu ziehen. Da die

---

10 Wirkfaktoren, die aus aktuellen Beispielen gewonnen werden würden, wären demzufolge *synchron-generierte Wirkfaktoren*.

11 Franzen, A.: *Kirchengeschichte*, S. 22.

Apg ein biblisches Buch ist, haben selbst die Taten und Worte der Apostel darin Offenbarungscharakter, sodass durch sie eine geistinspirierte Evangelisation gelernt werden kann[12].

Zuerst sollen Aussagen zur Selbstevangelisierung (i. S. des Zusammenlebens und Handelns der Urchristen in der/den Gemeinde(n)) geschildert werden und danach Aspekte der Evangelisierung nach außen hin.

Im Hinblick auf die Selbstevangelisierung der ersten ChristInnen ergeben sich aus der *Apg* heraus die folgenden Aspekte:

Ein Thema für die Urchristen ist Gottesdienst und Gebet – manchmal mit Fasten verbunden[13] – also Sachverhalte, die zur missionarischen Spiritualität[14] gezählt werden können. Ebenso kann die Offenheit [15] der Urchristen dieser Spiritualität zugeordnet werden.

Weiterhin gehen die Urchristen kreativ mit Spannungen innerhalb ihrer Gemeinden und zwischen Mitgliedern um[16].

Einerseits zur Selbstevangelisierung sowie andererseits ebenso zur Evangelisierung anderer sind die folgenden beiden Aspekte zuzurechnen:

Zum einen zeichnet die ersten ChristInnen sowohl die Solidarität untereinander wie auch diejenige mit anderen Menschen[17] aus.

Zum zweiten existiert bereits eine Dienstestruktur in den jungen Christengemeinden. Die *Apg* gewährt einen kleinen Einblick:

---

12   Dieses Lernenkönnen wird z. B. bereits an den Reden der Apostel in der *Apg* deutlich (vgl. hierzu RM 24f.). In diesem Zusammenhang sei auch die Rede des Paulus an die Ältesten von Ephesus in *Apg* 20,18-35 aufgeführt. Hier werden verschiedene Aspekte seines Vorgehens bei der Evangelisierung beschrieben. Zu den Reden der *Apg* s. allgemein KRÄMER, K.: *Logos*, S. 165f. und bes. ebd., S. 171-178. Genaueres zur apostolischen Verkündigungspraxis s. KRÄMER, K.: Impulse, S. 59-62.

13   Vgl. dazu *Apg* 1,4-5.13-14.25; 2,42.44; 3,1; 4,29-30; 12,5.12; 13,2-3; 14,23; 16,25; 20,36; 21,5; 24,11. Dabei lassen *Apg* 3,1 und 24,11 auf eine Teilnahme der Apostel am Tempelgottesdienst schließen.

14   Vgl. dazu z. B. RM 87-91.

15   Vgl. hierzu *Apg* 9,27; 11,1-18.

16   Vgl. dazu *Apg* 6,1-7; 15,1-40.

17   Vgl. zur Solidarität untereinander *Apg* 2,44-45; 4,32-37; 11,27-30. Weiterhin vgl. dazu RM 26. *Apg* 5,1-11 erzählt von der Nichtbeachtung der Solidarität durch das Ehepaar Saphira und Hananias in Form eines Betruges „bei der Einzahlung in die gemeinsame Kasse" (BERGER, K.: *Urchristen*, S. 291).

- In Jerusalem selbst fanden sich neben den Aposteln auch die Ältesten (vgl. *Apg* 15,6) sowie die Diakone, deren Wahl in *Apg* 6,1-6 beschrieben wird.
- Laut *Apg* 13,1 gab es in Antiochia Lehrer sowie Propheten als unterschiedliche Dienste.
- Gemäß *Apg* 14,21.23 bestellten Paulus und Barnabas in „21 Lystra, Ikonion und Antiochia [...] 23 Älteste."
- *Apg* 21,8b.9 berichtet von der Situation in der Gemeinde von Cäsarea, dass es in dieser einen Evangelisten mit prophetisch begabten Töchtern gab.

Zur Evangelisierung anderer können aus der *Apg* eine Reihe von Erkenntnissen gewonnen werden. Die Verkündigungssituationen selbst lassen sich wie folgt zusammenfassen, wobei der Übersichtlichkeit halber unterschieden werden soll zwischen 1. den Geschehnissen in der Jerusalemer Urgemeinde (*Apg* 1,1-8,4), 2. dem weiteren Verlauf der Mission im judäischen und samaritanischen Gebiet (*Apg* 8,5-12,24) sowie 3. den Erzählungen über die Ausbreitung des Christentums auf die Völker v. a. durch Paulus (*Apg* 12,25-28,31)[18]:

1. In der Urgemeinde in Jerusalem (vgl. bes. *Apg* 1,1-8,4) beginnen alle Geschehnisse, in denen Verkündigung stattfindet, mit etwas Wunderbarem[19]. Die jeweilige Verkündigung knüpft dann an die entstandene Lage an, wobei je nach Situation von Tod und Auferstehung sowie ggf. von der Himmelfahrt und dem Thronen Jesu im Himmel die Rede ist; fast immer ist dort ein expliziter alttestamentlicher Bezug vorhanden[20]. Die Verkündigung selbst besitzt dann unterschiedliche Auswirkungen auf die HörerInnen, die von Bekehrung bis hin zu Empörung und Feindschaft, ja sogar Verfolgung reichen[21].

---

18 Vgl. zur angeführten Grobgliederung EÜ, S. 1253.
19 Vgl. dazu *Apg* 2,1-4; 3,6-7; 5,12.15-16.19; 6,8.
20 Vgl. hierzu *Apg* 2,14-36.38-40; 3,12-26; 4,8-12; 5,29-33; 7,1-53.56.
21 Zu den Auswirkungen vgl. *Apg* 2,5-13.37.41-42; 4,1-2.13-22; 5,33.39-41; 7,54.57-58; 8,1b-4.

2. Die weitere Mission im judäischen und samaritanischen Gebiet (vgl. *Apg* 8,5-12,24) berichtet von unterschiedlichen Verkündigungssituationen. Manchmal greift der Himmel ein, manchmal geschehen Wunder. In diesem Teil beginnt auch Paulus nach seiner Bekehrung das Evangelium zu verkünden. Außerdem geschieht die Öffnung gegenüber den Heiden. Die Wirkungen der Ereignisse sind oft, aber nicht immer, Bekehrungen und Taufen; sogar von Freude wird berichtet[22]. In diesem Teil der *Apg* geht es zum ersten Mal auch um die Festigung des Glaubens[23].

3. Hinsichtlich der Ausbreitung der Kirche v. a. durch Paulus auf die Völker (vgl. *Apg* 12,25-28,31) lässt sich entsprechend *Apg* 13,46 folgendes Schema erkennen: Der Apostel missioniert zuerst i. d. R. erfolglos im synagogalen Kontext, während die sich daran anschließende Mission bei Proselyten sowie Heiden erfolgreich ist[24].
    Dies gilt v. a. für seine erste Missionsreise, bei der bereits wie in der Urgemeinde Wunder geschehen[25].
    In der zweiten Missionsreise erfolgen noch intensiver als bei der ersten die Stärkung der Gemeinden und die Verkündigung Jesu als Christus. Es gibt überirdischen Einfluss, die Bekehrung von Heiden und die Feindschaft von Juden. In Korinth bleibt Paulus sogar eine längere Zeit[26].
    Im Verlauf der dritten Missionsreise findet ebenso eine Stärkung der Gläubigen durch Paulus statt. Darüber hinaus wird von einer Evangelisierung durch Evangelisierte berichtet. Paulus hat auf dieser Reise

---

22 Vgl. zu den bisherigen Aspekten dieses Absatzes genauer *Apg* 8,5-13.17-19.22.25-40; 9,20-23.28-30; 9,35.42; 10,3-6.11-20.34-44.46.48; 11,19-21.
23 Vgl. dazu *Apg* 11,23-24.26.
24 Vgl. hierzu http://www.exegese-online.de/Bibelkunde_NT/Bibelkunde_NT/Apostelgeschichte.html (aufgerufen am 15.05.2024, 7:59 Uhr). Zu weiteren Arten, wie Paulus missionierte vgl. unterschiedliche Paulusbriefe, auf die an dieser Stelle aber nicht eingegangen werden soll, weil hier die *Apg* als Beispiel für die urchristliche Mission gewählt wurde.
25 Vgl. dazu genauer *Apg* 13,4-12.16-44.46.48-52; 14,1-6.8-17.19-25.27-28.
26 Vgl. zu den geschilderten Aspekten der zweiten Missionsreise genauer *Apg* 15,40; 16,4-7.9; 16,11-40; 17,1-15; 18,1-8-11; 17-18.

nur wieder teilweise Erfolg (v. a. aber in Ephesus, wo er über ca. zwei Jahre täglich verkündet). Es geschehen Wunder durch ihn[27].

Aus den Geschehnissen rund um die Verhaftung des Paulus und danach lassen sich folgende Beobachtungen für die Verkündigung und ihre Auswirkungen ziehen: Paulus gibt oft ein Lebenszeugnis, hat Eingebungen, lässt Wunder geschehen und verkündet in Rom das Evangelium. Seine Verkündigung hat in diesem Abschnitt aber meist eher keinen, höchstens einen gemischten Erfolg[28].

Mit diesen Beobachtungen sind die Ausführungen zur Apostelgeschichte an ihr Ende gelangt. Bei einem Blick auf diese wird deutlich: Die Art der Evangelisation ist dialogisch[29], eher professionell, doch auch mit kapillaren Elementen durchzogen und weist Aspekte v. a. des o. g. zweiten Evangelisationsmodells auf.

Im Anschluss an die Ausführungen zur Evangelisierung der ersten Christen soll nun die frühe Christenheit als weiteres erfolgreiches Evangelisationsbeispiel der christlichen Vergangenheit betrachtet werden.

2.2 Die frühe Christenheit

Die Geschichte der Ausbreitung des Christentums geht nach der Apostelgeschichte weiter. Bei der Betrachtung der Entwicklung bis ca. 400 n. Chr. im Römischen Reich sind folgende Gesichtspunkte von Bedeutung[30]:

Das Christentum selbst verbreitete sich zum einen durch eine mehr durch verschiedene Missionsfaktoren bedingte Mission und weniger durch ein strukturiertes und gezieltes missionarisches Handeln. Zu diesen

---

27   Zu den oben im Text genannten Sachverhalten der dritten Missionsreise vgl. genauer *Apg* 18,23-20,2; 20,7.12.17-38.
28   Vgl. zu den oben im Text angeführten Aspekten rund um die Verhaftung des Paulus genauer *Apg* 21,40-22,23; 23,6; 24,14-16.21; 24,24-25; 26,4-28; 27,10.23-24.34-35; 28,3.7-10.23b.24.28.30-31.
29   Vgl. hierzu HOLLENWEGER, W. J.: Evangelisation, S. 636 & 640
30   Vgl. zu den nun folgenden Ausführungen bis zum Ende dieses Kapitels LEEMANS, J.: Mission, S. 77-91, bes. S. 78-81, 85f. & 90f. Zitate werden extra gekennzeichnet.

Faktoren zählen die Vertreibung der Hellenisten aus Jerusalem und das Apostelkonzil (vgl. *Apg* 15,6-29; *Gal* 2,1-10) sowie die Konstantinische Wende und die Anerkennung als Staatsreligion. Weiterhin gehören die Umgebungsbedingungen, bspw. die verwaltungstechnischen Strukturen der Römer, die hellenistische Kultur, die kulturell einheitlich war, sowie die große Nähe zum Judentum (daher gingen die Christen zur Glaubensverbreitung in die Synagogen vor Ort) zu den Faktoren. Ein weiterer Faktor war, dass die Menschen damals religiös geprägt waren.

Zum anderen geschah die Ausbreitung mittels der „Mund-zu-Mund-Propaganda"[31], die durch das Glaubensbeispiel einzelner, oft einfacher ChristInnen und deren Begeisterung für den christlichen Glauben sowie durch dessen höhere Macht im Vergleich zu konkurrierenden Religionen entstand (Stichworte sind hier „Wunder, Märtyrer und Nächstenliebe"[32]).

Für die Attraktivität des sich damals – zumindest bis zum großen Anwachsen der Mitglieder – auch durch Exklusivität auszeichnenden Christentums war dabei weniger der Glaubensinhalt ausschlaggebend. Zwar konnte er die gebildete Oberschicht anziehen, nicht aber massenhaft die vielen anderen Menschen.

Interessant ist, dass die frühen ChristInnen eher „eine „komm-und-sieh-Haltung""[33] vertraten. Bis zur Taufe war es ein längerer Weg. Diese ließ den Täufling auch die Lebensprioritäten ändern.

Was ebenso noch diese Zeit der Kirche kennzeichnet, sind die sog. mystagogischen Katechesen, die in der Osteroktav stattfanden. In diesen ging es um die Erklärung der zuvor in der Osternacht gefeierten Geheimnisse der Taufe und Eucharistie.

Aufgrund der geschilderten Aspekte ist die Verbreitung des Christentums in der frühen Christenheit sowohl kapillar als auch professionell zu

---

31 Ebd., S. 91.

32 Ebd., S. 81. Dass Wunder große Kraft und damit auch Überzeugungskraft besitzen, wurde bereits in der *Apg* deutlich. Die Märtyrer wiederum bezeugten eindrücklich den Glauben (vgl. LEEMANS, J.: Mission, S. 82). Auf dem Gebiet der Nächstenliebe ragte die christliche Religion besonders positiv heraus (vgl. ebd., S. 84) – wie auch heutzutage noch.

33 Ebd., S. 86.

sehen[34]. Es vereinigt mit den o. g. begeisterten ChristInnen, die ihren Glauben bezeugten, mit den Wundererfahrungen und der gelebten Nächstenliebe Gesichtspunkte in sich, die zum zweiten o. g. Evangelisationsmodell gezählt werden können.

Nach diesen Ausführungen über die erfolgreiche Evangelisierung der frühen Christenheit steht nun die Missionierungstätigkeit des hl. Columban und seiner Mönche im Fokus der Betrachtungen.

2.3 Der heilige Columban und seine Mission

Ein weiteres Beispiel erfolgreicher Evangelisation stellt im Rahmen der iroschottischen Mission die irische Mission durch den hl. Columban und seine Mönche (ab ca. 590 n. Chr.[35]) dar. Deren Handeln und die Situation damals lässt sich mit den folgenden Aspekten beschreiben:

Das geistliche Leben der Mönche, also die Selbstevangelisierung, war von strenger Askese und viel Gebet sowie von Arbeit und vielen Kontakten zu den Menschen geprägt. Askese sowie Gehorsam eröffneten Gottes Gnade einen Kanal im Mönch (und v. a. auch in den Reliquien)[36].

Hinsichtlich der Selbstevangelisierung, aber noch mehr mit Blick auf die Evangelisierung anderer Menschen lässt sich folgendes festhalten: Durch die Gründungen von Klöstern etablierten die Mönche geistliche Zentren. Später gründeten auch Bischöfe sowie Adelige Klöster. Diese Klöster waren vernetzt, was auch Ergebnis der Tatsache war, dass die irischen Mönche kulturell bedingt sehr gute Netzwerker waren. Die Klöster ermöglichten es der Landbevölkerung, in ihrem Alltag mit dem christlichen Glauben in Kontakt zu kommen. Die Leute kamen zu den Klöstern, die Mönche aber gingen nicht nach draußen zu ihnen. Sie lebten dennoch mitten in der örtlichen Kultur und der dort ansässigen Menschen. Die Klöster erfüllten

---

34 Vgl. dazu auch ebd., S. 85f.
35 Vgl. hierzu MÜLLER, P. R.: *Columban*, S. 37.
36 Zu diesem Absatz vgl. ebd., S. 21-24 & 47-49.

gesellschaftliche Bedürfnisse, wurden zu Bildungszentren sowie zu Glaubens-Kristallisationspunkten. Zudem förderten sie die Wirtschaft. Auch der Adel wurde mittels der zahlreichen Eintritte über die Klöster evangelisiert[37].

Der Adel förderte seinerseits die Verbreitung der Frohen Botschaft durch Klostergründungen[38]. Auch fand durch ihn „die Konversion von oben"[39] bei seinen Untertanen statt[40]. Die Unterstützung der Mönche durch die fränkischen Herrschenden war jedoch nicht nur dem Glauben geschuldet, sondern ebenso von Machtinteressen gegen den gallisch-römischen Adel geleitet[41].

Die Predigten der Mönche waren überzeugend. Es gab auch Bekehrungspredigten (Predigten bildeten jedoch nur einen weiteren Weg der Verbreitung des Christentums neben der oben erwähnten Verbreitung mittels der Machthaber). Im Verlauf der Missionierungen gab es zudem Exorzismen, Heilungen sowie Wunder und sog. *Power Encounters*. Letztere bezeichnen die Zerstörung von Götzenbildern durch deren DienerInnen, ohne dass für diese ein Schaden entstand. Allerdings wurden dadurch die Menschen damals weniger überzeugt, sondern eher überrannt. Daher wurde versucht, die Heiden durch das Überbauen heidnischer Kultorte mit christlichen Gotteshäusern anzuziehen[42].

Ein erstes kleines Fazit lautet nun, dass die irischen Mönche sich selbst einbrachten und mit Gott gingen[43]. Explizite Wirkfaktoren[44] sind die folgenden vier, die in abstrakter Weise dargeboten werden sollen:

---

37   Vgl. zu den Ausführungen dieses Absatzes ebd., S. 39-42.
38   Zur Unterstützung durch den Adel vgl. genauer ebd., S. 42-46.
39   SIEVERNICH, M.: Epochen, S. 28.
40   Vgl. MÜLLER, P. R.: *Columban*, S. 44. Nebenbem.: Eine Glaubensbelehrung (hier: jüdischer Art) im Auftrag des Herrschers findet sich schon im AT in *2 Chr* 17,7-19.
41   Vgl. MÜLLER, P. R.: *Columban*, S. 71. Ähnl. s. ebd., S. 46.
42   Vgl. zu diesem Absatz die Ausführungen in ebd., S. 49-54.
43   Vgl. ebd., S. 59. Eine kleine Zusammenfassung der oben im Text geschilderten äußerlichen Faktoren sowie des Handelns der Mönche findet sich ebd., S. 59f.
44   Vgl. dazu ebd., S. 70. Verwiesen sei hierzu auch auf Fußnote 2.

1. Der kirchliche Beitrag zu strukturellen Lösungen für gesellschaftliche Probleme kann bewirken, dass sich die Kirche ihrerseits den Veränderungsdruck für ihre Evangelisierungstätigkeit zunutze machen kann[45].
2. Umso mehr die Kirche die Kultur der Zielgruppe bei ihrer Kommunikation berücksichtigt, desto adäquater und verständlicher kann sie das Evangelium für diese Zielgruppe kommunizieren und für deren Kultur relevant machen[46].
3. Langfristiges Denken und Agieren über Generationen hinweg ist nachhaltig[47].
4. Mit denjenigen, die Macht und Einfluss besitzen, zu kooperieren und sie zu beeinflussen, ist positiv für das Gelingen der Evangelisierung[48].

Damit sind die Ausführungen zur Mission des hl. Columban und seiner Mönche abgeschlossen. Wie sich anhand der geschilderten Aspekte gezeigt hat, handelt es sich hierbei um eine professionelle Form der Evangelisierung sowie eher um eine Missionierung i. S. des o. g. zweiten Evangelisationsmodells. Durch das doktrinäre, den Konformismus fördernde Verhalten finden sich aber auch Aspekte des ersten Evangelisationsmodells und das soziale Engagement lässt Aspekte des dritten Evangelisationsmodells sichtbar werden.

Abgesehen davon wird die hier angewandte Evangelisierungsweise als *monastische Evangelisation* bezeichnet, die viele unterschiedliche Bereiche umfasst[49].

Das nächste historische Beispiel ist das evangelisierende Handeln der hl. Maria in Guadalupe.

---

45 Vgl. MÜLLER, P. R.: *Columban*, S. 72. Die verschiedenen Aspekte dieses Faktors werden auf dem Hintergrund der oben beschriebenen Situation und des Handelns der Mönche bzw. des Adels verständlicher.
46 Vgl. ebd., S. 74.
47 Vgl. dazu näher ebd., S. 74-46. EG 69 & 223 geht auf das längerfristige Agieren ein.
48 MÜLLER, P. R.: *Columban*, S. 76 & 78.
49 S. zu dieser Evangelisationsform näher HOLLENWEGER, W. J.: *Evangelisation*, S. 639f.

2.4 Die heilige Mutter Gottes in Guadalupe

Am 09.12.1531 erschien in Mexiko die hl. Maria dem Azteken Juan Diego in Tepeyac nahe der Residenzstadt[50]. Dies geschah in der Zeit der Zwangsmissionierung Lateinamerikas[51]. Heute ist diese Erscheinung der Muttergottes eher unter dem Namen Guadalupe bekannt.

An der Erscheinung in Mexiko können von ihr als quasi Pädagogin der Evangelisierung unterschiedliche Dinge gelernt werden[52]:

Maria verwendet bei ihrer Erscheinung Zeichen der Aztekenkultur[53]. Weiterhin erscheint sie einem unterdrückten Eingeborenen. Durch ihre Worte auf náhuatl und ihre Anredetitel kommt sie der Sprache und den Gefühlen der Azteken sowie der Armen nahe.

Maria betreibt die Evangelisierung von den Armen her. Diese hat alle im Blick und lässt Gemeinschaften sowie Gemeinden entstehen.

Ferner heilt Maria Juan Diegos Onkel (= Wunder), was für das Denken der Azteken die Heilung der Nation bedeutet. Mit dieser Tat bringt also Maria der Urbevölkerung die Gute Nachricht von deren Befreiung.

Für L. Boff ist die Schlussfolgerung aus dem dortigen Handeln Mariens eine simultane Existenzmöglichkeit als Azteke sowie Christ[54].

Aufgrund der Vorgehensweisen, die hier beschrieben wurden, kann diese Art der Evangelisierung – auch wenn sie durch die Erscheinung der hl. Maria ungewöhnliche Züge aufweist – dem o. g. dritten Evangelisationsmodell zugeordnet werden. Weiterhin finden hier kapillares (über die

---

50   Vgl. BOFF, L.: *Gott*, S. 137.

51   Zur Zwangsmissionierung in Lateinamerika vgl. FRANZEN, A.: *Kirchengeschichte*, S. 321. Zur Evangelisierung Amerikas s. bspw. SIEVERNICH, M.: Epochen, S. 30-32.

52   Vgl. zu den weiteren Ausführungen bis zum Ende dieses Kapitels BOFF, L.: *Gott*, S. 138-142, bes. S. 138-141.

53   Zur Symbolik des berühmten Guadalupe-Bildes s. ausführlich ebd., S. 138f.

54   Vgl. ebd., S. 142. Der Autor dieses Artikels kann diese Schlussfolgerung nur in kultureller Hinsicht bejahen, da das Evangelium immer kulturell gefärbt gelebt wird (vgl. hierzu auch EG 115-118). Lehrmäßig stimmt der Autor dieser Arbeit dieser Aussage nicht zu, da die Azteken ja von ihrem Glauben her Polytheisten waren (z. B. erkennbar aus BOFF, L.: *Gott*, S. 137).

Armen) sowie professionelles (über Bischof Zumárraga) evangelisierendes Vorgehen letztlich gemeinsam statt.

Nach diesem Beispiel gelungener Evangelisierung aus Südamerika folgt mit dem sel. Jesuitenpater Philipp Jeningen das nächste Exempel aus dem Europa Ende des 17. bzw. Anfang des 18. Jahrhunderts.

2.5 Der selige P. Philipp Jeningen

Von 1680 an wirkte der sel. Jesuitenpater Philipp Jeningen in Ellwangen/Jagst (heute Baden-Württemberg) sowie in der ganzen dortigen Gegend. Sein Wirkungskreis ging bis Augsburg sowie Bamberg[55]. Er evangelisierte ebenso in den Bistümern „Konstanz, Eichstätt und Würzburg"[56]. Damit ist das Gebiet seiner Betätigung in Süddeutschland und somit das Territorium seines evangelisatorischen Einflusses recht weitläufig.

P. Jeningen arbeitete in den dem Diesseits zugeneigten Nachkriegszeiten, in denen Not, Verkommenheit sowie Unwissenheit unter den Jugendlichen, zerrissene und auseinanderdriftende Familien, mangelnde (auch religiöse) Bildung, aber auch Sittenlosigkeit und Aberglauben im Volk herrschten[57]. Der Jesuit konnte in seinem Wirken auf die Hilfe einflussreicher (adeliger) Menschen bauen[58].

Im Sinne der Selbstevangelisierung weisen sein geistliches Leben und seine innere Haltung die folgenden Charakteristika auf:

Der sel. P. Philipp war im Zuge seines geistlichen Lebens eifrig und sehr opferbereit, um Seelen zu retten. Er lebte asketisch und betete auch nachts sehr viel[59].

55　Vgl. dazu KAH, K.: *Pater*, S. 19.

56　HÖSS, A.: *Jeningen*, S. 74.

57　Vgl. dazu KAH, K.: *Pater*, S. 19 & 21-23. Eine weitere Beschreibung der Diesseitsverhaftetheit der Menschen im Barock findet sich in HÖSS, A.: *Jeningen*, 72.

58　Vgl. dazu ebd., S. 72, 74, 132 & 146.

59　Vgl. KAH, K.: *Pater*, S. 19. Zum Seeleneifer des Jesuitenpaters vgl. z. B. auch HÖSS, A.: *Jeningen*, S. 82. Bußfertigkeit sowie Gebet waren für P. Jeningen Wege für das Wirkenlassen von göttlichen Gnaden bei den Einzelnen (vgl. ebd., S. 87). Sein nächtliches Gebet galt dem Erfolg bei seinem Agieren (vgl. dazu ebd., S. 81).

Im Gebet, das sein Tun begleitete, bekam er Erkenntnisse im Hinblick auf diese Arbeit[60]. P. Jeningen sprach Gebete und opferte auch für die Geschehnisse in der Weltgeschichte, besonders für die Einheit des Menschengeschlechtes in Christus[61].

Für sein Gebetsleben waren weiterhin Exerzitien wichtig sowie im Zuge dessen eine ausgedehnte Feier der Eucharistie[62]. Dieses Sakrament, das Aufopfern in seinem Herzen sowie die Beziehung zu Maria gaben ihm Trost.[63].

P. Jeningen hatte den hl. Franz Xaver und den hl. Antonius von Padua als Vorbilder und betete viel auf seinen Reisen[64].

Die innere Haltung P. Jeningens lässt sich folgendermaßen charakterisieren: Sein ihn selbst betreffendes Ziel war die eigene Vollendung. Er wollte auch große Demut erlangen. Ebenso wollte er ununterbrochen in der Präsenz Gottes sein sowie ihn überall finden[65].

Zu seiner inneren Haltung gehörte zudem, keine Erwartungshaltung bezüglich sich selbst an Menschen zu haben, die Ehre Gottes zu erstreben, nur dessen Willen zu fürchten sowie keinesfalls etwas zu verweigern[66].

P. Jeningen war auch Mystiker[67]. Er hatte Visionen und göttliche Eingebungen, z. B. Jesu brennendes Herz und eine göttliche Bestätigung mit Blick auf das den Katechismusunterricht fördernde Engagement P. Jeningens[68]. Auch erschien ihm Jesus selbst[69].

---

60   Vgl. ebd., S. 81 & 103.
61   Vgl. hierzu KAH, K.: *Pater*, S. 24.
62   Vgl. dazu HÖSS, A.: *Jeningen*, S. 89f.
63   Vgl. KAH, K.: *Pater*, S. 22.
64   Vgl. zu diesem Absatz HÖSS, A.: *Jeningen*, S. 78f., 81-84, 86 & 120.
65   Vgl. zu diesem Absatz ebd., S. 88, 98, 117 & 135. Zum wichtigen Aspekt der Demut im Leben P. Jeningens vgl. weiterhin die Ausführungen in ebd., S. 117-119.
66   Vgl. dazu ebd. 117f. Ausführungen über die Arbeit von P. Jeningen zur Ehre Gottes vgl. bes. ebd., S. 119-123. Zur Furchtlosigkeit P. Jeningens vgl. ebd., S. 123-128. Hinsichtlich seiner Haltung, allen alles zu geben bzw. allen alles zu werden, sei bes. auf ebd., S. 128-138 verwiesen.
67   Vgl. dazu ausführlich ebd., 91-104.
68   Vgl. KAH, K.: *Pater*, S. 24f.
69   Vgl. HÖSS, A.: *Jeningen*, S. 79. Weitere Erscheinungen werden immer wieder im Zuge der Ausführungen ebd., S. 91-101 beschrieben.

Was die Evangelisierungstätigkeit Philipp Jeningens im Hinblick auf andere anbelangt, kann festgehalten werden, dass diese das Ziel beinhaltete, den damals sehr im Diesseits lebenden Menschen Erkenntnis der Wahrheit zu verschaffen sowie sie wieder zum Altar hinzuführen[70].

Der Pater setzte sich ferner in seinem von Nachkriegszeiten geprägten Leben sehr für den Aufbau der Gesellschaft in vielfältiger Weise ein[71].

Er baute die Wallfahrtskirche auf dem Ellwanger Schönenberg und dort ebenso das Ellwanger Kolleg. Innerlich wollte er eine friedliche Gesellschaft sowie Ökonomie erschaffen. Zudem hatte er einen Schwerpunkt auf dem Apostolat sowie der Nächstenliebe. Er nahm sich der Armen, Betagten, Sünder, Gerichteten und v. a. der Kranken an[72].

P. Jeningen wollte auch die Seelen neu aufbauen und fing mit der Jugend an[73]. Er erzog die Kinder und Jugendlichen im Glauben, war für manche Beichtvater bzw. geistlicher Begleiter und konnte ferner geistliche Berufungen fördern[74].

Er veranstaltete in seinem Wirkungsgebiet Exerzitien sowie Missionen in den Pfarreien (teilweise über 50 pro Jahr)[75]. Dabei waren seine Volksmissionen zeitlich relativ kurz bemessen, wohl aber regelmäßig und als Missionsreisen (hauptsächlich fünf an der Zahl) organisiert. Die Exerzitien waren für die Seelsorger gedacht. Mit den Pfarrern sprach er vor der Missionsreise über deren Anliegen und Bedürfnisse[76].

Für diese Missionsreisen, die sehr bedeutend für das evangelisierende Wirken P. Jeningens waren und daher einen genaueren Blick wert sind,

---

70 Vgl. KAH, K.: *Pater*, S. 19. Die Diesseitsverhaftetheit der Menschen war bereits weiter oben in diesem Kapitel kurz Thema.
71 Vgl. dazu näher ebd., S. 23-25.
72 Vgl. zu diesem Absatz ebd., S. 23f.
73 Vgl. ebd., S. 25.
74 Vgl. HÖSS, A.: *Jeningen*, S. 139. Dass im Zuge dessen neben anderen Berufungen ein begnadeter Prediger (Kaspar Rieger) hervortrat, der an vielen Orten großartige Arbeit vollbrachte (vgl. ebd., S. 140), macht auch deutlich, dass P. Jeningen durch seine Arbeit mit Kindern und Jugendlichen Multiplikatoren heranzog.
75 Vgl. dazu KAH, K.: *Pater*, S. 22 & 25.
76 Vgl. zu den Ausführungen dieses Absatzes seit der letzten Fußnote HÖSS, A.: *Jeningen*, S. 72-74, 77-79 & 133. Zur Tätigkeit von P. Jeningen im Hinblick auf den Klerus vgl. ebd., 133-138.

kann festgehalten werden, dass sich Liturgie und Verkündigung dabei abwechselten: Am ersten Tag predigte er, betrieb Gewissenserforschung mit den Anwesenden und hörte Beichte. Nach kurzem Schlaf betete er ab Mitternacht. Danach hörte er ab früh morgens Beichte, predigte, zelebrierte die Eucharistiefeier und hörte dann bis zur Mittagszeit Beichte. Die Christenlehre für Jung und Alt fand um 13 Uhr statt und danach als Andacht meist der Rosenkranz mit den Gläubigen. Anschließend ging P. Jeningen zu den Kranken und besuchte auch andere Menschen[77]. Er hielt abends wieder eine Predigt und hörte dann nochmals Beichte[78].

Mit Blick auf die Inhalte dieser Missionen kann zu den Predigten, Katechesen und zum Beichthören Folgendes festgehalten werden:

Die Predigten P. Jeningens waren etwa einstündige[79] bewegende Bußpredigten, die durch seinen eigenen bußfertigen Lebenswandel machtvoll waren. Sie wollten die Umkehr der Menschen vorbereiten, Laster bekämpfen sowie durch verschiedene Inhalte, die Gott (z. B. seine Liebe), das Herz Jesu, Maria, Ewigkeitsthemen sowie die Hl. Messe betrafen, Tugenden in den Menschen verankern[80].

Auch andere geeignete Themen griff P. Jeningen in den Predigten auf. Oft sagte er Worte, die er von Gott erhielt. Manchmal ließ Gott ihn auch die Mangelhaftigkeiten und Sünden von anwesenden Leuten erkennen, deren öffentliche Benennung in der Predigt dann die betreffenden Menschen zur Umkehr bewegte[81].

Der Jesuitenpater predigte verständlich und schlicht, klar und ganz in Liebe[82]. Mitunter waren seine Predigten auch feurig[83].

Seine Katechesen wollten den Aberglauben der ChristInnen entmachten, die christliche Lehre in ihnen stärken und sie erziehen, alles zu Gottes

---

77   Vgl. zu den bisherigen Ausführungen dieses Absatzes ebd., S. 80f. Bei den Hausbesuchen war auch der Besuch derer eingeschlossen, die der Kirche fernblieben (vgl. KAH, K.: *Pater*, S. 19).
78   Vgl. hierzu ebd., S. 19. Das abendliche Beichthören s. a. bei HÖSS, A.: *Jeningen*, S. 81.
79   Vgl. ebd., S. 81.
80   Zu den Darlegungen dieses Absatzes seit der letzten Fußnote s. KAH, K.: *Pater*, S. 25.
81   Vgl. zu diesem Absatz HÖSS, A.: *Jeningen*, S. 80 & 122.
82   Vgl. KAH, K.: *Pater*, S. 19.
83   Vgl. HÖSS, A.: *Jeningen*, S. 121.

Ehre zu tun. Er sprach in den Christenlehren in der Regel zwei Stunden zu Jung und Alt. Die Themen für die ChristInnen handelten dabei von Gott sowie von einem vom Glauben geprägten Leben[84].

Der Jesuitenpater verschenkte in den Christenlehren und ebenso zu sonstigen Anlässen gerne etwas, z. B. Bildchen mit dem hl. Franz Xaver, Medaillen sowie Rosenkränze[85].

Zur Beichte sei gesagt, dass P. Jeningen gerne viele Seelen jeglichen Alters im Beichtstuhl führte und dabei Milde walten ließ[86].

Das Handeln des Paters blieb nicht ohne Wirkungen: Die Leute fanden sich bei ihm gut aufgehoben[87]. Sein Aussehen erzeugte Ehrfurcht bei den Menschen, bei denen er zudem sehr verehrt wurde[88]. Maximal 10000 Gläubigen spendete er jährlich auf dem Wallfahrtsort Schönenberg das Bußsakrament; im Jahr 1699 empfingen 12000 dort die Hl. Kommunion[89].

Soweit die Ausführungen zu P. Jeningen, die zum professionellen Evangelisationsvorgehen und zum o. g. ersten Evangelisationsmodell gerechnet werden können, wobei durch das zahlreiche soziale Engagement des Jesuitenpaters dabei auch Elemente des dritten Evangelisationsmodells zu finden sind.

Die oben erwähnten Zahlen von Beichten wecken den Gedanken an einen anderen großen Beichtvater, der erfolgreich in einer Pfarrei evangelisierte: den hl. Pfarrer von Ars. Da es sehr viele Gemeinsamkeiten zwischen ihm und dem sel. P. Philipp Jeningen gibt, werden im Folgenden die Ausführungen zu ihm knapp gehalten, ohne dass dadurch seine Verdienste geschmälert werden sollen.

---

84 Vgl. zu den Ausführungen dieses Absatzes ebd., S. 80f. &123.
85 Vgl. ebd., S. 83 & 123.
86 Vgl. zu P. Jeningen als Seelenführer und Beichtvater ebd., S. 140-142.
87 Vgl. KAH, K.: *Pater*, S. 19.
88 Vgl. dazu HÖSS, A.: *Jeningen*, S. 78 & 129.
89 Vgl. KAH, K.: *Pater*, S. 22.

2.6 Der heilige Pfarrer von Ars

Jean-Marie Vianney, der hl. Pfarrer von Ars, der am 04.08.1859 starb, lebte ähnlich wie etwa ein Jahrhundert vor ihm der sel. P. Jeningen in einer Zeit, in der „religiöse Gleichgültigkeit, Materialismus und Armut"[90] herrschten. Pfr. Vianney führte ebenso wie der Jesuitenpater ein gebetsreiches und asketisches Leben. Er spendete als Beichtvater – nachdem er v. a. durch eine Teilnahme an einer Mission 1823 Beliebtheit errungen hatte – für eine Zeit von 33 Jahren täglich sogar maximal 17 Stunden das Bußsakrament[91]. Bei ihm gab es die Heilung von Kranken und prophetische Eindrücke[92].

Neben Letzteren sind mit Blick auf die Evangelisierung anderer Menschen noch weitere Parallelelen zum Leben des sel. P. Philipp Jeningen vorhanden: z. B. die Erziehung junger Menschen, die Katechesen, die Bußpredigten wie auch das Thema der Liebe Gottes. Zudem existiert die Parallele, dass ebenso der hl. Pfarrer darauf hinarbeitete, dass Leben und Glauben der Menschen eng verbunden sein sollten. Ferner gibt es noch eine weitere Ähnlichkeit: Wie der Jesuitenpater Jeningen hatte er adelige Unterstützer[93].

Dass der hl. Pfarrer von Ars durch ein oft paralleles Vorgehen zu P. Jeningen eine fruchtbare Evangelisierung in seiner Pfarrei und darüber hinaus erreichen konnte, zeigt, dass die Methoden P. Jeningens trotz anderer Situation durchaus auch heute für die Evangelisationsarbeit bedenkenswert sein können.

Ferner ist die Evangelisationsart des hl. Pfarrers professioneller Natur und kann dem o. g. ersten Evangelisationsmodell zugeordnet werden.

Mit den Ausführungen zur Evangelisierungstätigkeit des hl. Pfarrers von Ars sind die Beispiele erfolgreicher Evangelisierung aus der Vergangenheit

---

90 ROSSÉ, G.: *Pfarrer*, S. 28.
91 Vgl. zum bisherigen Teil dieses Absatzes ebd., S. 36-40, 58f. & 62. Das Zitat wurde bereits extra gekennzeichnet.
92 Vgl. https://www.heiligenlexikon.de/BiographienJ/Johannes-Maria_Vianney.htm (aufgerufen am 15.05.2024, 7:02 Uhr).
93 Vgl. zu diesem Absatz ROSSÉ, G.: *Pfarrer*, S. 18-62, hier bes. S. 27, 41-44 & 51-55.

abgeschlossen. Nun sollen i. S. der Zielsetzung dieses Artikels Erkenntnisse daraus in Form von *diachron-generierten Wirkfaktoren* für heute herausgearbeitet werden.

3. DIACHRON-GENERIERTE WIRKFAKTOREN FÜR DIE EVANGELISIERUNG

Aus den geschilderten Beispielen der Vergangenheit lassen sich die untenstehenden erfolgreichen *diachron-generierten Wirkfaktoren* herausbilden[94]:

Zum einen geht es um Wirkfaktoren in der Selbstevangelisierung. Dabei lässt sich grundsätzlich festhalten, dass die Evangelisierenden ein heiligmäßiges Leben führten[95]. Folgende Charakteristika ergeben sich dazu aus der Zusammenschau (fast) aller Beispiele:

1. **Neben dem Gebet war bei allen Beispielen (mit Ausnahme der Muttergottes in Guadalupe) die Askese wichtig.** Diese Askese zeigte sich z. B. durch das Fasten.

2. **In allen Beispielen ließen sich die Agierenden auf die himmlische Leitung ein:** Diese kam in der *Apg* über das Gebet, Visionen oder durch Engel. Ebenso klang sie bei den iroschottischen Mönchen kurz an. Durch die hl. Maria geschah die himmlische Leitung in Mexiko sehr ausdrücklich, bei P. Jeningen trat sie ebenfalls durch das Gebet und Visionen auf und der hl. Pfarrer von Ars hatte prophetische Eindrücke.

3. **Bei allen Beispielen war ein großer Eifer für den Glauben erkennbar.**

---

94 Da es sich hier um eine Zusammenführung und damit um eine Art Zusammenfassung handelt, wird auf die jeweiligen angeführten Referenzstellen in den Kapiteln *2.1-2.6* verwiesen.

95 KASPER, W.: *Wahrheit I*, S. 472 bemerkt zur Neuevangelisierung neben der Feststellung, dass jene die Tat Gottes sein muss, dass sie die Angelegenheit von Heiligen sowie heiligmäßigen Personen sein wird.

Im Hinblick auf die Evangelisierung anderer, also die Fremdevangelisierung, ergeben sich aus (fast) allen Beispielen der Vergangenheit die folgenden Wirkfaktoren gelungener Evangelisierung, wobei die ersten beiden die Beteiligten in der Evangelisierung betreffen, die darauffolgenden sechs Punkte, also 3.-8., dem Evangelisierungsvorgang an sich zugeordnet werden können (diese hängen ebenso miteinander zusammen[96]) und die letzten beiden Wirkfaktoren strategischer Art[97] sind:

1. **Die Adressaten der Verkündigung stammten aus allen Generationen.**

2. **Es gab Förderer:** Fast alle Beispiele berichten von z. T. sogar sehr einflussreichen Unterstützern (auch wenn das Beispiel aus Mexiko hier ein Sonderfall ist). Teilweise konnten die Evangelisierenden direkt mit diesen zusammenarbeiten.

3. **Vor der Evangelisierung und begleitend dazu wurde gebetet[98]:** Aus dem Gebet heraus gab es in der *Apg* Weisungen Gottes zur Mission. Das Gebetsleben bei den iroschottischen Mönchen war ebenfalls recht ausgeprägt, genauso das des P. Jeningen und des hl. Pfarrers von Ars.
   Dies zeigt, dass das Gebet während der ganzen Zeit der Evangelisierung ein wichtiger Faktor gewesen ist und nicht nur punktuell verstanden werden darf. Denn die Evangelisierung ging teilweise auch über Jahrzehnte, war also zeitlich nicht eng begrenzt.

4. **Zentral war, im Rahmen der Verkündigung von Kreuz sowie Auferstehung zu predigen. Jesu Sterben ist dabei Sühnegeschehen, die Auferstehung Jesu ist Zeichen seines Triumphes über**

---

96 Nach DORSETT, L. W.: Grundsätzliches, Sp. 1701 sind diese sechs Punkte als bedeutend für Evangelisierungsvorhaben anzusehen. Über die übrigen oben im Text angeführten Punkte werden in dieser Quelle keine Aussagen getroffen.

97 Der untenstehende Punkt Nr. 2. kann vom geschilderten Sachverhalt her prinzipiell ebenso als hilfreicher strategischer Wirkfaktor für eine gelingende Evangelisierung betrachtet werden.

98 Vgl. DORSETT, L. W.: Grundsätzliches, Sp. 1701.

Sünde und Tod[99]: Diese Art der Verkündigung gab es in der *Apg*[100]. Die Mönche um Columban sowie P. Jeningen und ebenso der hl. Pfarrer von Ars hatten Umkehrpredigten auf dem Programm.

5. **Es gab apologetische Aktivitäten in Form von Zeugnissen (gemäß *1 Petr* 3,15)**[101]: Paulus legte in der *Apg* Zeugnis ab. Darüber hinaus wurde gerade im frühen Christentum deutlich: Die persönliche Werbung war damals am erfolgreichsten. Des Weiteren trugen die Märtyrer mit ihrem Blutzeugnis zur Anziehungskraft der christlichen Religion bei. Auch das Lebenszeugnis der irischen Mönche und der beiden Priester P. Jeningen und J.-M. Vianney beeindruckte die Menschen.

6. **Im Zuge der Evangelisierung geschahen Wunder**[102]: Die *Apg* berichtet davon. Weiterhin gab es Wunderhaftes in der frühen Christenheit, bei den irischen Mönchen; in außergewöhnlicher Form kam es in Mexiko vor. Bei P. Jeningen fanden sich gleichfalls wunderhafte Dinge. Dasselbe gilt ebenso hinsichtlich des hl. Pfarrers von Ars. Die Wunder zeigten zudem den Aspekt der Macht des Christentums.

7. **Evangelisiert wurde auch durch die Präsenz in der Gesellschaft, in deren Zuge Werke der Nächstenliebe Zeugnis für das Christentum ablegten**[103]: Die Präsenz der ChristInnen in der Gesellschaft und Werke der Nächstenliebe wurden — mit Ausnahme der

---

99 Vgl. ebd., Sp. 1701.

100 Nur bei der Areopagrede in *Apg* 17,22-31 kommt die Verkündigung Jesu als Toten und Auferstandenen nicht direkt zur Sprache. Die vorherigen Verse erzählen aber vom Wirken des hl. Paulus in Athen in diesem Sinne (vgl. *Apg* 17,17f.).
Vom heutigen Standpunkt aus fällt auf: Explizit gar nicht wird in der *Apg* die Verkündigung von Gottes Liebe zu den Menschen erwähnt oder dass Gott die Liebe ist. Da dies aber im Johanneischen Schrifttum wie z. B. in *Joh* 3,16 und *1 Joh* 4,8 vorzufinden ist, kann heutzutage beides verkündigt werden (ja sogar im Prinzip noch mehrere Themen aus der gesamtbiblischen Tradition heraus).

101 Vgl. DORSETT, L. W.: Grundsätzliches, Sp. 1701f. Apologetik legt den Glauben glaubwürdig dar und rechtfertigt ihn dadurch (vgl. LAIS, H.: Apologetik, Sp. 723).

102 Vgl. DORSETT, L. W.: Grundsätzliches, Sp. 1702.

103 Vgl. ebd., Sp. 1702.

Marienerscheinung in Mexiko – in allen Beispielen berichtet. Dies beeindruckte die Menschen.

An allen Beispielen besonders seit den iroschottischen Mönchen, die diese Nächstenliebe auch strukturell[104] angingen, wurde dabei deutlich, dass sich die Lebensumstände der Menschen im Zuge der Evangelisierung verbessern sollten. Letztlich ging es immer darum, dass die Menschen das Reich Gottes erleben konnten.

8. Die Neubekehrten wurden begleitet und es wurde sich um sie gekümmert, damit sie zu mündigen ChristInnen heranwachsen konnten, die dann selbst hinsichtlich des christlichen Glaubens Rechenschaft ablegen konnten[105]: In der *Apg* wird v. a. an den Erzählungen über Paulus deutlich, dass sich die Verkündigung an einem Ort teilweise über einen längeren Zeitraum zu erstrecken vermochte und dabei sogar täglich stattfand. Dies kann als Glaubensvertiefung i. S. des Jünger-Lehrens (vgl. *Mt* 28,20) verstanden werden. Die *Apg* beschreibt sogar, dass Evangelisierte evangelisierten, was darauf schließen lässt, dass sie dazu befähigt worden waren.

Die frühe Christenheit kannte neben dem langen Katechumenat mit seinen Einführungen in den Glauben auch die mystagogischen Katechesen, um im Glauben zu wachsen.

P. Jeningen und der hl. Pfarrer von Ars hielten zur Glaubensvertiefung Katechesen und Predigten.

Darüber hinaus fand bei P. Jeningen (weniger bei J.-M. Vianney) wie schon beim Apostel Paulus die Glaubensvertiefung im Zuge von Missionsreisen statt, die ihn immer wieder an dieselben Orte führte. Dadurch konnte er den Glauben der dort lebenden Menschen vertiefen helfen (ansonsten wurde dort die Seelsorge von den Geistlichen vor Ort betrieben).

9. Es gab bei allen Beispielen eine örtliche Basis bzw. Zentren für die Evangelisierung: Wie Paulus in der *Apg* Gemeinden gründete,

---

104 Vgl. dazu den ersten Punkt aus dem Fazit in Kapitel *2.3*.
105 Vgl. DORSETT, L. W.: Grundsätzliches, Sp. 1702.

um dort selbst und von dort aus zu evangelisieren, so gründeten die angelsächsischen Mönche ihre Klöster. Für die Mission in Mexiko war nach der Erscheinung der hl. Gottesmutter Tepeyac ein Zentrum. P. Jeningen ging von Ellwangen/Jagst aus auf seine Missionsreisen; dorthin machten wiederum zahlreiche Menschen Wallfahrten. Der hl. Pfarrer von Ars evangelisierte besonders in Ars, aber auch anderswo.

10. Die Evangelisierenden suchten Anknüpfungsorte für ihre Tätigkeit auf (außer der hl. Maria, die außerhalb der Stadt erschien): Bei den Aposteln und frühen ChristInnen waren es die Orte, an denen die Juden sich aufhielten – v. a. die Synagogen. Die iroschottischen Mönche hatten ihre Klöster inmitten der Landbevölkerung, die sie evangelisierten. P. Jeningen evangelisierte auf dem Ellwanger Schönenberg und in diversen Pfarreien. Pfarreien – besonders die Pfarrei von Ars – waren auch der Tätigkeitsbereich des J.-M. Vianney.

Neben den diachron-generierten Wirkfaktoren aus (fast) allen angeführten Beispielen ergeben sich nach Ansicht des Autors dieses Artikels aus der Beobachtung der Beispiele heraus fünf weitere erwähnenswerte Wirkfaktoren, die jedoch nur wenigen Beispielen gemeinsam sind. Aufgrund dessen können sie von der diachronen Betrachtung her nicht als so gut gesicherte Erkenntnisse wie die o. g. Wirkfaktoren gelten (daher erhalten sie auch eine eigene Form der Nummerierung). Jedoch unterstützen andere Aspekte diese Faktoren (s. u.), was sie dann wieder von Bedeutung sein lässt.

Die folgende Aufzählung orientiert sich von der Kategorisierung der Wirkfaktoren her an der vorherigen Auflistung. D. h. die Wirkfaktoren 1) und 2) betreffen unterschiedliche Beteiligte an der Evangelisierung, die Wirkfaktoren 3) und 4) sind dem Evangelisierungsvorgang zuzuordnen und der Faktor 5) ist strategischer Art.

1) **Eine gute Umgangskultur:** Die *Apg* lässt die Haltung der Offenheit, die Solidarität untereinander und den kreativen Umgang mit

Spannungen der ersten ChristInnen erkennen. Auch bei den iroschottischen Mönchen war die Kultur Thema, wie ebenfalls heute noch[106].

2) **Spezielle Adressaten der Verkündigung in der *Apg*:** Auch wenn bei der *Apg* wie bei allen anderen Beispielen Alt und Jung als Adressaten der Evangelisierung gelten (s. o.), ist hier interessant, dass die Verkündigung vorrangig an die Juden und erst dann an die Heiden erging (auch als das Christentum sich im Verlauf der *Apg* über das Judentum hinaus ausbreitete), also zuerst an die nahestehenden Glaubensgeschwister und dann an die weiter entfernten Menschen. Dies ist ebenso für heute ein möglicher evangelisierender Weg – gerade auch mit Blick darauf, dass die Evangelisierenden im Zuge der Evangelisierung von (glaubensmäßig) Nahestehenden Übung und Selbstvertrauen ausbilden können und damit ausgerüstet die Evangelisierung Fernstehender leichter zu bewerkstelligen vermögen.

3) **Bei der Verkündigung selbst ging es um Verständlichkeit:** Hier kann bspw. die apostolische Verkündigungspraxis in den Predigten bzw. Reden herangezogen werden. Gerade in dieser Hinsicht gibt die hl. Gottesmutter durch ihr Verhalten in Mexiko weitere Anhaltspunkte: Sie verkündet in einer für die Adressaten verständlichen Sprache und Symbolik. Verständlich äußerte sich ferner P. Jeningen. Auch heute noch ist Verständlichkeit in der Verkündigung wichtig[107].

4) **Verkündigung und Liturgie griffen bei manchen Beispielen ineinander:** z. B. bei Paulus, aber ebenso bei P. Jeningen und beim hl. Pfarrer von Ars. Liturgie und Verkündigung wollen Menschen mit Gott in Verbindung bringen. Sie können sich gegenseitig darin unterstützen.

---

106 Zur Bedeutung der Evangelisationskultur s. z. B. näher JAST, S.: *Evangelisierung*, S. 28-31 (& 253-332).
107 Zur verständlichen Verkündigung s. z. B. EN 56 und EG 41f.

5) **Der Faktor der längerfristigen Ausrichtung des evangelisierenden Engagements:** Dieses legten die irischen Mönche an den Tag. Es ist auch heute noch als wichtig anzusehen[108].

Mit diesen Ausführungen endet die Darstellung der diachron-generierten Wirkfaktoren für eine fruchtbare Evangelisierung. In *Tabelle 1* sollen alle diese Wirkfaktoren in einem Überblick stichwortartig aufgeführt werden:

Art der Evangelisierung	Kategorie der Wirkfaktoren	Diachron-generierte Wirkfaktoren aus (fast) allen Beispielen	Diachron-generierte Wirkfaktoren aus einem kleinen Teil der Beispiele
Selbstevangelisierung	Heiligmäßiges Leben	1. Gebet und Askese 2. Gehorsam gegenüber der himmlischen Führung 3. Eifer für die Evangelisierung	
Fremdevangelisierung	Beteiligte	1. Adressaten 2. Förderer	1) Gute Umgangskultur 2) Spezielle Adressaten
	Evangelisierungsvorgang	3. Gebet 4. Verkündigung des Ostergeheimnisses 5. Apologetische Aktivitäten 6. Wunder 7. Nächstenliebe 8. Begleitung Neubekehrter	3) Verständliche Verkündigung 4) Verbindung von Verkündigung und Liturgie
	Strategie	9. Örtliche Ausgangsbasis 10. Aufsuchen von Anknüpfungsorten	5) Längerfristige Ausrichtung

Tabelle 1: *diachron-generierte Wirkfaktoren*

---

108 Vgl. EG 69 und bes. EG 222-225.

Die Wirkfaktoren sollen nun noch insgesamt nach ihren Kategorien betrachtet werden und was sie zu einer heutigen gelingenden Evangelisierung beitragen können:

Bei den diachron-generierten Wirkfaktoren im Bereich der Selbstevangelisierung ist ein Bezug der Evangelisierung bzw. der Evangelisierenden zu Gott ersichtlich. Die Theozentrik ist sogar für die Evangelisierung die primäre Perspektive[109].

Darüber hinaus lässt sich mit Blick auf den Eifer eine weitere Feststellung treffen: Nach Johannes Paul II. ist ein neuer Eifer einer der wesentlichen Bestandteile der Neuevangelisierung[110] – und damit auch Bedingung der Möglichkeit einer gelingenden Evangelisierung.

Die diachron-generierten Wirkfaktoren für die Fremdevangelisierung machen deutlich, dass letztlich alle Menschen Evangelisations-Adressaten sind, selbst wenn es spezielle Adressaten geben kann. Förderer können mit dazu beitragen, dass eine gelingende Evangelisierung ermöglicht wird. Eine gute Umgangskultur ist bedenkenswert, stellt sie doch ein Zeugnis gelebter Nächstenliebe sowohl für die Evangelisierenden selbst als auch für die Adressaten der Evangelisierung dar.

Abgesehen davon gibt es unterschiedliche Vorgehensweisen in der Evangelisierung selbst, die sich als wirkungsvoll erwiesen haben (s. die Punkte 3.-8. sowie 3) und 4)), wobei die Punkte 3) und 4) in die Verkündigung (Punkt 4.) einfließen können bzw. i. S. von Punkt 4) die Liturgie einen Rahmen für die Verkündigung bieten kann.

Die Beispiele zeigten weiterhin, dass beide grundlegenden Methoden der Evangelisierung – kapillar und professionell –, vorkommen können. Dabei ergab sich von den Beispielen der Schwerpunkt her eher auf der professionellen Verbreitung. Abgesehen davon kamen die einzelnen Evangelisationsmodelle zum Einsatz, meist das zweite. Allerdings kann gerade hier mit Blick auf die beiden grundlegenden Methoden sowie die

---

109 S. dazu z. B. JAST, S.: *Evangelisierung*, S. 29 & 256.
110 Vgl. KLERUSKONGREGATION: *Priester*, 21.

Evangelisationsmodelle keine endgültige Präferenz festgelegt werden. Denn hier vermögen weitere Beispiele u. U. andere Ergebnisse zu liefern.

Die strategischen Punkte Nr. 9.-10. und 5) können das Vorgehen in der Evangelisierung bestimmen helfen.

Im Hinblick auf die Anwendung der diachron-generierten Wirkfaktoren in der Praxis ist noch Folgendes abschließend festzuhalten: Die Wirkfaktoren selbst können auf ihre Weise unter Berücksichtigung der örtlichen Situation und der Unterscheidung der Geister[111] in lokaler Ausprägung Anwendung finden.

Dabei ist ferner die Chance zu berücksichtigen, dass am Ort der Evangelisierung sowohl die professionelle wie ebenso die kapillare Vorgehensweise bei der Evangelisierung vorhanden bzw. möglich sein können und daher beide bei der Umsetzung von Wirkfaktoren vor Ort ins Auge gefasst werden können. Es gilt ebenfalls dort herauszufinden, welches dort das optimale Evangelisationsmodell ist – sei es insgesamt gesehen, sei es für einzelne Bereiche[112].

4. FAZIT

Im vorliegenden Artikel wurden aus fruchtbaren Evangelisierungsbeispielen der Vergangenheit diachron-generierte Wirkfaktoren erarbeitet. Diese können für die heutige Praxis Anhaltspunkte ergeben und weiterhin die Evangelisierenden von heute dazu ermutigen, anhand dieser Wirkfaktoren Wege für eine gelingende Evangelisierung zu erarbeiten, die auf die Situation am Ort der Evangelisierung angewandt werden können.

---

111 Allgemein zur Unterscheidung der Geister s. GE 166-175. Verwiesen sei zu diesem Thema ebenso z. B. auf JAST, S.: *Evangelisierung*, S. 266 & 268f.
112 Hingewiesen sei in diesem Kontext auf ebd., S. 248 & 248f., Fußnote 160.

LITERATURVERZEICHNIS

1. Primärliteratur

EG = PAPST FRANZISKUS: Apostolisches Schreiben *Evangelii Gaudium: über die Verkündigung des Evangeliums in der Welt von heute* / hg. vom Sekretariat der Deutschen Bischofskonferenz. Bonn, 2013 (Verlautbarungen des Apostolischen Stuhls Nr. 194).

EN = PAPST PAUL VI.: Apostolisches Schreiben *Evangelii Nuntiandi: über die Evangelisierung in der Welt von heute* / hg. vom Sekretariat der Deutschen Bischofskonferenz. Neuauflage. Bonn, 2012 (Verlautbarungen des Apostolischen Stuhls Nr. 2).

EÜ = *Die Bibel: Einheitsübersetzung der Heiligen Schrift* / vollständig durchgesehene und überarbeitete Ausgabe. Stuttgart: Katholisches Bibelwerk, 2016 (ISBN 078-3-460-44000-5 Standardausgabe (blau)).

GE = FRANZISKUS: Apostolisches Schreiben *Gaudete et exsultate* des Heiligen Vaters Papst Franziskus über die Heiligkeit in der Welt von heute / hg. vom Sekretariat der Deutschen Bischofskonferenz. Bonn, 2018 (Verlautbarungen des Apostolischen Stuhls Nr. 213).

KLERUSKONGREGATION: *Priester* = KONGREGATION FÜR DEN KLERUS (HG.): *Direktorium für Dienst und Leben der Priester.* Neuausgabe. Vatikanstadt: Libreria Editrice Vaticana, 2013.

RM = PAPST JOHANNES PAUL II.: Enzyklika *Redemptoris Missio: über die fortdauernde Gültigkeit des missionarischen Auftrages* / hg. vom Sekretariat der Deutschen Bischofskonferenz. Bonn, 1990 (Verlautbarungen des Apostolischen Stuhls Nr. 100).

2. Sekundärliteratur

2.1 Printquellen

AUGUSTIN, G.: *Mission* = AUGUSTIN, G.: *Ich bin eine Mission: Schritte der Evangelisierung.* Ostfildern: Patmos, 2018.

BERGER, K.: *Urchristen* = BERGER, K.: *Die Urchristen: Gründerjahre einer Weltreligion.* München: Pattloch, 2008.

BOFF, L.: *Gott* = BOFF, L.: *Gott kommt früher als der Missionar: Neuevangelisierung für eine Kultur des Lebens und der Freiheit* / Leonardo Boff. Aus dem brasil. Portug. übers. von Horst Goldstein. 2. Aufl. Düsseldorf: Patmos, 1992.

DORSETT, L. W.: Grundsätzliches = DORSETT, L. W.: Evangelisation: I. Grundsätzliches. In: BETZ, H. D. u. a. (HG.): *Religion in Geschichte und Gegenwart: Handwörterbuch für Theologie und Religionswissenschaft.* 4., völlig neu bearb. Aufl. Tübingen: Mohr Siebeck, 1999 (Bd. 2 C-E), Sp. 1701f.

FRANZEN, A.: *Kirchengeschichte* = FRANZEN, A.: *Kleine Kirchengeschichte.* 6. Aufl. als erweiterte Neuausgabe. Freiburg i. Br.: Herder, 2000.

HÖSS, A.: *Jeningen* = HÖSS, A.: *P. Philipp Jeningen S.J.: Ein Volksmissionär und Mystiker des 17. Jahrhunderts* / nach den Quellen bearbeitet von Anton Höss S.J. Dritte Aufl. Ellwangen/Jagst: Schwabenverlag, 1948.

HOLLENWEGER, W. J.: Evangelisation = HOLLENWEGER, W. J.: Evangelisation. In: KRAUSE, G., MÜLLER, G. (HG.): *Theologische Realenzyklopädie.* Berlin, New York: Walter de Gruyter, 1982 (Bd. 10 Erasmus bis Fakultäten, Theologische), S. 636-641.

JAST, S.: *Evangelisierung* = JAST, S.: *Gelingende Evangelisierung und missionarische Entscheidung.* Freiburg i. Br.: Herder, 2023 (Theologie im Dialog Bd. 29).

KAH, K.: *Pater* = KAH, K.: *Pater Philipp Jeningen S.J.: Ein Apostel des religiösen Aufbaus.* 4. Aufl. Ellwangen/Jagst: Schwabenverlag, 1956.

KASPER W.: *Wahrheit I* = KASPER W.: *Die Wahrheit in Liebe tun: Schriften zur Pastoral* / erster Teilband. Freiburg i. Br.: Herder, 2018 (Walter Kasper: Gesammelte Schriften Bd. 17).

KRÄMER, K.: Impulse = KRÄMER, K.: Impulse für den Weg der Evangelisierung aus der Apostelgeschichte. In: LEY, S. u. a. (HG.): *Welt vor Gott: für George Augustin.* Freiburg i. Br.: Herder, 2016, S. 57-69.

KRÄMER, K.: *Logos* = KRÄMER, K.: *Den Logos zur Sprache bringen: Untersuchungen zu einem dialogischen Verständnis von Mission.* Ostfildern: Matthias Grünewald Verlag, 2012.

LAIS, H.: Apologetik = LAIS, H.: Apologetik: I. A[pologetik] im kath. Glaubensverständnis. In: HÖFER, J., RAHNER K. (Hg.): *Lexikon für Theologie und Kirche* / begründet von Dr. Michael Buchberger. Zweite, völlig neu bearbeitete Auflage. Freiburg i. Br.: Herder, 1957 (Bd. 1 A bis Baronius), Sp. 723-728.

LEEMANS, J.: Mission = LEEMANS, J.: Mission ohne Missionierung. Die Ausbreitung des Christentums in der Spätantike (bis 400 n. Chr.) und deren aktuelle Relevanz. In: KRANEMANN, B. u. a. (HG.): *Mission: Konzepte und Praxis der katholischen Kirche in Geschichte und Gegenwart.* Würzburg: Echter, 2009, S. 77-91.

MÜLLER, P. R.: *Columban* = MÜLLER, P. R.: *Columbans Revolution: Wie irische Mönche Mitteleuropa mit dem Evangelium erreichten – und was wir von ihnen lernen können* / mit einem Vorwort von Peter Aschoff. Schwarzenfeld: Neufeld Verlag, 2008 (Edition IGW).

ROSSÉ, G.: *Pfarrer* = ROSSÉ, G.: *Der Pfarrer von Ars: Lebensweg – Gedanken – Predigten.* 1. Aufl. der überarbeiteten Neuausgabe. München u. a.: Verlag neue Stadt, 2009 (Große Gestalten des Glaubens).

SIEVERNICH, M.: Epochen = SIEVERNICH, M.: Epochen der Evangelisierung. Ein kurzer Blick auf eine lange Geschichte. In: KRÄMER, K., VELLGUTH, K (HG.): *Evangelisierung: Die Freude der Evangelisierung miteinander teilen.* Freiburg i. Br.: Herder, 2015 (Theologie der einen Welt Bd. 9), S. 21-39.

2.2 Internetquellen

-    http://www.exegese-online.de/Bibelkunde_NT/Bibelkunde_NT/Apostelgeschichte.html (aufgerufen am 15.05.2024, 7:59 Uhr).
-    https://www.heiligenlexikon.de/BiographienJ/Johannes-Maria_Vianney.htm (aufgerufen am 15.05.2024, 7:02 Uhr).

Organisationsentwicklung von einer bewahrenden Pfarrei hin zu einer missionarischen Pfarrei

1. EINLEITUNG

Papst Franziskus fordert u. a. in *Evangelii gaudium* Nr. 15 und 27 eine schwerpunktmäßig missionarische und nicht selbstbewahrende Ausrichtung des evangelisierenden Handelns der Kirche[1]. Da die Pfarrei[2] der primäre Ort dieses Handelns ist[3], stellt sich dem Autor dieses Artikels mit Blick auf sie angesichts der Forderung des Papstes u. a. die Frage: Wie kann eine von ihrer Prägung her die Selbstbewahrung im Blick habende Pfarrei zu einer von ihrer Prägung her missionarischen Pfarrei werden und das möglichst effektiv, reibungslos und somit organisch?

Die Teilnahme an einer Fortbildung über Change-Management, also Organisationsentwicklung (= OE), brachte den Autor dieses Artikels auf die Idee, die dort kennengelernten sog. sieben Basisprozesse[4] für einen möglichst reibungslosen, effektiven und damit organischen Change, einen Veränderungsprozess, bezüglich der oben gestellten Frage anzuwenden

---

1   Für den hier vorliegenden Kontext ist es ausreichend, unter Evangelisierung jegliche Tätigkeit zur Glaubensverbreitung, -erneuerung und -vertiefung zu verstehen.

2   Zum hier zugrunde gelegten Pfarreiverständnis vgl. KLERUSKONGREGATION: *Umkehr*, 16.

3   Vgl. hierzu z. B. EG 28.

4   Einen Überblick über diese Basisprozesse bietet GLASL, F.: Basisprozesse, S. 103-146. Sie werden weiter unten im Text noch vorgestellt. Vorteilhaft an ihnen ist die Tatsache, dass sie letztlich die an einem OE-Prozess Beteiligten für zukünftige weitere Veränderungsschritte ausrüsten und damit deren Selbstständigkeit in puncto OE-Prozesse fördern möchten (vgl. dazu z. B. kurz ebd., S. 146).
    Das Kennenlernen dieser Basisprozesse im Zuge der o. g. Fortbildung ist auch der Grund, warum der Autor dieses Artikels sich in diesem hinsichtlich der o. g. Fragestellung auf das Vorgehen unter Verwendung dieser Basisprozesse beschränkt und keine anderen Möglichkeiten in den Blick nimmt und diskutiert. Dies würde auch den Umfang dieses Textes sprengen.

(damit letztlich der o. g. Aufforderung von Papst Franziskus nachgekommen werden kann). Das Ergebnis seiner diesbezüglichen Überlegungen ist dieser Artikel.

Dessen Anliegen ist es, nach einer Klärung der Begrifflichkeiten von bewahrender und missionarischer Pfarrei (*2.* **Kapitel**) sowie einer kursorischen Vorstellung der sieben angesprochenen Basisprozesse, die dazu vom Autor dieses Artikels noch angesichts des kirchlichen Kontextes um sog. *Geistliche Prozesse* ergänzt werden (*3.* **Kapitel**), einen möglichen exemplarischen und überblicksmäßigen Fahrplan, also eine Prozessarchitektur, für einen Change unter der Berücksichtigung verschiedenster Quellen zu skizzieren (*4.* **Kapitel**). Dabei geht es primär um diese überblicksmäßige Prozessarchitektur mit den in ihr enthaltenen Basisprozessen und nicht darum, jeden Veränderungsschritt für eine Pfarrei in seinen genauen Inhalten zu beschreiben, da dies mit Blick auf unterschiedliche Pfarreisituationen nicht möglich ist. D. h., dass dies alles vor Ort dann auch mit einer/m oder mehreren kompetenten OE-BeraterInnen besprochen und bezüglich der Situation vor Ort angepasst und durchgeführt werden muss, um zum Ziel der missionarischen Pfarrei führen zu können. Ein Fazit (*5.* **Kapitel**) und ein **Literaturverzeichnis** schließen diesen Artikel ab.

Wie bereits angekündigt, sollen nun die beiden Begriffe der *bewahrenden* und der *missionarischen* Pfarrei näher bestimmt werden.

2. BEGRIFFSBESTIMMUNGEN

Bei *bewahrenden* und *missionarischen* Pfarreien handelt es sich um Pfarreitypen, mit unterschiedlichen pastoralen Schwerpunkten: Der erstgenannte Typ sieht die Selbstbewahrung als seine Aufgabe[5], der zweite ist auf die „Evangelisierung der heutigen Welt"[6] hin orientiert – entsprechend dem

---

5   Vgl. dazu Jast, S.: *Evangelisierung*, S. 271.
6   EG 27.

Missionsauftrag Jesu in *Mt* 28,19f. Beide Pfarreitypen lassen sich anhand der folgenden *Tabelle 1* charakterisieren[7]:

„Die seelsorgerliche Praxis in einer bewahrenden Pfarrei konzentriert ihre Energie, Zeit und Ressourcen darauf,	„Die seelsorgerliche Praxis in einer missionarischen Pfarrei konzentriert ihre Energie, Zeit und Ressourcen darauf,
1. die Pfarreimitglieder an den vielen Events, Aktivitäten und Erlebnissen der Pfarrei zu beteiligen.	1. allen Menschen zu helfen, Jesus Christus zu begegnen und Umkehr durch die Pfarreiveranstaltungen und Aktivitäten sowie im Leben und bei Ereignissen außerhalb der Pfarrei zu erleben.
2. Einzelpersonen für Leitungspositionen zu rekrutieren und auszubilden.	2. Individuen im Unterscheiden ihrer individuellen Charismen und ihrer gottgegebenen Berufung zu bilden.
3. Pfarreimitglieder zu verschiedenen Diensten zu verpflichten, für die sie mehr Zeit, Talent und Geld der Pfarrei opfern.	3. Individuen zu helfen, ihr ganzes Leben Jesus zu übergeben und dann diese Verpflichtung täglich zu leben. [S. 79:]
4. die derzeit existierenden Strukturen der Pfarrei zu erhalten und dabei die Anzahl der Pfarreimitglieder aufrechtzuerhalten.	4. eine Kultur der Nachfolge aufrecht zu erhalten, wodurch die Tätigkeit der Bekehrung von Einzelpersonen gefördert und unterstützt wird.
5. allein auf die Katechesen als Wege der Glaubensweitergabe zu vertrauen. [S. 78:]	5. den Glauben weiterzugeben durch die Prä-Evangelisierung, die Erstverkündigung des Evangeliums (Kerygma) und durch eine systematisierte Art der Katechese innerhalb der Pfarreiveranstaltungen/-aktivitäten.

---

7   *Tabelle 1* findet sich ebenso in JAST, S.: *Evangelisierung*, S. 271f. Ihre linke Spalte ist zitiert aus VIDAL, B.: Intentional, S. 77f., ihre rechte Spalte ist zitiert aus ebd., S. 78f. Heraushebungen in beiden Zitaten, Änderung der Formatierung und Übersetzung beider Zitate durch S. J. (die scheinbaren Zitate in Punkt Nr. 7 bei beiden Zitaten sind feststehende Ausdrücke). Zum Kerygma (s. rechte Spalte, Punkt Nr. 5) vgl. EG 164.

6. das Innenleben der Pfarrei dadurch aufrechtzuerhalten, dass es eine Bildung für Dienste gibt, die nur für die Pfarrei ausgeübt werden (z. B. Pfarrei-KatechetIn, LektorIn, KommunionhelferIn).	6. der nach außen hin gerichteten Berufung der Pfarrei zur säkularen Welt durch die Ausbildung von Einzelpersonen zur Übernahme von Pfarraufgaben und durch die Ausstattung von Einzelpersonen zur Umgestaltung der säkularen Welt zu entsprechen.
7. Pfarreiveranstaltungen und -erlebnisse so zu kommunizieren, dass es nur „Pfarreiinsider" verstehen."	7. Veranstaltungen und Informationen in einer Sprache zu kommunizieren, die „Pfarreiinsider" und „Pfarreioutsider" verstehen und durch die sie willkommen geheißen und herausgefordert werden."

Tabelle 1: *Charakteristika für bewahrende und missionarische Pfarreien*

Sicherlich mag es noch Ergänzungen zu beiden Typen geben, die hier allerdings nicht genannt werden, weil die aufgeführten Punkte nach Ansicht des Autors dieses Artikels ausreichen.

Die obige Tabelle lässt erkennen, dass der *bewahrende* Pfarreityp alles danach ausrichtet, um das aktuell Vorhandene am Leben zu erhalten, also den Status quo weiterbestehen zu lassen. Der *missionarische* Pfarreityp dagegen lässt den Fokus auf das Innen einer Pfarrei zum Zweck des letztlichen Fokus auf das Außen erkennbar werden. Diesbezüglich geht es zum einen um die Ermöglichung der Christusbegegnung (in *Tabelle 1* ist dies der Punkt Nr. 1). Zum anderen geht es darum, Menschen als ChristInnen leben lernen zu helfen (die Punkte Nr. 2-5) sowie (durch sie) missionarisch mit Blick auf Menschen auch außerhalb der Pfarrei zu agieren (die Punkte Nr. 4-7)[8].

Prinzipiell kann jede Pfarrei eine missionarische Pfarrei im Zuge eines Veränderungsprozesses werden. Dieser stellt letztlich eine Kulturveränderung in dieser Pfarrei dar. Im Hinblick auf den hier zu bearbeitenden

---

8   Der Punkt Nr. 4 weist bereits durch den Aspekt der Bekehrung missionarische Züge auf und ist daher zweimal aufgeführt. Der Punkt Nr. 5 kann durch die dort angeführten Aktivitäten neben dem Erreichen Außenstehender auch die Evangelisierung von am Pfarreileben aktiv beteiligten ChristInnen der Pfarrei im Blick haben und ist deshalb ebenso zweimal genannt.

Veränderungsprozess gilt es, die rechte Tabellenspalte mit ihren o. g. Charakteristika als Zielvorgabe in den Fokus zu nehmen. Da eine Pfarrei normalerweise nicht unbedingt einen der beiden Typen in Reinform repräsentiert, geht es letztlich ebenso darum, herauszufinden, was bereits in dieser Pfarrei i. S. des missionarischen Typs vorhanden ist und praktiziert wird, und was noch nicht diesem entspricht. Dabei ist dann die anvisierte konkrete Ausgestaltung der einzelnen Punkte im Zuge des Veränderungsprozesses bereits ein Aspekt, der vor Ort in den Blick genommen werden muss und nicht hier vorgegeben werden kann.

Für den Veränderungsprozess selbst spielen die sog. Basisprozesse eine Rolle, die nun kursorisch vorgestellt werden sollen.

3. BASISPROZESSE

Die Basisprozesse, die für die OE mit dem Ziel einer missionarischen Pfarrei zur Anwendung kommen sollen, werden nun im Einzelnen kursorisch skizziert. Diese Basisprozesse betrachten die *Diagnose,* die *Gestaltung der Zukunft,* das *psychosoziale Agieren,* das *Lernen,* das *Informieren,* die *Umsetzung,* das *Management der OE*[9] und *Geistliche Prozesse* – wobei die ersten sieben Arten von Basisprozessen sowohl für weltliche Organisationen als auch für geistliche Organisationen angewendet werden können, während die letztgenannten *Geistlichen Prozesse* hier zusätzlich für eine Pfarrei eingeführt werden, da diese nicht nur weltliche Elemente, sondern ebenso geistliche Elemente beinhaltet[10].

Bezüglich aller Basisprozesse ist es wichtig festzuhalten, dass es zwischen ihnen keine irgendwie geartete Hierarchie und keine feste Abfolge in einem Veränderungsprozess gibt (auch wenn sie nun nacheinander vorgestellt werden), dass sie nicht unbedingt Phasen in einem solchen Prozess

---

9 Vgl. GLASL, F.: Basisprozesse, S. 103.
10 Die *Geistlichen Prozesse* werden in diesem Artikel als ein eigenständiger OE-Basisprozess extra dafür neu konzipiert.

darstellen, dass sie untereinander als vernetzt zu denken sind und dass jeder dieser Basisprozesse während eines Veränderungsprozesses u. U. auch mehrmals Verwendung finden kann[11].

3.1 Diagnose-Prozesse

Diagnose-Prozesse[12] (= DP) wollen die genaue Situation einer Organisation – in diesem Artikel die Pfarrei – diagnostizieren, indem ganzheitliche Daten (z. B. über Stärken und Schwächen usw.) gesammelt, analysiert und schließlich in der Diagnose bewertet werden[13].

Dabei werden unterschiedliche Bereiche der Organisation in den Blick genommen und dazu meist Methoden verwendet, die rational sowie quantifizierend sind. Im Verlauf des Veränderungsprozesses können mehrmals Diagnosen stattfinden und diese u. U. größer als auch kleiner ausfallen. Selbstdiagnosen sind dabei Diagnosen durch Organisationsfremde (also Fremddiagnosen) vorzuziehen, da so eine Selbsterneuerung erlernt werden kann[14].

Wichtig ist festzuhalten, dass durch Diagnosen bereits eine Intervention stattfindet, was eine strategische Einplanung der DP nötig macht[15] – und damit eine Vernetzung mit den weiteren Basisprozessen, besonders mit den hier noch zu beschreibenden Zukunftsgestaltungs-, Lern- und psychosozialen Prozessen[16]. Ferner geht es um das richtige Maß der Diagnose in qualitativer, quantitativer und zeitlicher Art[17].

Für die DP gilt ebenso wie für alle anderen Basisprozesse, dass eine Ablehnung bezüglich eines Prozesses auch mit Erfahrungen mit anderen Prozessen zusammenhängen kann[18].

---

11   S. a. GLASL, F.: Basisprozesse, S. 103f. Zur Veranschaulichung sei unten im Text auf die Prozessarchitektur in *Schema 1* in Kapitel *4.* hingewiesen.
12   Vgl. hierzu ausführlich ebd., S. 104-111 und GLASL, F.: DP, S. 149-177.
13   Vgl. GLASL, F.: Basisprozesse, S. 104-107.
14   Vgl. zu diesem Absatz ebd., S. 108-111.
15   Vgl. ebd., S. 111.
16   Vgl. GLASL, F.: DP, S. 155. Näher zur Vernetzung vgl. v. a. ebd., S. 156f.
17   Vgl. dazu GLASL, F.: Basisprozesse, S. 108 und näher GLASL, F.: DP, S. 173-176.
18   Vgl. ebd., S. 176.

3.2 Zukunftsgestaltungs-Prozesse

Zukunftsgestaltungs-Prozesse[19] (= ZP) beschäftigen sich mit Wegen, eine Zukunft zu planen. Dabei ist zum einen eine gewissermaßen räumliche Perspektive im Blick, die den Fokus auf die Zukunft verschiedener Ebenen einer Organisation legt. Dafür ist es wichtig, den Bewusstseinshorizont der Beteiligten zu beachten. Bewusstseinshorizont meint hier die Wahrnehmungsebene – und damit auch Organisationsebene –, auf der die Beteiligten denken: auf der Makroebene (= ganze Organisation), Mesoebene (=Teilbereich) und/oder auf der Mikroebene (= einzelne Menschen). Dies ist bedeutsam, um die Beteiligten nicht zu demotivieren – eine herbeigeführte Demotivation hat ihrerseits letztlich nichts mit dem Phänomen des Widerstands zu tun[20].

Zum anderen geht es um die zeitliche Planung des Veränderungsprozesses. Hier ist es wichtig, die Zeitspanne zu berücksichtigen, in der die jeweils Beteiligten Veränderungen ohne Bezweiflung von deren Sinnhaftigkeit sowie Richtigkeit mittragen können[21].

Ob zuerst Aktivitäten i. S. der DP oder der ZP anstehen, ist organisations- und situationsabhängig. Zur Veränderung tragen dann Druck durch Leiden sowie Sog durch Lust bei. Vorteilhaft für eine nachfolgende Umsetzung ist eine transparente sowie aufrichtige Beteiligung der Betroffenen[22].

Inhaltlich geht es bei den ZP darum, im Rahmen des in einer Organisation (Pfarrei) Erlaubten, Ge- oder Verbotenen, Könnens sowie Wollens Zukunftsentwürfe zu schaffen, wobei zwecks kreativer Wege die ersten beiden Faktoren zunächst außen vor bleiben sollten. Im kirchlichen

---

19 Vgl. hierzu ausführlich GLASL, F.: Basisprozesse, S. 112-118 und GLASL, F., WEISS, M.: ZP, S. 181-218.

20 Vgl zu diesem Absatz GLASL, F.: Basisprozesse, S. 112-114 und GLASL, F., WEISS, M.: ZP, S. 216.

21 Vgl. zu diesem Absatz GLASL, F.: Basisprozesse, S. 114-116 sowie GLASL, F., WEISS, M.: ZP, S. 216.

22 Vgl. zu diesem Absatz GLASL, F.: Basisprozesse, S. 116-118.

Kontext vermag sogar darüber nachgedacht zu werden, ob es zuerst um das Wollen gehen sollte[23].

Betreffs Wegen sowie Zielen mit Blick auf die Zukunft können unterschiedliche Methoden zur Anwendung kommen. Ebenso wichtig in den ZP sind Perspektiven auf Makro- und Mikro-Ebene. Zu beachten ist bei den ZP der Einsatz v. a. solcher Methoden, die nicht allein rational sind[24].

3.3 Psychosoziale Prozesse

Die psychosozialen Prozesse[25] (= PP) während eines Veränderungsprozesses widmen sich dem durch ihn verursachten Stress wie auch Disharmonien sowie Streitereien. Die PP unterstützen die DP und die ZP[26], indem sie die Auflösung von Stress im Blick haben, Motivation zur Kooperation fördern, mit Widerständen in einer für den OE-Prozess förderlichen Weise umgehen, eine Änderung von Rollen- und Haltungsauffassungen herbeiführen wie auch Konflikte sowie Macht in konstruktiver Weise als Themen angehen[27].

Das Fortschreiten auf psychosozialem Weg ist letztlich maßgebend hinsichtlich Qualität, Schnelligkeit und Zeitspanne eines OE-Prozesses[28].

Die PP können sich auf alle drei Organisationsebenen beziehen, die oben bei den Ausführungen zu den ZP erwähnt wurden — wobei es letztlich darum geht, dass Druck- und Sogwirkung in einem konstruktiven Maße für eine OE genutzt werden. Emotionale Signale sowie Widerstände

---

23   Vgl. zu diesem Absatz GLASL, F., WEISS, M.: ZP, S. 181f.

24   Vgl. näher zu diesem Absatz ebd., S. 183-193. Generelle Methoden zur Erarbeitung von Zukunftsentwürfen finden sich ebd., S. 205-216. Methoden für Zukunftsentwürfe auf lange sowie mittelfristige Zeit hin finden sich ebd., 193-201. Zwecks Entwicklung von Zukunftsszenarien werden ebd., S. 202-204 Methoden vorgestellt.
Bem.: Der Autor dieses Artikels distanziert sich in jeglicher Form von anthroposophischen Ausführungen, wie sie z. B. ebd., S. 217 vorkommen.

25   Vgl. hierzu näher GLASL, F.: Basisprozesse, S. 118-125 sowie DÖRING, W., MARTIN, O.: PP, S. 221-268.

26   Vgl. dazu GLASL, F.: Basisprozesse, S. 118f. und DÖRING, W., MARTIN, O.: PP, S. 221.

27   Vgl. hierzu näher GLASL, F.: Basisprozesse, S. 119-125.

28   Vgl. ebd., S. 125.

auf allen diesen drei Ebenen werden dazu in den PP mit Blick auf die im vorletzten Absatz erwähnten Aspekte bearbeitet[29].

Wichtig ist hinsichtlich eines Veränderungsprozesses zu wissen, dass dabei auftretende Widerstände sowie Konflikte für diesen Prozess gute Hinweise geben können. Ferner sollen OE-BeraterInnen ihrer selbst gewahr sein[30].

3.4 „Lern-Prozesse (im engeren Sinn)"[31]

Im hier vorgestellten Konzept fällt unter die so bezeichneten Lern-Prozesse[32] (= LP) das Aneignen sowohl von Wissen als auch von Können einerseits durch Einzelpersonen und andererseits durch Teams (d. h. es geht nicht um das vielfältige Lernen im Zuge einer OE – daher der Zusatz „im engeren Sinn"[33]). Beides soll den erwähnten Personen dazu dienen, dass sie damit die Zukunft gut meistern können. Die LP kombinieren für eine Organisation (Pfarrei) dabei sowohl deren Organisations- als auch Personalentwicklung[34].

Abhängig von der Situation und den Beteiligten kann an verschiedenen Lernorten sowohl ein Lernen erfolgen, das zuerst Wissen anbietet, welches dann in die Praxis implementiert wird, als auch ein Lernen, das während der Erledigung einer Aufgabe stattfindet[35].

Im Zuge der LP findet ein Qualifizierungsprozess statt, der zum einen den Qualifizierungsbedarf, welcher sich bei Veränderungsprozessen häufig durch DP und ZP zeigt, sowie die Ziele des Lernens in den Blick nimmt. Zum zweiten geht es im Qualifizierungsprozess darum, die Lern-

---

29   Vgl. zu den Gesichtspunkten dieses Absatzes näher die Ausführungen in DÖRING, W., MARTIN, O.: PP, S. 221-266. Im pastoralen Kontext interessant ist der ebd., S. 225-231 präsentierte Ansatz von E. Kübler-Ross zur Krisenbewältigung.

30   Vgl. zu diesem Absatz ebd., S. 267f.

31   GLASL, F.: Basisprozesse, S. 126. Heraushebung: S. J.

32   Vgl. dazu näher ebd., S. 126-130 und PIBER, H., VOGELAUER, W.: LP, S. 271-314.

33   GLASL, F.: Basisprozesse, S. 126.

34   Vgl. zu diesem Absatz PIBER, H., VOGELAUER, W.: LP, S. 271f. Das Zitat wurde bereits extra gekennzeichnet.

35   Vgl. dazu näher GLASL, F.: Basisprozesse, S. 128f.

situationen bezüglich Lerninhalten, verwendeter Methodik, Lernformen, Schritte des Lernens, Lernorten sowie Lernsituationen zu planen. Zum dritten erfolgt im Rahmen des Qualifizierungsprozesses der eigentliche Prozess des Lernens, die Übertragung dessen, was dort gelernt wurde, in die Praxis sowie die Evaluierung des gesamten Qualifizierungsprozesses[36].

Wichtige Lernsituationen bezüglich eines Change sind das Lernen an Projekten, das Lernen im Vollzug (= Action-Learning), Einzel- und Teamcoaching sowie Mentoring (Betreuung von Nachwuchskräften)[37].
Im Zuge der LP ist hinsichtlich der Veränderungsprozesse noch die Beziehung von Personalentwicklung (= PE) und OE erwähnenswert: Die OE gibt der PE Anreize für ihr Tun, während die PE OE-Prozesse initiieren kann[38].

3.5 Informations-Prozesse

Ein weiterer Bestandteil von Veränderungsprozessen sind die Informations-Prozesse (= IP)[39].

Diese bewegen sich im Spannungsfeld zwischen einem Mangel an Information und einer Informationsüberflutung. Sie müssen ein adäquates Informieren der Beteiligten garantieren helfen, um den Veränderungsprozess nicht zu gefährden. Dabei geht es als Elemente der IP um den Informationsinhalt, die Anwendung des richtigen Kommunikationsmediums, die zu wählende Form der Präsentation einer Information, die Informationsüberbringer sowie den Informationszeitpunkt, der u. a. bereits in der Vorbereitungsphase eines Veränderungsprozesses gegeben ist und auch während dieses Prozesses eher zu früh als zu spät selbst mit noch nicht fertigen Entscheidungen gewählt werden soll[40].

---

36   Vgl. zu diesem Absatz genauer PIBER, H., VOGELAUER, W.: LP, S. 272-295.
37   Vgl. zu diesen Lernsituationen näher ebd., S. 295-310.
38   Vgl. hierzu näher ebd., S. 314f., zum Thema OE und PE vgl. näher ebd., S. 311-315.
39   S. dazu näher GLASL, F.: Basisprozesse, S. 130-135 und KALCHER, T.: IP, S. 319-347.
40   Vgl. zu diesem Absatz näher GLASL, F.: Basisprozesse, S. 130-135 und hinsichtlich der Informations-Überbringer KALCHER, T.: IP, S. 337f. sowie ausführlich zu allen oben im Text genannten Elementen der IP ebd., S. 323-339.

Am Anfang der Überlegungen zu den IP sowie im Zentrum des Vorgehens bei diesen Prozessen befinden sich das Thema der Wirkung bei den AdressatInnen, ferner das Anliegen, das damit bezweckt werden soll, und was als Ergebnis erreicht werden soll – dies kann graduell frei variierend zwischen reiner Information, Involvierung von Menschen (gemeinsame Beratung und Entscheidung) und gemeinsamer Innovation (also gemeinsames Tun) stattfinden. All dies wirkt sich auf die o. g. Elemente der IP aus. Wichtig ist, dass die IP an den AdressatInnen orientiert sind[41].

3.6 Umsetzungs-Prozesse

Umsetzungs-Prozesse[42] (= UP) haben die wichtige Aufgabe, alle Änderungsvorhaben in die Praxis zu implementieren. Allgemein sollte dabei – bspw. um die Veränderungsbereitschaft zu stärken – eine möglichst frühe Umsetzung der jeweiligen Schritte angestrebt werden, selbst wenn diese u. U. konzeptionell noch nicht vollkommen ausgereift sein sollten. Dies soll im Rahmen einer ausgewogenen und daher strategisch durchdachten Umsetzung stattfinden[43].

UP bewirken nicht nur die Implementierung von erarbeiteten OE-Konzeptionen, sondern besitzen ebenso eine Signalwirkung. Des Weiteren spielen im Zuge von UP Rituale eine Rolle[44].

Die UP schließen bereits eine Schaffung von Orientierung am Beginn der OE mit ein. Es geht bei Ihnen darüber hinaus um eine Verbindlichkeit zur Umsetzung bei allen, die am Veränderungsprozess beteiligt sind. Ferner ist eine im Verlauf der OE gewachsene Handlungsloyalität sowie eine Verankerung der Neuerungen inklusive der Reflexionen über diese bei den UP enthalten. Des Weiteren kennen die UP als Elemente die Schaffung

---

41 Vgl. zu diesem Absatz genauer ebd., S. 319-323 & 346f.
42 Vgl. dazu näher GLASL, F.: Basisprozesse, S. 135-138 sowie LEINWEBER, G.: UP, S. 351-374.
43 Vgl. zu diesem Absatz genauer GLASL, F.: Basisprozesse, S. 135f. & 138.
44 Vgl. zu diesem Absatz ebd., S. 137.

von Lernsituationen durch die Umsetzung von Konzeptionen sowie das Feiern von Erfolgen[45].

Ein wichtiger Aspekt ist die Vernetzung der UP und der übrigen Basisprozesse. Die UP besitzen in ihrer Qualität eine Abhängigkeit von diesen. Genauer gesagt tragen diese ihren spezifischen Teil zu den o. g. Elementen der UP mit bei. Eine besonders enge Vernetzung besteht zwischen den UP und den anschließend skizzierten Change-Management-Prozessen, da diese Voraussetzungen für die UP schaffen sowie ebenso einen Rahmen, der die UP stützt und schützt[46].

3.7 Change-Management-Prozesse

Change-Management-Prozesse[47] (= CM) haben als Aufgabe, all das, was im Rahmen der Basisprozesse als Aktivitäten stattfinden soll, zu konzipieren, zu lenken sowie zu evaluieren – anders gesagt: diese Basisprozesse zu managen. Darin ist ebenso die Gestaltung einer Gesamtstrategie inbegriffen, welche die Basisprozesse einschließt[48].

Hierzu werden einerseits unterschiedliche Organe (Arbeitsteams) gegründet, wobei eine Steuergruppe aus 5-7 Personen, die ebenso als Lenkungs- sowie Entwicklungsgruppe bezeichnet wird, eine zentrale Rolle im OE-Prozess einnimmt[49].

Andererseits wird der Veränderungsprozess gestaltet. Dabei kann es verschiedene Ansatzpunkte zum Einstieg in diesen OE-Prozess geben, welche sich auch auf dessen Durchführung auswirken. Ziel ist es letztlich, den Veränderungsprozess i. S. von Ganzheitlichkeit zu gestalten[50].

---

45 Vgl. zu diesem Absatz näher die Ausführungen in LEINWEBER, G.: UP, S. 351-355 & 357-374.
46 Vgl. zu diesem Absatz näher ebd., S. 355-357.
47 Vgl. dazu näher GLASL, F.: Basisprozesse, S. 138-144 und PIBER, H.: CM, S. 377-427.
48 Vgl. zu diesem Absatz GLASL, F.: Basisprozesse, S. 138f. & 141-144.
49 Vgl. hierzu näher ebd., S. 138f. sowie PIBER, H.: CM, S. 377-380 & 387-398.
50 Vgl. zu diesem Absatz näher die Ausführungen in ebd., S. 380-385 & 395-427.

3.8 Geistliche Prozesse

Geistliche Prozesse (= GP) dienen in der Organisation der Pfarrei dazu, einen Veränderungsprozess in verschiedenster Form geistlich zu *leiten*, ihn mit seinen Basisprozessen geistlich zu *schützen*, *vorzubereiten* und zu *begleiten*. Mit diesen vier kursiv formatierten Stichworten sind die unterschiedlichen Funktionen der GP charakterisiert, auf die nun kurz eingegangen werden soll:

1. Die GP haben eine *Leitungsfunktion* in einem OE-Prozess aufgrund der Tatsache inne, dass der dreifaltige Gott der Herr der Kirche ist, und dieser Prozess damit von ihm geleitet werden soll – durch SEIN Handeln und das seinem Willen entsprechenden Handeln der Menschen[51]. Hinsichtlich der anderen Basisprozesse ist damit immer ein sich durch Gott Leitenlassen verbunden. D. h. während ein Basisprozess vollzogen wird, ist immer auch die Frage nach dem Willen Gottes für diesen Prozess ein Thema und somit findet ein GP bzw. finden mehrere GP integriert in den jeweiligen Basisprozess statt.

2. Die *Schutzfunktion* der GP bezieht sich auf den ganzen Prozessablauf von seiner Vorbereitung bis hin zur vollständigen praktischen Umsetzung und Verankerung der umgesetzten Vorhaben. Denn bei einem Veränderungsprozess (im vorliegenden Kontext hin zu einer missionarischen Pfarrei) geht es nicht nur um dessen einzelne Schritte. Vielmehr ist mit diesem Prozess auch ein geistlicher Kampf verbunden[52], was sich durch *Eph* 6,12 biblisch begründen lässt. Die Schutzfunktion der GP bezieht sich dabei sowohl auf die anderen Funktionen der GP als auch – wie bereits oben erwähnt – auf den ganzen Veränderungsprozess mit seinen Basisprozessen.

3. Die GP erfüllen insofern eine *Vorbereitungsfunktion* mit Blick auf einen Veränderungsprozess, dass sie helfen, den notwendigen geistlichen

---

51   Als geistliche Grundlage für ein dementsprechendes Handeln sei bspw. auf das Vater Unser und auf *Joh* 5,19 verwiesen.

52   Vgl. dazu v. a. MALLON, J.: *Handbuch*, S. 12 sowie kurz WHITE, M., CORCORAN, T.: *Tools*, S. 232f.

Boden zu bereiten, auf dem dann alle anderen GP sowie die weiteren Basisprozesse stattfinden können. Dazu gehört es, ggf. vorhandene geistliche Hindernisse bei Einzelpersonen sowie in der Pfarrei selbst, die durch den Teufel und seine Helfer errichtet wurden wie z. B. Lügen oder Verwirrung, aus dem Weg zu räumen[53] und Menschen geistlich für den Veränderungsprozess zu öffnen – an dieser Stelle wird bereits deutlich, dass die GP mit den PP zusammenwirken können.

4.   Hiermit ist die *Begleitfunktion* der GP angesprochen. Damit ist gemeint, dass diese die anderen Basisprozesse sowohl generell als auch in ihren einzelnen Vollzügen unterstützen, mitbegleiten und durchdringen.

Nach diesen Darlegungen zu den Funktionen der GP sollen im weiteren Textverlauf nun zuerst konkrete Formen von GP in Gestalt der vier kirchlichen Grundvollzüge (Liturgie, Verkündigung (= Martyria), Diakonie und Gemeinschaft (= Koinonia)) benannt werden, bevor dann unter Einbeziehung dieser Ausführungen das Verhältnis der GP zu den anderen Basisprozessen konkreter in den Blick genommen werden soll (ein paar Aspekte dazu waren bereits oben im Text Thema):

Zu den GP gehören zum einen die liturgischen Grundvollzüge der Kirche[54]. D. h., dass hierzu zum einen in den Blick zu nehmen ist, welche Sakramente sich in die GP einbinden lassen, aber auch welche Sakramentalien, Gebete und sonstige Volksfrömmigkeitsformen dafür Verwendung finden können. Wichtig ist dabei, dass es nicht um ein reines Verzwecken der liturgischen Vollzüge für einen OE-Prozess geht, da diese *in sich und aus sich heraus* bereits eine geistliche Würde und einen Wert besitzen. Vielmehr kommen die GP-Funktionen der *Leitung*, des *Schutzes*, der *Vorbereitung* und der *Begleitung* eines OE-Prozesses von ihren Anliegen her zu diesen würdigen und wertvollen Vollzügen der Sakramente sowie Sakramentalien und Volksfrömmigkeitsformen hinzu. Unter dieser Prämisse seien nun zu den liturgischen Formen in Verbindung mit einem Veränderungsprozess die folgenden Ausführungen festgehalten:

---

53   Vgl. hierzu STROHM, K.: *Praying*, S. 33.
54   Zu diesen vgl. z. B. JAST, S.: *Evangelisierung*, S. 228-232.

Mit Blick auf die Sakramente ist hinsichtlich eines OE-Prozesses in einer Pfarrei besonders an die *Hl. Eucharistie* zu denken. Diese wird i. d. R. (fast) täglich zelebriert – auch während eines pfarreilichen OE-Prozesses – und kann z. B. in missionarischen oder neuevangelisatorischen Anliegen gefeiert werden[55]. In ihr findet Verkündigung und auch in unterschiedlicher Weise die Begegnung mit Christus statt – in ihrer intensivsten Form in der Hl. Kommunion. Abgesehen davon kann der wandelnde Aspekt in der Hl. Eucharistie im Hinblick darauf betont werden, dass ein Veränderungsprozess ebenso ein Wandlungsgeschehen darstellt. Damit ist die Hl. Eucharistie auch dasjenige Sakrament, das am offensichtlichsten direkt zu einem OE-Prozess beitragen kann. Hinsichtlich der anderen Sakramente ist daran i. d. R. nur indirekt zu denken, wie die folgenden Ausführungen zeigen werden.

Das *Firmsakrament* kann durch die mit ihm verbundene Vollendung der Initiation mit dem Gedanken der ständigen Erneuerung der Kirche durch die Gefirmten verbunden sein und damit ebenfalls mit deren Beteiligung an pfarreilichen OE-Prozessen an sich. Jedoch ist eine direkte Einbindung dieses Sakramentes in die Vorbereitung oder Durchführung eines Veränderungsprozesses in der Praxis als nicht sinnvoll zu erachten.

Für die *Taufe* gilt Ähnliches: Da i. d. R. kleine Kinder getauft werden, können diese zum Zeitpunkt ihrer Taufe noch nichts zu einem OE-Prozess in einer Pfarrei beitragen. Eine Einbindung von neugetauften älteren Kindern und Jugendlichen in einen OE-Prozess ist ggf. aber denkbar[56].

Die *Trauung* hat zwar die Brautleute und ihre Vermählung im Blick. Das Ehesakrament sendet diese aber dann zum Engagement in der Kirche aus. Es kann über diesen Weg ebenso zu einem pfarreilichen OE-Prozess beitragen helfen, ist aber nicht automatisch als direkt auf ihn hin fokussiert zu sehen.

---

55 Vgl. MESSBUCH, S. 1069-1072 und GOTTESDIENSTKONGREGATION: *Neuevangelisierung,* S. 1-8.

56 Hinsichtlich der Eltern von Täuflingen und ggf. von Paten sowie bzgl. der Verwandtschaft und Bekanntschaft, die zu zur verändernden Pfarrei gehören, ist im Zuge der Taufvorbereitung oder in der Zeit nach der Taufe eine Einbindung in einen OE-Prozess zumindest prinzipiell als möglich zu betrachten.

Im *Bußsakrament* geht es um die Versöhnung mit Gott sowie ggf. auch mit den Mitmenschen und sich selbst – i. d. R. aber nicht um einen OE-Prozess. Denkbar wäre aber bspw. das Szenario, dass im Zuge eines Change der Empfang des Bußsakramentes an sich von den Beteiligten als wichtig oder ggf. als wichtige Voraussetzung für weitere Schritte erachtet und miteinander beschlossen wird. Dann geht es um die Spendung des Sakramentes in diesem Kontext – wobei in keinerlei Weise Druck auf die (potenziellen) Pönitenten zum Zweck der OE ausgeübt werden darf!

Die *Krankensalbung* hat als stärkendes Sakrament die/den EmpfängerIn im Blick und keinen OE-Prozess[57].

Die Spendung des *Weihesakramentes* findet i. d. R. außerhalb des pfarreilichen Lebenskontextes statt – höchstens mit den Dompfarreien als wiederkehrende Ausnahme und damit Spezialfall – und wird daher in die hier vorliegende Fragestellung nicht miteingebunden[58].

Neben den Sakramenten können – wie oben erwähnt – als GP sowohl verschiedene Sakramentalien mit einem pfarreilichen Veränderungsprozess verbunden werden als auch unterschiedliche Volksfrömmigkeitsformen. Von beiden liturgischen Kategorien gibt es sehr viele[59] und das

---

57 Freilich kann die/der EmpfängerIn in der pastoralen Praxis um das Gebet für einen Veränderungsprozess gebeten werden, was aber nicht mit dem Sakrament an sich zusammenhängt.

58 Sicherlich findet dann die Arbeit des Geweihten (außer bei Bischöfen) i. d. R. in einer Pfarrei statt – dort ist es dann auch seine Sendung, sich in OE-Prozesse vor Ort einzubringen.

59 Beispielhaft sei hier eine Marienweihe erwähnt, die am Beginn eines OE-Prozesses stehen kann. Ferner ist mit Blick auf einen OE-Prozess an das Fasten zu denken.
Darüber hinaus ist persönliches und gemeinsames Gebet mit dem Charakter von Fürbitten (zur Bedeutung der Fürbitte s. a. WEDDELL, SH. A.: *Jünger*, S. 266, CANOY, CH.: Chats, S. 101 und allgemein zur Wichtigkeit des Gebets RIVERS, R. S.: *Mission*, S. 179 sowie kurz COOLIDGE, L.: Parish, S. 98), wie es z. B. eine Möglichkeit bei sog. Gebetsspaziergängen ist (zu deren Ausgestaltung vgl. bspw. https://www.eauk.org/assets/files/downloads/Walk-and-Pray-Resource-2022-d.pdf (aufgerufen am 15.05.2024, 8:04 Uhr) sowie kurz STROHM, K.: Praying, S. (38 &) 39f.), bei Gebetstreffen für bestimmte Gebiete einer Pfarrei oder bei Gebetstreffen parallel zu Treffen von Menschen, die im OE-Prozess Entscheidungen fällen (vgl. WHITE, M., CORCORAN, T.: *Field*, S. xiii) denkbar.
Ebenso sei hier neben der Unterscheidung der Geister (vgl. dazu z. B. JAST, S.: *Evangelisierung*, S. 268f.) und dem (Barmherzigkeits-)Rosenkranz (vgl. STROHM, K.: Praying,

Spenden bzw. Feiern von Sakramentalien kann auch mit Volksfrömmigkeitsformen gekoppelt werden.

Neben den liturgischen Vollzügen bildet zum anderen die Verkündigung (Martyria) als weiterer kirchlicher Grundvollzug einen Teil der GP. Auch hier gilt analog zum weiter oben Gesagten, dass die Vollzüge der Martyria nicht für die *Leitung*, den *Schutz*, die *Vorbereitung* und *Begleitung* eines OE-Prozesses verzweckt werden dürfen.

Für einen Veränderungsprozess im hier behandelten Pfarreikontext ist hinsichtlich von Verkündigungsvollzügen v. a. an Bibeltexte, Predigten[60] und Impulstexte bei Gottesdiensten und anderen Pfarreiveranstaltungen, auf der Homepage der Pfarrei, in ihren weiteren Social Media Auftritten oder im Pfarrblatt zu denken[61]. Darüber hinaus können dialogische Veranstaltungen wie bspw. Diskussionsforen, Gemeindeversammlungen und persönliche Gespräche zu Glaubensthemen, die einen OE-Prozess betreffen, Verkündigungscharakter haben. Gedacht werden kann außerdem an Kirchenmusik, die eine entsprechende Verkündigung beinhaltet.

Sicherlich findet Verkündigung auch durch Werke der Nächstenliebe und damit durch diakonische Vollzüge statt. Aber von der Zuordnung her im Pfarreikontext sind diese mehr bereits als Teil der PP zu sehen, sodass diese hier nicht streng genommen zu den GP gezählt werden.

Dasselbe gilt für Handlungen i. S. des kirchlichen Grundvollzuges der Koinonia. Für diesen wie auch für die zuvor genannten diakonischen

---

S. 38f.) die eucharistische Anbetung erwähnt, die für das Pfarreileben von herausragender Bedeutung ist (vgl. hierzu SIMON, W. E.: *Great*, S. 76-78).
Letztlich sind alle Gebetsbeispiele als Teil des sog. geistlichen Kampfes zu sehen (zu diesem vgl. z. B. JAST, S.: *Evangelisierung*, S. 265-270). Genannt werden soll als weiteres Beispiel das Bibelteilen, das für einen OE-Prozess wichtige Impulse geben kann (vgl. dazu FISCHER, M.: *Gemeindeentwicklung*, S. 99).

60 WHITE, M., CORCORAN, T.: *Field*, S. 42 betont die Notwendigkeit der Predigt für eine pfarreiliche Kulturveränderung (Predigtaspekte finden sich ebd., S. 43f.). WARREN, R.: *Kirche*, S. 108 sieht in Anschluss an das biblische Buch Nehemia eine mindestens monatliche Kommunikation von Vision sowie Zielen als notwendig an.
Anhand GLASL, F., WEISS, M.: ZP, S. 183-189 wird deutlich, dass eine Vision nicht den einzigen Weg für einen Zukunftsentwurf im Rahmen der ZP darstellt.

61 Hierzu sei auch auf Ausführungen in WARREN, R.: *Kirche*, S. 109-111 verwiesen.

Vollzüge gilt dasselbe wie bei den anderen Grundvollzügen Gesagte, dass keine Verzweckung für die vier Funktionen der GP stattfinden darf.

Hiermit sind die Ausführungen zur Gestalt der GP abgeschlossen. Nun soll es wie oben festgehalten um die Verhältnisbestimmung der GP zu den anderen Basisprozessen gehen. Diese Verhältnisbestimmung soll durch die Funktionen der GP in *Tabelle 2* eher stichwortartig stattfinden, wobei diesbezüglich noch zwei Vorbemerkungen wichtig sind:

Zum einen werden die Schutz- und Vorbereitungsfunktion allein den CM zugeordnet, weil die CM die Steuerprozesse eines ganzen OE-Prozesses sind und sich die CM – und mit ihnen die GP in den beiden genannten Funktionen – auf alle anderen Basisprozesse auswirken.

Zum anderen kann aufgrund der Vielfalt an GP keine Vollständigkeit der Ausführungen angestrebt werden. Vielmehr vermögen nur beispielhafte Aspekte dazu festgehalten zu werden:

OE-Basisprozesse	Geistliche Prozesse
DP	**Leitungsfunktion:** Gottes Anwesenheit[62] und seinen Willen dafür erkennen, was wie wann diagnostiziert werden soll, und mit dem Diagnoseergebnis auf dem Hintergrund seines Willens durch die Begleitfunktion (s. u.) verfahren. **Begleitfunktion:** Die Ergebnisse der Diagnose durchbeten (Stichwort Unterscheidung der Geister) sowie auf dem Hintergrund der Bibel und Tradition reflektieren.
ZP	**Leitungsfunktion:** Gottes Willen für die Planungen erkennen, die die Zukunft betreffen. **Begleitfunktion:** Einbinden von liturgischen Vollzügen und Vollzügen der Verkündigung in die Prozesse der Zukunftsgestaltung zu deren Unterstützung.

---

62   Vgl. COOLIDGE, L.: Parish, S. 86.

PP	**Leitungsfunktion:** Ausrichten der einzelnen Beteiligten als Individuen sowie als Gruppe auf den Willen Gottes hin. **Begleitfunktion:** Unterstützung der PP durch die Schaffung/Vertiefung von Vertrauen gegenüber Gott, durch Schaffung/Vertiefung von Gemeinschaft (Koinonia) durch liturgische Vollzüge und Vollzüge der Verkündigung sowie durch diakonische Vollzüge sowohl an Einzelpersonen als auch an mehreren Personen gemeinsam.
LP	**Leitungsfunktion:** Den Willen Gottes bzgl. des Zeitpunktes sowie der Art und des Umfangs der nötigen Lerninhalte erkennen und dementsprechend die LP ausrichten. **Begleitfunktion:** Unterscheidung der Geister bzgl. der nötigen LP in einem OE-Prozess. Lerninhalte in der Verkündigung vermitteln. Unterstützung des Lernens selbst durch alle kirchlichen Grundvollzüge.
IP	**Leitungsfunktion:** Den Willen Gottes bzgl. des Zeitpunktes, der Art und des Umfangs der zu vermittelnden Informationen sowie der Form ihrer Vermittlung erkennen und dementsprechend die IP ausrichten. **Begleitfunktion:** Unterscheidung der Geister bzgl. der nötigen IP in einem OE-Prozess. Informationen in die Verkündigung miteinschließen. Erstes Öffentlich-Machen des OE-Prozesses durch Verkündigung[63]. Durch liturgische Vollzüge unterstützen, dass die Informationen eine förderliche Wirkung besitzen.
UP	**Leitungsfunktion:** Den Willen Gottes bzgl. des Zeitpunktes sowie der Art und des Umfangs der nötigen Umsetzungen erkennen und dementsprechend die UP ausrichten. **Begleitfunktion:** Unterscheidung der Geister bzgl. der nötigen UP in einem OE-Prozess. Durch liturgische Vollzüge, Verkündigung, diakonische Vollzüge und ggf. Koinonia die Umsetzungen unterstützen, damit diese eine förderliche Wirkung besitzen – dies gilt ebenso für deren Verankerungen und letztlich auch deren Fortdauern. Ggf. gottgegebene Charismen[64] für die Umsetzung nutzen.

63　Vgl. als Beispiel hierzu WHITE, M., CORCORAN, T.: *Rebuilt*, S. 70f.
64　Vgl. zum Thema Charismen z. B. JAST, S.: *Evangelisierung*, S. 304, Fußnote 248.

CM	**Leitungsfunktion:** Durch liturgische Vollzüge und Verkündigung Orientierung auf den Willen Gottes hin für den ganzen OE-Prozess und dessen einzelne geplante Basisprozesse schaffen. **Schutzfunktion:** Geistlicher Schutz für alle CM und die von ihnen geplanten und durchgeführten anderen Basisprozesse durch liturgische Vollzüge (= geistlicher Schutz für den gesamten OE-Prozess). **Vorbereitungsfunktion:** Bereiten eines guten geistlichen Bodens in der Pfarrei für den geplanten OE-Prozess durch liturgische Vollzüge und Verkündigung. **Begleitfunktion:** Begleitung für ein gutes Gelingen der CM und der von ihnen geplanten und durchgeführten Basisprozesse durch liturgische Vollzüge.

Tabelle 2: Verhältnisbestimmung der GP zu den anderen OE-Basisprozessen

Hiermit enden die Ausführungen zu den Basisprozessen eines OE-Prozesses in Pfarreien. Im folgenden Kapitel ist nun der Veränderungsprozess von einer bewahrenden Pfarrei hin zu einer missionarischen Pfarrei Thema.

4. DER VERÄNDERUNGSPROZESS HIN ZU EINER MISSIONARISCHEN PFARREI

Wie kann ein Veränderungsprozess in einer Pfarrei hin zu einer missionarischen Pfarrei nun aussehen? Dazu sollen im Anschluss zuerst theologisch-praktische Vorüberlegungen zu diesem OE-Prozess stattfinden. Danach geht es um die Ausführungen zu dessen Ausgestaltung in Form einer Prozessarchitektur mit den in ihr enthaltenen Basisprozessen.

4.1 Theologisch-praktische Vorüberlegungen

Die oben beschriebenen Basisprozesse helfen dabei, einen Veränderungsprozess von einer bewahrenden Pfarrei hin zu einer missionarischen Pfarrei zu gestalten. Die genaue inhaltliche Ausgestaltung eines solchen OE-Prozesses ist nicht Thema dieses Artikels – diesbezüglich sei neben den Anregungen dazu im Zuge der Betrachtungen der GP auf die entsprechenden oben angeführten Quelltexte zu den ersten sieben Basisprozessen verwiesen. Da diese Quelltexte aber nicht näher auf einen Umwandlungsprozess in einer Pfarrei als nicht nur rein weltlicher Organisation eingehen, sollen zusätzlich nun ein paar inhaltliche Aspekte aus beispielhaft denkbaren theologischen Quellen mit Blick auf die ersten sieben Basisprozesse benannt werden, die im Verlauf dieses Prozesses zum Zuge kommen können (d. h. diese Ausführungen sind dabei als Hinweise zu verstehen, nicht als feste Vorgaben für einen Einsatz in den betreffenden Basisprozessen; sie erheben auch nicht den Anspruch auf Vollständigkeit). Nach generellen Betrachtungen dazu orientiert sich die Reihenfolge der betroffenen Prozesse dabei i. d. R. an der Reihenfolge in den Kapiteln *3.1-3.7*.

Generell gilt: Hinsichtlich aller Prozesse, in denen Entscheidungen sowohl durch den Pfarrer bzw. jemanden, der sonst die Pfarrei leitet (daher wird hier nun immer von *Pfarreileitung* gesprochen)[65] als auch durch andere haupt- und nebenamtlich Beschäftigte in der Pfarrei sowie durch Pfarreimitglieder getroffen werden, ist es wichtig, dass dies im Miteinander geschieht[66]. Dies betrifft i. d. R. ZP, IP und UP – ggf. auch GP. Dabei geht es um die Einbeziehung sowohl von bedeutenden Personen (= Influencern)[67] als auch der übrigen Gläubigen i. S. einer Mitverantwortlichkeit aller Beteiligten[68].

Zum o. g. Stichwort Pfarreileitung sei weiterhin Folgendes bemerkt: Bei der Umwandlung einer bewahrenden in eine missionarische Pfarrei

---

65 Näher zu den Optionen für die Pfarreileitung ausgehend vom CIC 1983 (Pfarrer, Priesterteam, Nichtpriester (unter Bedingung)) s. a. SCHICK, L.: Pfarrei, S. 492-494.

66 Vgl. RIVERS, S. R.: *Mission*, S. 183. Besonders verwiesen sei hinsichtlich der Zusammenarbeit aller auch auf die Ausführungen ebd., S. 182-184 & 187-191(-193).

67 Vgl. dazu WOLLBOLD, A.: *Handbuch*, S. 126. In Bezug auf das Identifizieren von Influencern s. z. B. CANOY, CH.: Chats, S. 102(-107). Hinsichtlich der erforderlichen Mentalitätsänderung bei Menschen mit pastoraler Leitungsfunktion am Beginn eines Change-Prozesses s. KLERUSKONGREGATION: *Umkehr*, 35. Ähnl. s. MALLON, J.: *Handbuch*, S. 11-36. Die Visionskommunikation v. a. an einflussreiche Personen ist ein wichtiger Teil der IP (vgl. ebd., S. 60). Zur Vision s. a. Fußnote 60.

68 Zum Thema Mitverantwortlichkeit s. neben KLERUSKONGREGATION: *Umkehr*, 36 auch FONES, M.: Co-Responsible, S. 43-63 (zum Pfarrgemeinderat s. ebd., 51-56; zur Gemeindeversammlung s. ebd., S. 56-59; abschließende Gedanken s. ebd., S. 61-63) sowie COOLIDGE, L.: Parish, S. (86-88 &) 89-98.

spielt die Leitungsarbeit durch die Pfarreileitung eine Rolle, die sich in ihrer Mitarbeit in der Steuergruppe im Zuge der CM niederschlagen kann, aber ebenso in anderen Prozessen[69]. Die Betrachtung dieser Leitungsaufgaben der Pfarreileitung steht jedoch streng genommen nicht im Fokus dieses Artikels, da es hier um die Basisprozesse selbst geht. Freilich sind aber mit diesen Prozessen durchaus Schritte verbunden, die der Pfarreileitung zukommen.

Über diese allgemeinen Ausführungen hinaus soll bezüglich der einzelnen ersten sieben Basisprozesse Folgendes festgehalten werden:

Im Kontext dieses Artikels bestimmen die o. g. Charakteristika des *missionarischen* Pfarreityps die Herangehensweise an die DP. Was die DP selbst anbelangt, können unterschiedliche Diagnoseverfahren zur Anwendung kommen[70]. Die DP sind zudem nach vollzogenen Umsetzungen im Zusammenhang mit dem Veränderungsprozess zwecks deren Evaluierung wichtig[71].

Zur Erarbeitung des Zukunftsentwurfs einer missionarischen Pfarrei im Zuge der ZP können verschiedene, das Ziel einer solchen Pfarrei im Blick habende Fragen oder andere Methoden verwendet werden[72].

Mit Blick auf die LP ist es wichtig, dass alle Getauften letztlich dadurch in der Lage sind, ihre Fähigkeiten (hier sind die geistlichen miteingeschlossen) und alles, was sie sonst zur Verfügung haben, für die Evangelisierung nutzen zu können[73].

Die UP sollen alle mit pastoraler Klugheit geschehen und mit Priorisierung von Vorgehensweisen, bei denen alle Gläubigen aktiv mitwirken

---

69   Zur Leitungsarbeit des Pfarrers s. ausführlich z. B. RIVERS, S. R.: *Mission*, S. 195-223.

70   Vgl. hierzu z. B. JAST, S.: *Evangelisierung*, S. 305-310 und WHITE, M., CORCORAN, T.: *Rebuilt*, S. 84-90 (verwiesen sei auch auf WHITE, M., CORCORAN, T.: *field*, S. 1-7).

71   Eine notwendige Evaluierung von Umsetzungen hält KLERUSKONGREGATION: *Umkehr*, 36 fest.

72   Hilfreiche Fragen s. bspw. v. a. in VIDAL, B.: Intentional, S. 81f. Ferner s. a. z. B. KLERUSKONGREGATION: *Lehrer*, S. 15f., 25, 36f. & 48. Verwiesen sei hier ebenso auf MALLON, J.: *Handbuch*, S. 55-60 sowie auf die Publikation WHITE, M., CORCORAN, T.: *field* als Gesamte. Hilfreich als Zielaspekte für den hier thematisierten Veränderungsprozess sind ebenso Gesichtspunkte aus JAST, S.: *Evangelisierung*, S. 68-72 & 117-127.

73   Vgl. dazu RIVERS, R. S.: *Mission*, S. 167 & 181f.

können[74]. Dabei gehört es zu den UP, unwirksame Aktivitäten zu stoppen[75] – auch dies sind Umsetzungen.

Im Zuge der CM geht es auch um eine strategische Planung der Strategie[76]. Abgesehen davon kann die Steuergruppe ebenso die Form eines Evangelisationskomitees besitzen und als solches agieren[77]. An ihr ist es auch zu überlegen, inwiefern die Größe einer Pfarrei von ihrer Größendynamik her[78] beim Veränderungsprozess berücksichtigt werden muss.

Mit diesen Ausführungen sind die theologisch-praktischen Vorüberlegungen zum hier behandelten Veränderungsprozess abgeschlossen, der nun selbst Thema sein soll.

4.2 Der Veränderungsprozess

Nun soll der Veränderungsprozess von einer bewahrenden hin zu einer missionarischen Pfarrei in Form einer exemplarischen und überblicksmäßigen Prozessarchitektur der Basisprozesse beschrieben werden.

Durch seinen kursorischen sowie exemplarischen Charakter darf der hier gezeichnete Weg nicht als strenges Korsett für diesen Prozess interpretiert werden. Außerdem handelt es sich hierbei um allgemeine Darlegungen, die zudem keinerlei Anspruch auf Vollständigkeit erheben wollen.

Der Veränderungsprozess vor Ort selbst ist in seiner zeitlichen und inhaltlichen Ausgestaltung von der dortigen Situation abhängig, wie z. B. von Ressourcen der Pfarrei i. S. finanzieller, materieller, zeitlicher und humaner Art, örtlicher, politischer, wirtschaftlicher und gesellschaftlicher

---

74 Vgl. dazu genauer die Ausführungen in KLERUSKONGREGATION: *Umkehr*, 36-39. Eine Partizipation möglichst aller Beteiligten bei Entscheidungsprozessen, u. a. bei UP, war bereits oben im Text Thema. Die beschriebene aktive Beteiligung der Gläubigen trägt ebenso zur bereits in Kapitel *4.1* erwähnten Mitverantwortlichkeit bei.

75 Dazu sind die Darlegungen in WHITE, M., CORCORAN, T.: *field*, S. 9-13 hilfreich.

76 Hierzu sei verwiesen auf MALLON, J.: *Handbuch*, S. 37-54.

77 Als Beispiel für die Arbeit eines solchen Komitees sei auf COOLIDGE, L.: Parish, S. 87-97 verwiesen.

78 Zu größendynamischen Prinzipien für christliche Gemeinden und damit auch für Pfarreien s. https://der-leiterblog.de/wp-content/uploads/2014/10/141021-tim-keller_leitung_wachsender_gemeinden.pdf (aufgerufen am 15.05.2024, 8:05 Uhr).

Strukturen, der dort lebenden Menschen und ihrer Lebenssituationen usw. Dies muss für die Planung und Durchführung des OE-Prozesses vor Ort berücksichtigt werden.

Für die hier dargelegte Change-Architektur wird von diversen Personen bzw. Personengruppen ausgegangen, die in diesem Umwandlungsprozess mitwirken (ggf. sind vor Ort bezüglich der Beteiligten am Veränderungsprozess Anpassungen gegenüber dieser Beschreibung nötig):

1.   Die Pfarreileitung[79].
2.   Das Pastoralteam aller hauptamtlichen pastoralen MitarbeiterInnen.
3.   Der Pfarrgemeinderat, wobei hier der systematisierenden Vereinfachung halber auch der Kirchenvermögensrat zumindest mitgedacht werden kann.
4.   Die Steuergruppe für den Veränderungsprozess.
5.   Die Rückmeldungsgruppe, welche aktiv und passiv Rückmeldungen zum Veränderungsprozess sammelt, mit diesen Rückmeldungen entsprechend der oben geschilderten Vorgehensweise bei den DP verfährt, sie dabei ebenso geistlich unterscheidet und die daraus sich ergebende Diagnose an die darüber zu Informierenden weitergibt.
6.   Engagierte Gläubige in der Pfarrei. Dies meint dort neben- und ehrenamtlich tätige Gläubige.
7.   Weitere KatholikInnen in der Pfarrei.
8.   Die Öffentlichkeit (ChristInnen anderer Konfessionen und Denominationen, Nichtgetaufte).
9.   ProjektleiterIn (andere Bezeichnung: Change-ManagerIn), die/der i. d. R. von außerhalb der Pfarrei stammt.

Beim nachfolgend beschriebenen Veränderungsprozess kann es sich von der Strategie her um einen Top-Down-Change (in den Varianten vom Bischof bzw. Vorgesetzten zur Pfarreileitung und von dieser dann zu den Gläubigen *oder* eigeninitiativ von der Pfarreileitung direkt zu den Gläu-

---

79   Vgl. dazu die Ausführungen in Kapitel *4.1* mit Fußnote 65. Da im Verlauf der hier beschriebenen Prozessarchitektur Predigten vorkommen, sei auf die Beachtung der entsprechenden kirchlichen Regelungen bzgl. der Befugnis zur Predigt hingewiesen.

bigen initiiert), einen Multiple-Nucleus-Change (d. h. die Initiative dazu stammt aus den verschiedenen Ebenen einer Pfarrei: Pfarreileitung, Leitungspersonen inkl. Influencern als einer gewissermaßen mittleren Ebene, Gläubige), einen Bi-polar-Change (d. h. die Initiative stammt von der Leitungsseite der Pfarrei sowie von ihren Gläubigen her) oder einen Bottom-up-Change (von den Gläubigen zur Pfarreileitung hin initiiert) handeln[80].

Diesen unterschiedlichen Strategien will in der folgenden Prozessarchitektur die sog. *Vorphase* zum eigentlichen Change Rechnung tragen: I. d. R. findet bei der Multiple-Nucleus- und bi-polaren Strategie ein Austausch der InitiatorInnen oder im Fall des Top-Down vonseiten des Bischofs bzw. beim Bottom-up vonseiten der Gläubigen ein Informieren der Pfarreileitung statt, weshalb pauschal dafür der IP i. S. einer Information angeführt wird (im Falle, dass die Pfarreileitung eigeninitiativ nach der Top-down-Strategie verfährt, informiert sie sich in der *Vorphase* quasi zuerst selbst). Dies führt dann gewöhnlich zunächst zu einem Agieren der Pfarreileitung im Rahmen der damit beginnenden Startphase des OE-Prozesses. Von diesem Zeitpunkt an wird im weiteren Verlauf der Prozessarchitektur der systematisierenden Vereinfachung halber davon ausgegangen, dass der beschriebene Change (weiterhin) als Top-Down-Strategie (hier dann von der Pfarreileitung zu den Gläubigen) stattfindet.

Im Sinne der o. g. Klugheit bei der Umsetzung werden ferner die stattfindenden UP nochmals sicherheitshalber i. S. der DP kontrolliert, ggf. in der weiteren Umsetzung modifiziert (dies kann z. B. eine Korrektur, eine Intensivierung, eine Verminderung der Intensität oder sogar einen Abbruch von UP bedeuten) und in dieser Weise endgültig umgesetzt[81]. Eine wichtige Bemerkung zum hier behandelten OE-Prozess sei noch vor der Beschreibung seiner Architektur erlaubt: Ist eine Pfarrei Bestandteil eines Verbundes aus Pfarreien, dann empfiehlt es sich, ebenso in den

---

80 Vgl. zu diesen Change-Strategien näher GLASL, F.: Strategien, S. 458-463. Die dort beschriebene Keil-Strategie (vgl. ebd., S. 461f.) ist in einer Pfarrei eher unwahrscheinlich und wird daher hier nicht berücksichtigt.

81 Weitere Analysen i. S. von DP im Anschluss daran sowie sich daraus ergebende Schritte sind natürlich nicht ausgeschlossen, aber hier durch den Blick auf den eigentlichen Veränderungsprozess nicht Thema.

anderen Pfarreien den Veränderungsprozess von einer bewahrenden hin zu einer missionarischen Pfarrei zu vollziehen. Dabei vermögen Synergien genutzt zu werden. Die Beschreibung eines solchen Prozesses über mehrere Pfarreien hinaus würde diesen Artikel jedoch sprengen. Allerdings können die wesentlichen im Anschluss formulierten Schritte durchaus vom Prinzip her – wenn auch ggf. zeitlich versetzt – in allen Pfarreien eines Pfarreiverbundes vonstattengehen.

Eine mögliche Change-Architektur des Veränderungsprozesses bzw. Kulturwandels von einer bewahrenden zu einer missionarischen Pfarrei stellt nun *Schema 1* dar (s. ab der nächsten Seite in die drei Teile *Schema 1.1-1.3* auf den Seiten 155-157 unterteilt), in dem der Beginn eines Veränderungsschrittes mit dem linken Rand des ihn beschreibenden Kästchens ausgedrückt ist und die Agierenden immer mit den ihnen oben im Text zugeordneten Aufzählungsnummern bezeichnet werden.

Die meisten in *Schema 1* genannten Elemente sind selbsterklärend. Zu vier Elementen allerdings sollen vorher noch kurze Ausführungen stehen:

- Die Prozessarchitektur kennt Entscheidungen i. S. der ZP von verschiedenen Personengruppen, weswegen diese Entscheidungen unterschiedlich gekennzeichnet wurden. Letztlich sind diese Entscheidungen der „missionarischen Entscheidung"[82] gleichzusetzen.

- Mit Gebet sind unterschiedliche Aspekte der GP gemeint, die speziell für den jeweiligen Veränderungsschritt Bedeutsamkeit besitzen.

- Unter Training werden hier LP verstanden, die notwendig sind, damit letztlich alle Beteiligten durch ihr Handeln eine missionarische Pfarreikultur entstehen lassen und erhalten können. Die Trainings sind als spezifisch für die jeweiligen Lernenden zu betrachten.

- Bei den Gemeindeversammlungen können im Prinzip alle Beteiligten teilnehmen (daher steht in *Schema 1* „mögl. 1.-9."). Hingewiesen sei an dieser Stelle jedoch darauf, dass sinnvollerweise nur Pfarreimitglieder die Beschlüsse fassen.

---

82   EG 27. Zu dieser Entscheidung vgl. ausführlich Jast, S.: *Evangelisierung*, S. 310-324.

Phase / Akteure	Vorphase	Startphase	
1. Pfarrei-leitung	wird informiert	Situationsanalyse mit Unterscheidung	Erste öffentliche Info u. psycholog. Abfederung durch 1. in Predigt; Sonntagsgottesdienste
2. Pastoralteam		Info durch 1.; Gebet; grunds. Entscheidung zur OE	
3. Pfarrgemeinderat		Info durch 1.; Gebet; grunds. Entscheidung zur OE	Info durch 1. über Zwischenstand; Gebet; finale Entscheidung zur OE
4. Steuergruppe			
5. Rückmeldungsgruppe			
6. Engagierte Gläubige		BeterInnen werden von 1. um Gebet gebeten; DP, PP, IP: Gespräche zum geplanten Change mit Influencern/Multiplikatoren	Gemeindeversammlung I (mögl.: 1.-9.): Info: geplante OE; psycholog. Abfederung; Gebet; gemeinsame Entscheidung zur OE und Errichtung der Gruppen
7. Weitere KatholikInnen			
8. Öffentlichkeit			
9. ProjektleiterIn.			Gebet; OE-Planung

Schema 1.1: *Prozessarchitektur – Teil I* (Legende: DP ZP PP LP IP UP CM GP)

Phase / Akteure	Veränderungsphase			
1. Pfarreileitung		Gebet; Überlegungen: missionarisches Tun; darüber Info an 4. zur Strategieerarb.	PP, IP, LP, GP: Predigtreihe	Klausur: Strategie (inkl. Zukunftsentwurf und Handlungsplan) nach Gebet beschließen, Training der Beteiligten in diesem Sinne
2. Pastoralteam				
3. Pfarrgemeinderat				
4. Steuergruppe		Gebet; Strategie (mit 1. und 2.) und Handlungsplan erarb.		
5. Rückmeldungsgruppe		Rückmeldungen einholen; nach Unterscheidung Info an 1.-4. und 9.		
6. Engagierte Gläubige	Info nach Gemeindeversammlung I über OE inkl. psycholog. Abfederung u. Training			Training; Änderung des Handelns
7. Weitere KatholikInnen				
8. Öffentlichkeit				
9. ProjektleiterIn.	Gebet; Koordination der Sitzungen	Gebet; Koord. der Klausur		

Zusätzliche Spalte (Phase 1. Pfarreileitung): Training; Änderung der Pastoral

Schema 1.2: *Prozessarchitektur – Teil II* (Legende: DP ZP PP LP IP UP CM GP)

Phase / Akteure	Veränderungsphase (Fortsetzung)			Festigungsphase und Ende d. OE-Prozesses
1. Pfarrei-leitung		Gebet; Training II; ggf. Modifika-tion der Pastoral		Gebet; Fest zum Ab-schluss dieses OE-Prozes-ses (1.-9.)
2. Pastor-alteam				
3. Pfarr-gemein-derat				
4. Steuer-gruppe	Gebet; Strategieangleichung (mit 1. und 2.) vorbereiten			
5. Rück-mel-dungs-gruppe	Rückmeldungen zwecks Eva-luation einholen; nach Unter-scheidung Info an 1.-4. und 9.			
6. Enga-gierte Gläubige	Gemeindever-sammlung II (mögl.: 1.-9.): Dia-log zur OE; Psycholog. Abfede-rung; Gebet; ggf. Modifikationen be-schließen	Info nach Ge-meindever-sammlung II über OE inkl. psychol. Abfe-derung u. Trai-ning II	Gebet; Training II; ggf. Modif. des Han-delns	
7. Wei-tere Ka-tholikIn-nen				
8. Öffent-lichkeit				
9. Pro-jektleite-rIn.	Gebet; Koord. d. Sitzungen u. Gemeindeversammlung II			

Schema 1.3: *Prozessarchitektur – Teil III* (Legende: DP ZP PP LP IP UP CM GP)

Hiermit enden die Darlegungen zum Veränderungsprozess. Ein Fazit soll nun die Betrachtungen dieses Artikels abschließen.

5. FAZIT

Dieser Artikel nahm den Veränderungsprozess von einer bewahrenden hin zu einer missionarischen Pfarrei in den Fokus. Er blickte dabei auf die Basisprozesse dieses Change und wie diese in einer exemplarischen sowie überblicksmäßigen Prozessarchitektur genutzt werden können.

Diese Architektur ließ ein komplexes Geschehen mit unterschiedlichen Beteiligten deutlich werden. Für einen tatsächlich stattfindenden OE-Prozess in einer Pfarrei oder einem Verbund von Pfarreien kann sie den Beteiligten vor Ort als Orientierung dienen. Die Beteiligten selbst wiederum können die einzelnen Veränderungsschritte der Prozessarchitektur erweitern und/oder mit unterschiedlichen in diesem Artikel beschriebenen Aspekten der Basisprozesse sowie auch mit weiteren Gesichtspunkten füllen, falls vor Ort nötig ggf. auch Schritte entfallen lassen und dementsprechend ihre eigene Prozessarchitektur für ihren Veränderungsprozess von der bewahrenden hin zur missionarischen Pfarrei erstellen sowie in die Praxis umsetzen.

LITERATURVERZEICHNIS

1. Primärliteratur

CIC 1983 = *Codex des kanonischen Rechtes.* Lateinisch-deutsche Ausgabe mit Sachverzeichnis. Im Auftrag der Deutschen Bischofskonferenz, der österreichischen Bischofskonferenz, der Schweizer Bischofskonferenz, der Erzbischöfe von Luxemburg und von Straßburg, sowie der Bischöfe von Bozen-Brixen, von Lüttich und Metz, 5. Aufl., Kevelaer: Butzon & Bercker, 2001.

EG = PAPST FRANZISKUS: Apostolisches Schreiben *Evangelii gaudium: über die Verkündigung des Evangeliums in der Welt von heute* / hg. vom Sekretariat der Deutschen Bischofskonferenz. Bonn, 2013 (Verlautbarungen des Apostolischen Stuhls Nr. 194).

EÜ = *Die Bibel: Einheitsübersetzung der Heiligen Schrift* / vollständig durchgesehene und überarbeitete Ausgabe. Stuttgart: Katholisches Bibelwerk, 2016 (ISBN 078-3-460-44000-5 Standardausgabe (blau)).

GOTTESDIENSTKONGREGATION: *Neuevangelisierung* = KONGREGATION FÜR DEN GOTTESDIENST UND DIE SAKRAMENTENORDNUNG: *Heilige Messe für die Neuevangelisierung*, Vatikanstadt, 24.09.2012 (Prot. N. 568/12/L; Bem.: Dieses Dokument findet sich auch im Internet unter https://www.dbk.de/fileadmin/redaktion/diverse_downloads/Dossiers/MISSA_GER.pdf (aufgerufen am 15.05.2024, 7:55 Uhr)).

KLERUSKONGREGATION: *Lehrer* = KONGREGATION FÜR DEN KLERUS: *Der Priester, Lehrer des Wortes, Diener der Sakramente und Leiter der Gemeinde für das dritte Jahrtausend* / hg. vom Sekretariat der Deutschen Bischofskonferenz. Bonn, 1999 (Verlautbarungen des Apostolischen Stuhls Nr. 139).

KLERUSKONGREGATION: *Umkehr* = KONGREGATION FÜR DEN KLERUS (HG.): *Die pastorale Umkehr der Pfarrgemeinde im Dienst an der missionarischen Sendung der Kirche.* Vatikanstadt: Libreria Editrice Vaticana, 2020.

MESSBUCH = *Die Feier der Heiligen Messe: Messbuch für die Bistümer des deutschen Sprachgebietes* / authentische Ausgabe für den Liturgischen Gebrauch, hg. im Auftrag der Bischofskonferenzen Deutschlands, Österreichs und der Schweiz sowie der Bischöfe von Luxemburg, Bozen-Brixen und Lüttich. Kleinausgabe, 2. Auflage. Freiburg u. a.: Herder u. a., 1988 – (die Seitenzahlen entsprechen denen der Großausgabe).

2. Sekundärliteratur

2.1 Printquellen

CANOY, CH.: Chats = CANOY, CH.: "Fireside Chats" and the Formation auf the Laity: Bringing the Parish Together. In: WEDDELL, SH. A. (HG.): *Becoming a parish of intentional disciples.* Huntington, Indiana: Our Sunday Visitor, 2015, S. 99-116.

COOLIDGE, L.: Parish = COOLIDGE, L.: A Parish Moves Ahead. In: WEDDELL, SH. A. (HG.): *Becoming a parish of intentional disciples.* Huntington, Indiana: Our Sunday Visitor, 2015, S. 85-98.

DÖRING, W., MARTIN, O.: PP = DÖRING, W., MARTIN, O.: 6. Psychosoziale Prozesse. In: GLASL, F. U. A. (HG.): *Professionelle Prozessberatung: Das Trigon-Modell der sieben OE-Basisprozesse.* 4. Auflage. Stuttgart: Freies Geistesleben; Bern: Haupt, 2020, S. 219-268.

FISCHER, M.: *Gemeindeentwicklung* = FISCHER, M.: *Gemeindeentwicklung konkret: Ein Arbeitsbuch.* München: Kösel, 2002.

FONES, M.: Co-Responsible = FONES, M.: Co-Responsible for the Mission of Christ. In: WEDDELL, SH. A. (HG.): *Becoming a parish of intentional disciples.* Huntington, Indiana: Our Sunday Visitor, 2015, S. 43-63.

GLASL, F.: Basisprozesse = GLASL, F.: 3. Die sieben Basisprozesse der Organisationsentwicklung. In: GLASL, F. U. A. (HG.): *Professionelle Prozessberatung: Das Trigon-Modell der sieben OE-Basisprozesse.* 4. Auflage. Stuttgart: Freies Geistesleben; Bern: Haupt, 2020, S. 101-146.

GLASL, F.: DP = GLASL, F.: 4. Diagnose-Prozesse. In: GLASL, F. U. A. (HG.): *Professionelle Prozessberatung: Das Trigon-Modell der sieben OE-Basisprozesse.* 4. Auflage. Stuttgart: Freies Geistesleben; Bern: Haupt, 2020, S. 147-177.

GLASL, F.: Strategien = GLASL, F.: 11. Strategien der Organisationsentwicklung. In: GLASL, F. U. A. (HG.): *Professionelle Prozessberatung: Das Trigon-Modell der sieben OE-Basisprozesse.* 4. Auflage. Stuttgart: Freies Geistesleben; Bern: Haupt, 2020, S. 429-468.

GLASL, F., WEISS, M.: ZP = GLASL, F., WEISS, M.: 5. Zukunftsgestaltungs-Prozesse. In: GLASL, F. U. A. (HG.): *Professionelle Prozessberatung: Das Trigon-Modell der sieben OE-Basisprozesse.* 4. Auflage. Stuttgart: Freies Geistesleben; Bern: Haupt, 2020, S. 179-218.

JAST, S.: *Evangelisierung* = JAST, S.: *Gelingende Evangelisierung und missionarische Entscheidung.* Freiburg i. Br.: Herder, 2023 (Theologie im Dialog Bd. 29).

KALCHER, T.: IP = KALCHER, T.: 8. Informations-Prozesse. In: GLASL, F. U. A. (HG.): *Professionelle Prozessberatung: Das Trigon-Modell der sieben OE-Basisprozesse.* 4. Auflage. Stuttgart: Freies Geistesleben; Bern: Haupt, 2020, S. 317-347.

LEINWEBER, G.: UP = LEINWEBER, G.: 9. Umsetzungs-Prozesse. In: GLASL, F. U. A. (HG.): *Professionelle Prozessberatung: Das Trigon-Modell der sieben OE-Basisprozesse.* 4. Auflage. Stuttgart: Freies Geistesleben; Bern: Haupt, 2020, S. 349-374.

MALLON, J.: *Handbuch* = MALLON, J.: *Divine Renovation: Handbuch für die Umwandlung Ihrer Pfarrei.* Grünkraut: D & D Medien, 2018.

PIBER, H.: CM = PIBER, H.: 10. Change-Management-Prozesse. In: GLASL, F. U. A. (HG.): *Professionelle Prozessberatung: Das Trigon-Modell der sieben OE-Basisprozesse.* 4. Auflage. Stuttgart: Freies Geistesleben; Bern: Haupt, 2020, S. 375-427.

PIBER, H., VOGELAUER, W.: LP = 7. Lernprozesse im engeren Sinn. In: GLASL, F. U. A. (HG.): *Professionelle Prozessberatung: Das Trigon-Modell der sieben OE-Basisprozesse.* 4. Auflage. Stuttgart: Freies Geistesleben; Bern: Haupt, 2020, S. 269-315.

RIVERS, R. S.: *Mission* = RIVERS, R. S.: *From Maintenance to Mission: Evangelizing and the Revitalization of the Parish.* New York/Mahwah, New Jersey: Paulist Press, 2005.

SCHICK, L.: Pfarrei = SCHICK, L.: § 45 Die Pfarrei. In: LISTL, J., SCHMITZ, H. (HG.): *Handbuch des katholischen Kirchenrechts.* 2., grundlegend neubearbeite Auflage. Regensburg: Friedrich Pustet, 1999, S. 484-496.

SIMON JR., W. E.: *Great* = SIMON JR., W. E.: *Great catholic parishes: a living mosaic: how four essential practices make them thrive* / William E. Simon Jr. Notre Dame, Indiana: Ave Maria Press, 2016.

STROHM, K.: Praying = STROHM, K.: Praying It Forward: Intercession and the Transformation of Your Parish. In: WEDDELL, SH. A. (HG.): *Becoming a parish of intentional disciples.* Huntington, Indiana: Our Sunday Visitor, 2015, S. 29-41.

VIDAL, B.: Intentional = VIDAL, B.: Intentional Disciples: Bearing Spiritual Fruit That Sustains. In: WEDDELL, SH. A. (HG.): *Becoming a parish of intentional disciples.* Huntington, Indiana: Our Sunday Visitor, 2015, S. 65-83.

WARREN, R.: *Kirche* = WARREN, R.: *Kirche mit Vision: Gemeinde, die den Auftrag Gottes lebt.* Aßlar: Gerth Medien, 2016.

WEDDELL, SH. A.: *Jünger* = WEDDELL, SH. A.: *Echte Jünger ausbilden.* Grünkraut: D & D Medien, 2020.

WHITE, M., CORCORAN, T.: *Field* = WHITE, M., CORCORAN, T.: *The rebuilt field guide: ten steps for getting started* / Michael White and Tom Corcoran. Notre Dame, Indiana: Ave Maria Press, 2016.

WHITE, M., CORCORAN, T.: *Rebuilt* = WHITE, M., CORCORAN, T.: *Rebuilt – Die Geschichte einer katholischen Pfarre: Gläubige aufrütteln, Verlorene erreichen, Kirche eine Bedeutung geben.* Graz: Pastoralinnovation, 2016.

WHITE, M., CORCORAN, T.: *Tools* = WHITE, M., CORCORAN, T.: *Tools for rebuilding: 75 really, really practical ways to make your parish better.* Notre Dame, Indiana: Ave Maria Press, 2013.

WOLLBOLD, A.: *Handbuch* = WOLLBOLD, A.: *Handbuch der Gemeindepastoral.* Regensburg: Friedrich Pustet, 2004.

2.2 Internetquellen

- https://www.dbk.de/fileadmin/redaktion/diverse_downloads/Dossiers/MISSA_GER.pdf (aufgerufen am 15.05.2024, 7:55 Uhr).
- https://www.eauk.org/assets/files/downloads/Walk-and-Pray-Resource-2022-d.pdf (aufgerufen am 15.05.2024, 8:04 Uhr).
- https://der-leiterblog.de/wp-content/uploads/2014/10/141021-tim-keller_leitung_wachsender_gemeinden.pdf (aufgerufen am 15.05.2024, 8:05 Uhr).

Kirchliches Wachstum durch die Zusammensetzung von Pastoralräten in Pfarreien

1. EINLEITUNG

1.1 Anliegen

Die Evangelisierung nimmt damit ihren Anfang, dass die Kirche selbst eine Ausrichtung an der Frohen Botschaft vornimmt[1]. Durch diese Selbstevangelisierung geschieht in der Kirche inneres Wachstum. Somit wird sie auch für die Evangelisierung anderer Menschen gestärkt[2].

Die Fragestellung dieses Artikels lautet: Gibt es eine Zusammensetzungsstruktur von kirchlichen Räten, genauer gesagt Pastoralräten in Pfarreien[3] – wobei von der deutschen Praxis her auch an die Pfarrgemeinderäte zu denken ist[4] –, die das innere Wachstum und dadurch beding ebenfalls das äußere Wachstum der Kirche unterstützen kann?

Denn Papst Franziskus formuliert das Anliegen, dass u. a. alle Strukturen der Kirche für die Evangelisierung v. a. von Menschen außerhalb von

---

1   Vgl. EN 15. Für den hier vorliegenden Kontext genügt es, unter Evangelisierung jegliche Tätigkeit zur Glaubensverbreitung, -erneuerung und -vertiefung zu verstehen.
2   Vgl. EN 15.
3   Zum Verständnis der Pfarrei s. KLERUSKONGREGATION: *Umkehr*, 16. Den pfarreilichen Kirchenvermögensrat gemäß den in diesem Artikel folgenden Ausführungen zu besetzen wäre zwar prinzipiell möglich, aber nur, wenn die entsprechenden Personen auch die nötigen Eigenschaften für dessen Aufgaben vorweisen.
   Für Diözesanpastoralräte könnte das in diesem Artikel Ausgeführte analog gelten. Hierzu müssten jedoch für die praktische Ausgestaltung bedingt durch die Regelungen des can. 512 CIC 1983 zusätzliche Betrachtungen über die Zielsetzung dieses Artikels hinaus stattfinden.
4   Zum Verhältnis des pfarreilichen Pastoralrates des can. 536 CIC 1983 zu den Pfarrgemeinderäten s. KALDE, FR.: PGR, S. 531f. Es wird im hier vorliegenden Artikel nur aufgrund des mit dem CIC 1983 als weltkirchlicher Rückbindung verknüpften Untersuchungsweges der pfarreiliche Pastoralrat als Organ gewählt. Die hier vorgestellte Zusammensetzungsstruktur ist vom Prinzip her auch für Pfarrgemeinderäte in Deutschland denkbar. Darauf wird aber in diesem Artikel nicht näher eingegangen.

ihr und weniger für den Zweck der kirchlichen Selbstbewahrung fungieren sollen[5].

Der vorliegende Artikel möchte zu der o. g. Fragestellung theoretisch-experimentelle Anregungen formulieren. Er will nicht als eine finale Antwort zu dieser Fragestellung verstanden werden, sondern als Anstoß zu einer Diskussion über das Thema.

Passend zum Anliegen dieses Artikels und damit Grundlage der nachfolgenden Darlegungen ist *Eph* 4,11-16. Der Text lautet: „11 Und er setzte die einen als Apostel ein, andere als Propheten, andere als Evangelisten, andere als Hirten und Lehrer, 12 um die Heiligen für die Erfüllung ihres Dienstes zuzurüsten, für den Aufbau des Leibes Christi, 13 bis wir alle zur Einheit im Glauben und der Erkenntnis des Sohnes Gottes gelangen, zum vollkommenen Menschen, zur vollen Größe, die der Fülle Christi entspricht. 14 Wir sollen nicht mehr unmündige Kinder sein, ein Spiel der Wellen, geschaukelt und getrieben von jedem Widerstreit der Lehrmeinungen, im Würfelspiel der Menschen, in Verschlagenheit, die in die Irre führt. 15 Wir aber wollen, von der Liebe geleitet, die Wahrheit bezeugen und in allem auf ihn hin wachsen. Er, Christus, ist das Haupt. 16 Von ihm her wird der ganze Leib zusammengefügt und gefestigt durch jedes Gelenk. Jedes versorgt ihn mit der Kraft, die ihm zugemessen ist. So wächst der Leib und baut sich selbst in Liebe auf."

Der Blick auf den Text zeigt, dass hier „Apostel [...] Propheten [...] Evangelisten [...] Hirten und Lehrer" (V. 11) eine Rolle „für den Aufbau des Leibes Christi" (V. 12) in einer christlichen Gemeinde spielen. Jene sind Dienstämter[6] in einer solchen Gemeinde und werden daher in diesem Artikel zukünftig auch als Gemeindeämter bezeichnet. Der Blick des Artikels hinsichtlich der Zusammensetzungsstruktur der pastoralen Räte zugunsten des „Aufbau[s] des Leibes Christi" (V. 12) wird sich an diesen fünf urchristlichen Gemeindeämtern orientieren.

Bezüglich des Wachstums selbst lässt sich an der zitierten Bibelstelle *Eph* 4,11-16 erkennen, dass es dort zuerst um das innere, qualitative

---

5   Vgl. EG 27.
6   Zu dieser Bezeichnung s. z. B. GNILKA, J.: *Eph*, S. 220.

Wachstum der ChristInnen einer Gemeinde geht[7] (V. 12) – i. d. R. sind diese Mitglieder Laien –, jedoch anhand vom Bild des Leibes, der wächst (V. 16), auch ein quantitatives Wachstum mitbedacht werden kann.

So möchte dieser Artikel ausgehend von *Eph* 4,11-16 als Antwort zur oben benannten Frage Betrachtungen zu einer sich an den fünf urchristlichen Gemeindeämtern orientierenden Zusammensetzungsstruktur des pfarreilichen Pastoralrates anstellen, die das innere Wachstum der Gläubigen dieser Pfarrei fördern kann, und sich dabei bewusst sein, dass damit Aspekte für das quantitative Wachstum einer Pfarrei zusammenhängen.

Zuvor sollen noch verschiedene nötige Präzisierungen aufgeführt werden.

1.2 Präzisierungen

Um Missverständnisse mit Blick auf Räte, kirchliche Ämter und Charismen von vornherein zu vermeiden, seien bezüglich dieses Artikels präzisierende Aussagen dazu festgehalten, was er voraussetzt, was er i. S. der o. g. Anregungen leisten möchte und was nicht:

1. Eine erste Voraussetzung ist die Tatsache, dass in der römisch-katholischen Kirche derzeit die fünf o. g. urchristlichen Gemeindeämter als solche und Gesamte nicht als Ämter in Räten existieren und damit auch nicht in den hier im Fokus stehenden pfarreilichen Pastoralräten. Daher beinhaltet dieser Artikel einerseits die Untersuchung rechtlicher Regelungen zur möglichen Einführung solcher Ämter in diesen Gremien. Andererseits geht es ihm darum, ein *typologisches Profil* dieser Gemeindeämter herauszuarbeiten. Letzteres dient dazu, diese Ämter für die heutige Zeit zu charakterisieren und dementsprechend mögliche geeignete Frauen und Männer[8] für diese Ämter zu finden (m. a. W.: Profiling zu betreiben, um ein Recruiting zu fördern).

---

7 Vgl. ebd., S. 214 & 220.
8 Frauen sind somit bzgl. der fünf Gemeindeämter in diesem Artikel selbstverständlich immer mitgemeint, auch wenn zwecks einfacherer grammatikalischer Darstellung die männliche Form verwendet wird.

2. Eine Voraussetzung selbstredender Art ist weiterhin, dass die Darlegungen dieses Artikels und diesbezüglich infrage kommende Umsetzungen sich innerhalb der von der Lehre der römisch-katholischen
    Kirche und deren Recht gesetzten Grenzen bewegen. In diesem Kontext stehen auch die Punkte 3.-6.:

3. Da es hier bei den Gemeindeämtern letztlich um einen charismenorientierten Ansatz und damit um Charismen geht, ist es für diesen Artikel selbstverständlich, dass er diesbezüglich die komplette Lehre der
    römisch-katholischen Kirche[9] voraussetzt und beachtet. Dies gilt
    ebenso für den Aspekt, dass alle ChristInnen ihre Charismen unter
    Berücksichtigung der kirchlichen Regelungen[10] einbringen können.
    Beide benannten Tatsachen führen dazu, dass nicht extra geklärt zu
    werden braucht, ob der charismenorientierte Ansatz, wie er in diesem
    Artikel ausgehend von *Eph* 4,11-16 mit dessen Schilderung der fünf
    Gemeindeämter gewählt wird, grundsätzlich überhaupt erlaubt sei.
    Weiterhin finden keine Ausführungen zu einer Theologie der Charismen statt, da dies für diesen Artikel nicht notwendig ist.

4. Das kirchliche Weiheamt selbst sowie seine Rechte und Pflichten werden weder infrage gestellt noch in irgendeiner Weise beschnitten.
    Gleiches gilt für den Pfarrer bzw. (eine) andere durch das Kanonische
    Recht legitimierte Leitungsperson(en) der Pfarrei (in diesem Artikel
    wird für den Pfarrer bzw. diese Leitungsperson(en) künftig auch der
    Begriff *Pfarreileitung* verwendet)[11]. Vielmehr geht es entsprechend der
    seit der Zeit der Urkirche vorfindbaren Tatsache, dass ein Individuum
    einem Gremium gegenübersteht und mit ihm zusammenarbeitet[12] –
    wie es auch in einem pfarreilichen Pastoralrat der Fall ist –, in diesem
    Artikel darum, wie ein solches Gremium mit Personen aus der Pfarrei
    zum Zweck des qualitativen und quantitativen Wachstums grundsätz-

---

9   Einen Überblick dazu bietet das Schreiben GLAUBENSKONGREGATION: *Iuvenescit.*
10 Vgl. dazu ebd., 9.
11 Zum Pfarrer und weiteren Optionen für die Pfarreileitung ausgehend vom CIC 1983
    (Priesterteam, Nichtpriester (unter Bedingung)) s. a. SCHICK, L.: Pfarrei, S. 492-494.
12 Vgl. hierzu BERGER, K.: *Urchristen*, S. 232f. Zum Verhältnis von Pastoralrat und Pfarrgemeinderat in Deutschland s. KALDE, FR.: PGR, S. 531f.

lich besetzt werden kann. Das bedeutet, dass nicht das o. g. Hirtenamt aus *Eph* 4,11 in einem pfarreilichen Pastoralrat einen Pfarrer bzw. die andere(n) durch das Kanonische Recht legitimierte(n) Leitungsperson(en) der Pfarrei gemäß can. 536 § 1 CIC 1983 als vorstehende(s) gesetzte(s) Mitglied(er) des pfarreilichen Pastoralrates ersetzt, andererseits in diesem Gremium ebenso nicht das Hirtenamt aus *Eph* 4,11 durch diesen oder die ihm entsprechende(n) kanonisch mögliche(n) Leitungsperson(en) der Pfarrei bereits als besetzt gilt.

Entsprechendes ist auf diejenigen anzuwenden, die aufgrund ihres Amtes in der Seelsorge der Pfarrei gemäß des o. g. can. 536 CIC 1983 als Mitglieder des pfarreilichen Pastoralrates gesetzt sind.

Somit geht es also in diesem Artikel mit Blick auf die Zusammensetzungsstruktur in einem pfarreilichen Pastoralrat speziell um die Besetzung der nicht gesetzten Mitgliederposten gemäß can. 536 CIC 1983 durch Gläubige der Pfarrei, die die Gemeindeämter ausüben können.

5. In diesem Zusammenhang ist ebenso wichtig festzuhalten, dass es in diesem Artikel weder um eine Verhältnisbestimmung von kirchlichem Amt und Räten noch von kirchlichem Amt/Klerikern und Laien, noch von kirchlichem Amt/Hierarchie und Charisma, noch von haupt-/nebenamtlichen kirchlichen Laienmitarbeitern zu Laien in der Pfarrei gehen soll. Es sei mit Blick auf den pfarreilichen Pastoralrat lediglich auf can. 536 § 2 CIC 1983 hingewiesen.

6. Konkrete Umsetzungsschritte der Ergebnisse dieses Artikels in einer Pfarrei gehören nicht zu dessen Inhalt, sondern nur Anregungen dazu (auch die Arbeitsweise der Gemeindeämter im pfarreilichen Pastoralrat sowie deren Dienstausübung in einer Pfarrei werden hier nicht näher gefasst). Sofern die Besetzung der Gemeindeämter im pfarreilichen Pastoralrat wie bei der Besetzung auch anderer Mitgliedsposten in kirchlichen Räten in Deutschland üblich durch Wahl erfolgt und damit die Gemeindeämter Wahlämter darstellen würden, wird hier vom in Deutschland als Entstehungsland des Artikels üblichen Wahl-

prozedere ausgegangen[13] (ohne zielsetzungsbedingt näher darauf einzugehen).

Nach den ausgeführten Präzisierungen, die z. B. im Zuge von weiterführenden Diskussionen bei Bedarf Ergänzungen erfahren können, sollen nun die nächsten Schritte kurz skizziert werden.

1.3 Vorgehen

Zuerst geht es im folgenden *2.* **Kapitel** um die Klärung der Frage, ob in Deutschland irgendwelche rechtlichen Hindernisse gegen eine Umsetzung der hier thematisierten Zusammensetzungsstruktur bestehen. Dabei begrenzen sich die Ausführungen zu diesen rechtlichen Rahmenbedingungen auf das Kirchenrecht, das Grundgesetz der BRD sowie die staatskirchenrechtlichen Regelungen (i. d. R. Konkordate) in Deutschland hinsichtlich des pfarreilichen Pastoralrates.

Bischöfliche Gesetze und Verordnungen können bei Bedarf leichter als der CIC oder staatskirchenrechtliche Vereinbarungen geändert werden, sodass die Ebene der Diözesen hier nicht im Blick steht.

In **Kapitel Nr.** *3.* werden die fünf Gemeindeämter zwecks Herausarbeitung von deren *typologischem Profil* kursorisch in den Blick genommen. Hierzu wird zum einen *Eph* 4,11 exegetisch untersucht, um herauszufinden, was diese Ämter zur biblischen Zeit ausgemacht hat. Zum zweiten werden zu diesen Ergebnissen Betrachtungen darüber hinzugefügt, welche Charismen und – auch aktuelle – Voraussetzungen diesen Gemeindeämtern entsprechen. Zum dritten werden aus heutiger Sicht beispielhafte weitere Aspekte bezüglich deren Aufgaben festgehalten. Zudem wird erkennbar, dass sogar ökonomische Führungsprinzipien die Zusammensetzung eines pastoralen Pfarreigremiums – wie es der pfarreiliche Pastoralrat eines ist – mit diesen fünf Gemeindeämtern unterstützen[14].

---

13   Hierzu vgl. die Wahlrechtsgrundsätze z. B. in Art. 28 Abs. 1 Satz 2 GG (s. https://www.gesetze-im-internet.de/gg/art_28.html (aufgerufen am 15.05.2024, 10:46 Uhr)).

14   Vgl. hierzu FROST, M., HIRSCH, A.: *Zukunft*, S. 280-283.

Kapitel Nr. *4*. analysiert die bisherigen Ausführungen. Das *5.* **Kapitel** besteht in einem Fazit, dem das **Literaturverzeichnis** folgt.

Nachfolgend sollen zuerst die rechtlichen Rahmenbedingungen für eine Ausgestaltung eines pfarreilichen Pastoralrates entsprechend den Gemeindeämtern in *Eph* 4,11 in den Blick genommen werden.

2. RECHTLICHE RAHMENBEDINGUNGEN

Die Zusammensetzungsstruktur von Räten ist einerseits generell ein rechtliches Thema. Andererseits ist damit in Deutschland auch das Thema von Wahlen nach demokratischen Prinzipien verbunden (wobei wie festgehalten auf das Wahlprozedere selbst nicht näher eingegangen wird).

Im Folgenden soll geklärt werden, ob die rechtlichen Regelungen der römisch-katholischen Weltkirche sowie staatskirchenrechtliche Regelungen in Deutschland eine Zusammensetzungsstruktur der Räte i. S. der fünf Gemeindeämter aus *Eph* 4,11 zulassen und eine Wahl von Menschen auf solche Ämter in einem pfarreilichen Pastoralrat erlauben. Wie bereits festgehalten, bleibt die Ebene der bischöflichen Gesetze sowie Verordnungen hier unberücksichtigt, da diese leichter geändert werden können als die anderen genannten gesetzlichen Regelungen.

2.1 Kirchenrechtliche Regelungen

Für die hier intendierte Zusammensetzungsstruktur hinsichtlich der Gemeindeämter im pfarreilichen Pastoralrat existiert vom CIC 1983 her keine Einschränkung. Denn der diesbezüglich bestimmende can. 536 enthält keinerlei Beschreibung, wie ein Pastoralrat über die bereits erwähnten gesetzten Mitglieder hinaus von Gläubigen als weiteren Mitgliedern im Einzelnen zusammengesetzt sein muss. Jedoch gibt es sowohl kirchenrechtliche Erfordernisse nach can. 512 §§ 1 & 3 CIC 1983 sowie KKK 1650[15]

---

15   Bzgl. der Erfordernisse s. DBK: *Instruktion*, S. 24, Artikel 5 § 2 & S. 24, Fußnote 85.

als auch nicht-kanonische Orientierungspunkte[16]; auf Letztere soll unten im *4. Kapitel* aber nur kurz eingegangen werden. Doch auch diese bedeuten für die Gemeindeämter selbst keine Einschränkung.

Überdies ist es in der Kirche durchaus möglich, aus berechtigtem Grund neue Dienstämter einzuführen[17]. Nach Ansicht des Autors dieses Artikels ist dieser berechtigte Grund durch das strukturell damit ermöglicht werdende (innere) Wachstums einer Pfarrei in Folge der Zusammensetzung ihres Pastoralrates mit den fünf Gemeindeämtern gegeben.

2.2 Grundgesetzliche und staatskirchenrechtliche Regelungen

Im Grundgesetz der Bundesrepublik Deutschland finden sich keine Regelungen bezüglich der Zusammensetzung von pfarreilichen Pastoralräten[18].

Die Homepage der Deutschen Bischofskonferenz bietet eine Auflistung der derzeit gültigen staatskirchenrechtlich relevanten Vereinbarungen für Deutschland[19]. Jedoch gibt es in keinem dieser dort aufgeführten Dokumente Aussagen zum hier behandelten Sachverhalt[20].

---

16   Vgl. dazu KLERUSKONGREGATION: *Umkehr*, 112 & 114.
17   Vgl. hierzu näher DBK: *Gemeinsam*, S. 53f.
18   Zu Art. 4 GG vgl. https://www.gesetze-im-internet.de/gg/art_4.html (aufgerufen am 15.05.2024, 10:44 Uhr). Zu Art. 140 GG vgl. https://www.gesetze-im-internet.de/gg/art_140.html (aufgerufen am 15.05.2024, 10:47 Uhr).
19   Vgl. https://www.dbk.de/themen/kirche-staat-und-recht/konkordate-und-kirchenvertraege/ (aufgerufen am 15.05.2024, 10:40 Uhr).
20   Die Quellenangaben der ebd. genannten Dokumente führt die folgende Tabelle auf:

	Quellenangaben der Dokumente
Deutsches Reich	https://www.ibka.org/artikel/ag97/reichskonkordat.html (aufgerufen am 15.05.2024, 10:49 Uhr).
Preußen	https://spcp.prf.cuni.cz/dokument/k-prus.htm (aufgerufen am 15.05.2024, 10:16 Uhr).
Baden-Württemberg	a) https://www.vatican.va/roman_curia/secretariat_state/archivio/documents/rc_seg-st_19321012_santa-sede-baden_ge.html (aufgerufen am 15.05.2024, 11:06 Uhr). b) https://www.kirchenrecht-ebfr.de/document/112 (aufgerufen am 15.05.2024, 10:50 Uhr).
Bayern	https://www.gesetze-bayern.de/Content/Document/BayKonk/True (aufgerufen am 15.05.2024, 10:43 Uhr).

Mit diesen Ausführungen sind die Untersuchungen im Hinblick auf rechtliche Regelungen durch das Kirchenrecht, das Grundgesetz und die

Berlin	a) https://www.berlin.de/sen/kultgz/religion-und-weltanschauung/vertraege/2020neu_vertrag_bischoefl_ordinariat.pdf?ts=1705017669 (aufgerufen am 15.05.2024, 10:20 Uhr). Leider existiert im Internet nicht die aktuelle Fassung vom 17.09.1990 (vgl. https://www.dbk.de/themen/kirche-staat-und-recht/konkordate-und-kirchenvertraege/ (aufgerufen am 15.05.2024, 10:40 Uhr)). Das hier angegebene Dokument ist aber Stand April 2020 (vgl. https://www.berlin.de/sen/kulteu/religion-und-weltanschauung/vertraege (aufgerufen am 15.05.2024, 10:24 Uhr)). b) https://www.berlin.de/sen/kultgz/religion-und-weltanschauung/vertraege/2020neu_vertrag_evkirche_und_kathkirche.pdf?ts=1705017669 (aufgerufen am 15.05.2024, 10:28 Uhr).
Brandenburg	https://bravors.brandenburg.de/de/vertraege-242586 (aufgerufen am 15.05.2024, 10:39 Uhr).
Bremen	https://www.rathaus.bremen.de/sixcms/media.php/13/Heiliger_Stuhl.pdf (aufgerufen am 15.05.2024, 11:00 Uhr).
Hamburg	https://www.luewu.de/docs/gvbl/2006/34.pdf (aufgerufen am 15.05.2024, 10:57 Uhr).
Mecklenburg-Vorpommern	https://www.bmi.bund.de/SharedDocs/downloads/DE/veroeffentlichungen/themen/heimat-integration/staat-religion/MV_Kathol_Kirche.pdf?__blob=publicationFile&v=1 (aufgerufen am 15.05.2024, 10:32 Uhr).
Niedersachsen	a) http://www.schure.de/2230007/konkordatnd.htm (aufgerufen am 15.05.2024, 10:15 Uhr). b) https://www.niedersachsen.de/download/69894/Nds._GVBl._Nr._15_2012_vom_20.07.2012_S._243-249.pdf (aufgerufen am 15.05.2024, 10:59 Uhr).
Nordrhein-Westfalen	https://recht.nrw.de/lmi/owa/br_gv_show_pdf?p_jahr=1984&p_nr=53 (aufgerufen am 15.05.2024, 11:02 Uhr).
Rheinland-Pfalz	https://landesrecht.rlp.de/bsrp/document/jlr-KiVermVwVtrGRPpVertrag (aufgerufen am 15.05.2024, 10:52 Uhr).
Saarland	Kein Vertrag vorhanden, der das Anliegen des Artikels berührt.
Sachsen	https://www.revosax.sachsen.de/GetAttachment.link?id=4859 (aufgerufen am 15.05.2024, 11:04 Uhr).
Sachsen-Anhalt	https://www.landesrecht.sachsen-anhalt.de/bsst/document/jlr-KonkordatGSTrahmen (aufgerufen am 15.05.2024, 10:55 Uhr).
Schleswig-Holstein	https://www.bmi.bund.de/SharedDocs/downloads/DE/veroeffentlichungen/themen/heimat-integration/staat-religion/SH_Kathol_Kirche.pdf;jsessionid=470F4C849EE55A0B0452A92E5605C50B.2_cid295?__blob=publicationFile&v=2 (aufgerufen am 15.05.2024, 10:34 Uhr).
Thüringen	https://spcp.prf.cuni.cz/dokument/thur.htm (aufgerufen am 15.05.2024, 10:18 Uhr).

Auch in einem weiteren abgeschlossen Vertrag von Heiligem Stuhl und mehreren Bundesländern (https://www.vatican.va/roman_curia/secretariat_state/archivio/documents/rc_seg-st_19940922_s-sede-amburgo_ge.html (aufgerufen am 15.05.2024, 11:08 Uhr)) finden sich keine Aussagen zur Fragestellung dieses Artikels.

staatskirchenrechtlichen Vereinbarungen abgeschlossen. Nirgendwo fand sich eine Regelung, die dem Anliegen dieses Artikels entgegenstehen würde, sodass nun weitere Darlegungen stattfinden können. Diese möchten, wie in der Einleitung angekündigt, ein typologisches Profil der fünf Gemeindeämter kursorisch erarbeiten.

3. TYPOLOGISCHES PROFIL DER FÜNF GEMEINDEÄMTER

In diesem Kapitel findet nun zuerst eine Exegese von *Eph* 4,11 statt, um eine biblische Typologie des jeweiligen Amtes herauszuarbeiten. Anschließend geht es um weitere Darlegungen zu diesen Ämtern mit Blick auf die Charismen und Voraussetzungen, die diesen Ämtern entsprechen, um sie gut ausüben zu können. Dem folgen Betrachtungen zu den Gemeindeämtern aus heutiger – auch ökonomischer – Sicht. Aus allem ergibt sich das bereits angesprochene *typologische Profil* der fünf Gemeindeämter für heute.

3.1 Biblische Exegese

Aus der Exegese von *Eph* 4,11 und ggf. unter Zuhilfenahme von anderen Bibelstellen ergeben sich folgende Charakteristika für die dort von Christus eingesetzten Gemeindeämter:

Das **Apostelamt** wird als erstes dieser Gemeindeämter[21] genannt. Im Gemeindekontext, der in *Eph* 4,11 vorliegt, handelt es sich dabei um jemanden, der Charismatiker in kerygmatischer Weise ist[22] mit einer missionarischen Sendung und einer gesamtkirchlich relevanten Funktion[23]. Das wird daran deutlich, dass durch ihre Lehre wie auch durch die Lehre der

---

21 Damit steht auch fest, dass es sich hierbei nicht um die als „die Zwölf" (*Mk* 6,7) bezeichneten Apostel Jesu handelt. Zu den verschiedenen Arten von Aposteln, von denen für den hier vorliegenden Zusammenhang jedoch nur die Gemeindeapostel von Bedeutung sind, vgl. BERGER, K.: *Urchristen*, S. 195f.

22 Vgl. GNILKA, J.: *Eph*, S. 157.

23 Vgl. KÜHSCHELM, R.: Apostel, S. 38, Sp. 2.

nachfolgend genannten Propheten das Traditionsfundament (vgl. *Eph* 2,20) für das kirchliche Wirken der anderen drei Ämter gebildet wird[24]; sie sind damit für die Kirche sowohl richtungsweisend als auch gestaltgebend[25]. Dies alles hängt damit zusammen, dass beiden o. g. Ämtern eine Offenbarung des Christusmysteriums zuteilwurde (vgl. *Eph* 3,5)[26]. Beide Ämter besitzen Würde[27].

Über die oben angeführten Gemeinsamkeiten mit dem Apostelamt hinaus gelten folgende Charakteristika für das Amt des **Propheten** in einer Gemeinde: Sein Prophezeien ist fortdauernder Art und beinhaltet Weisungen an die Gemeinde sowohl mit Blick auf deren aktuelle Situation als auch hinsichtlich von künftigen Geschehnissen[28]. Das Handeln des Propheten lässt sich dabei an *1 Kor* 14,3.15-16.24-25.29-32 und *Röm* 12,6[29] festmachen: Die angeführten Verse aus *1 Kor* nehmen die Auferbauung, Motivierung, das Trösten sowie die Prüfung und Überführung von NichtchristInnen bzw. Unkundigen sowie eine Ordnung für das Handeln von Propheten im Gottesdienst in den Blick. In *Röm* 12,6 wird die prophetische Rede als gottgegebenes Charisma erwähnt und dass sie gemäß dem Glauben praktiziert werden soll.

Das dritte in *Eph* 4,11 genannte Amt ist das des **Evangelisten**. Diesem obliegt es, die ihm überkommene Frohe Botschaft zu verkünden und weiterzuverbreiten[30]. Die Gewichtung von missionarischem Agieren und Verkündigung der Frohen Botschaft in der Gemeinde ist bei ihm zugunsten des Letzteren zu sehen[31].

---

24   Vgl. ebd., S. 41, Sp. 1.

25   Vgl. GNILKA, J.: *Eph*, S. 156.

26   Vgl. BÜHNER, J.-A.: ἀπόστολος, Sp. 348.

27   Vgl. GNILKA, J.: *Eph*, S. 167.

28   Vgl. WOLFF, CHR.: *1 Kor*, S. 306.

29   Vgl. SCHNIDER, F.: προφήτης, Sp. 448.

30   Vgl. GNILKA, J.: *Eph*, S. 211. Ebd., S. 212 wird die Ansicht geschildert, dass der Evangelist in seinem missionarischen Tun der Gesamtkirche zugeordnet ist. Dies ist aber für die Fragestellung dieses Artikels letztlich irrelevant, da dieses Amt auch auf die hier thematisierte Pfarreisituation adaptiert werden kann. Im Übrigen gelten laut STRECKER, G.: εὐαγγελίζω, Sp. 176 die Evangelisten sowieso als Gemeindearbeiter.

31   Vgl. ebd., Sp. 176.

Das Gemeindeamt des **Hirten** beinhaltet wie das des Lehrers die pastorale Arbeit in der Gemeinde; wer dieses Amt wahrnimmt, ist ihr – dazu auch fähiger – seelsorglicher Leiter[32]. Damit ist er zudem für die Gemeinde verantwortlich[33].

Wie bereits beim Hirtenamt erwähnt, ist das Amt des **Lehrers** ebenso mit der pastoralen Tätigkeit verbunden. Der Amtsinhaber legt bei der Unterweisung der Gemeinde die Lehre des Christentums sowie die Überlieferung aus[34]. Auch die Taufkatechese befindet sich in der Verantwortung dieses Amtes[35]. Dieses Amt ist sehr bedeutsam[36].

Damit ist die biblische Exegese zu den fünf genannten Gemeindeämtern abgeschlossen. Es sollen nun kursorische Betrachtungen dazu stattfinden, welche Charismen und Voraussetzungen zu diesen Ämtern gehören können, um dadurch heutzutage geeignete Personen für das jeweilige Amt finden zu können.

3.2 Korrespondierende Charismen und Voraussetzungen

Ohne nun abschließende Ausführungen dazu bieten zu können, sollen hier nachfolgend verschiedene mit den fünf Ämtern verbundenen Charismen und sonstige Voraussetzungen im Anschluss an die o. g. Ausführungen[37] genannt werden:

Dem **apostolischen Gemeindeamt** wurde oben ein missionarischer, ein gesamtkirchlicher und ein durch die Offenbarung fundamentlegender

---

32   Vgl. GNILKA, J.: *Eph*, S. 212. Trotz desselben Artikels für beide Ämter im griechischen Bibeltext (vgl. hierzu GOLDSTEIN, H.: ποιμήν, Sp. 304) wird hier nicht von einer von Hirten und Lehrern gebildeten Gruppe ausgegangen (damit wird hier GNILKA, J.: *Eph*, S. 211f. gefolgt und nicht GOLDSTEIN, H.: ποιμήν, Sp. 304), auch wenn beide intensiv zusammenarbeiten (vgl. GNILKA, J.: *Eph*, S. 211).
33   Vgl. GOLDSTEIN, H.: ποιμήν, Sp. 303.
34   Vgl. GNILKA, J.: *Eph*, S. 212.
35   Vgl. WOLFF, CHR.: *1 Kor*, S. 307.
36   Vgl. dazu ebd., S. 306f.
37   Da diese im Folgenden für jedes der fünf Gemeindeämter jeweils einzeln zusammengefasst dargeboten werden, sei auf die betreffenden Referenzstellen im vorherigen Kapitel *3.1* verwiesen.

Charakter sowie eine Würde zugesprochen. Menschen, die dieses Amt ausüben, sollten also dementsprechend über Charismen verfügen, die missionarisch sind und die sie eng mit der Offenbarung verbinden[38].

Das missionarische Charisma lässt sie in diversen (Sub-)Kulturen die Frohe Botschaft verkünden[39]. Ferner kann ihr evangelistisches Charisma bei der Verkündigung andere für Christus begeistern[40]. Von ihrem missionarischen Charakter her sind ihre Evangelisierungsadressaten Menschen des zweiten und besonders des dritten Evangelisierungsbereichs aus *Evangelii gaudium* Nr. 14 – also kirchenferne Getaufte und v. a. Nichtgläubige.

Der gesamtkirchliche Bezug des Gemeindeapostelamtes bedingt, dass nur Personen mit einer Liebe und engen Verbindung zur Gesamtkirche und ihrer Diözese ein solches Amt bekleiden können.

Was die enge Verbindung dieses Dienstamtes mit der Offenbarung anbelangt, liegt bei diesen Personen ebenso eine selbstverständlich-vorhandene Liebe zur Offenbarung sowie zur Beschäftigung mit der Hl. Schrift und der Tradition vor und zudem eine fundamentale Kenntnis dieser Sachverhalte. Diese vermögen sie anderen in der Gemeinde richtungsweisend und gestaltgebend zu vermitteln.

Die ebenfalls angesprochene Würde macht deutlich, dass nur ein dafür geeigneter Mensch infrage kommt, wobei hier angesichts des manchmal nicht ganz untadeligen Verhaltens der biblischen Apostel nicht gleich nur an 100 % dazu würdige und integre Personen gedacht werden darf, sondern ebenfalls an Personen, die sich von ihrem Potenzial her so entwickeln können, dass sie dieses Amtes würdig sind.

Dem Gemeindeamt des **Propheten** wird ebenso wie dem Apostelamt ein durch die Offenbarung fundamentlegender Charakter sowie eine Würde zugesprochen (damit sei hinsichtlich der entsprechenden Voraussetzun-

---

38 Dabei wird in Bezug auf das Heute davon ausgegangen, dass die betreffenden Personen nicht die Offenbarung der Frohen Botschaft wie die Apostel zur Zeit Jesu empfangen haben, sondern durch die Hl. Schrift.

39 Vgl. dazu ausführlicher WEDDELL, SH. A.: *Fruitful*, S. 160-162. Ebd., S. 162 finden sich Beispiele von Menschen mit einem solchen Charisma.

40 Vgl. hierzu näher ebd., S. 130-133. Beispiele von Personen mit einem solchen Charisma s. ebd., S. 133.

gen auf die Ausführungen der beiden vorausgehenden Absätze verwiesen). Abgesehen davon wurde oben bei der Exegese des Prophetenamtes die kontinuierliche Prophetie festgehalten, die sich auf Aktuelles wie auch Zukünftiges erstreckt.

Daher ist die Gabe der kontinuierlichen Prophetie für dieses Amt vonnöten. Menschen mit solch einem Charisma können Wahrheit sowie Weisheit von Gott an andere weitergeben. Sie müssen reife Persönlichkeiten sein, um fruchtbar ihr Dienstamt ausüben zu können[41].

Beim Gemeindeamt des **Evangelisten** geht es v. a. um die Verkündigung des Evangeliums, weniger um eine missionarische Tätigkeit.

D. h. bezüglich der Charismen, dass ein oben bereits beschriebenes missionarisches Charisma zwar vorhanden sein sollte, primär aber v. a. ein ebenfalls schon oben genanntes evangelistisches Charisma. Eine Liebe zur Frohen Botschaft, eine gute Kenntnis derselben sowie eine Fähigkeit zu ihrer Darbietung (unter Berücksichtigung der kirchlichen Tradition und Erkenntnissen zur Hl. Schrift) sind für dieses Amt ebenso bedeutsam.

Das **Hirtenamt** in einer Gemeinde beinhaltet pastorale Tätigkeit und Leitung und ist ein verantwortungsvolles Amt (s. o.). Durch die Vielfältigkeit der mit der Pastoral und Leitung verbundenen Aufgaben ist eine ganze Breite an hirtenspezifischen Charismen[42] für dieses Amt bedeutsam:

Es ist ein (sich vom Pfarramt unterscheidendes) pastorales Charisma vonnöten. Dieses äußert sich in der Stärkung der Verbindungen der Gemeindemitglieder untereinander (auch über Kleingruppen) und sorgt für deren geistliches Wachstum sowohl in individueller Weise als auch als Pfarrei[43]. Zu diesem Wachstum trägt ferner ein helfendes Charisma[44] bei.

---

41 Vgl. zu diesem Absatz ausführlicher ebd., S. 133-137. Ebd., S. 136f. sind Beispiele von Menschen mit einem solchen Charisma aufgelistet.

42 Solche Charismen finden sich ebd., S. 114-129 & 141-146. Sie werden oben im Text in dessen weiterer Verlauf vorgestellt.

43 Vgl. dazu ebd., S. 126-129. Beispiele von Menschen mit einem solchen Charisma s. ebd., S. 129.

44 S. hierzu ebd., S. 117-119. Ebd., S. 119 finden sich Beispiele von Menschen mit diesem Charisma.

Zur pastoralen Arbeit gehört ebenso die Sorge um Menschen, weshalb Gastfreundschaft[45] sowie Mitleid[46] als Charismen für das Hirtenamt vorhanden sein sollen.

Mit Blick auf die leitungsmäßigen Aufgaben des Hirtenamtes geht es darum, dass ein Mensch, der dieses ausüben möchte, auch einzelne Individuen ermutigen kann[47], sowie ein administratives Charisma[48] und das Leitungscharisma[49] besitzt.

Mit Blick auf Voraussetzungen für das hier betrachtete Hirtenamt lassen die pastoralen und leitungsmäßigen Aufgaben sowie die aufgeführten Charismen hinsichtlich einer geeigneten Person an einen reifen Menschen denken, der in Liebe mit Menschen umgehen, sie vernetzen und sie zu leiten vermag.

Bezüglich des Amtes des **Lehrers** in einer Gemeinde, das wie oben festgehalten ebenso pastoraler Natur ist, und zwar in der Form der Unterweisung sowohl der Gemeinde als auch von Taufbewerbern, sind folgende Charismen nötig:

Zum einen muss die göttliche Gabe des Lehrens vorhanden sein, um damit ein maximales Potenzial von Einzelpersonen wie ebenso Zusammenschlüssen von Menschen sowohl in geistlicher als auch in sonstiger Hinsicht zur Entfaltung zu bringen[50].

Zum anderen ist hier wie bereits bei anderen o. g. Gemeindeämtern eine Liebe zur Beschäftigung mit der Offenbarung und Tradition wichtig, um den Anforderungen des Gemeindeamtes des Lehrers gut entsprechen zu können.

---

45 S. dazu ebd., S. 119-121. Beispiele von Menschen mit diesem Charisma s. ebd., S. 122.
46 Vgl. hierzu ebd., S. 122-126. Ebd., S. 126 sind Beispiele von Menschen mit diesem Charisma aufgeführt.
47 Vgl. dazu ebd., S. 114-116. Beispiele von Menschen mit einem solchen Charisma s. ebd., S. 116.
48 Vgl. hierzu ebd., S. 141-144. Ebd., S. 144 finden sich Beispiele von Menschen mit diesem Charisma.
49 Vgl. dazu ebd., S. 144-146. Beispiele von Menschen mit einem solchen Charisma s. ebd., S. 146.
50 Vgl. hierzu ebd., S. 137-139. Ebd., S. 139 sind Beispiele von Menschen mit diesem Charisma aufgeführt.

Die Charismen der Erkenntnis[51] und der Weisheit[52] können hilfreich für dieses Amt sein, sind aber von dessen Profil her dafür nicht zwingend.

Hiermit enden die Betrachtungen zu den mit den fünf Gemeindeämtern verbundenen Charismen und Voraussetzungen. Weitere Gesichtspunkte zu diesen Ämtern sollen nun aus heutiger Sicht hinzukommen.

3.3 Zeitgenössische Aspekte

Aus Darlegungen von M. Frost und A. Hirsch aus dem freikirchlichen Bereich lassen sich für das typologische Profil der fünf Gemeindeämter bezüglich ihrer Leitungsaufgaben[53] weitere Aspekte gewinnen. Dabei beschränken sich die folgenden Ausführungen jedoch auf das gemäß *1 Thess* 5,21 geprüfte Gute aus den Überlegungen der beiden Autoren[54].

In diesen werden die fünf Leitungsdienste umrissen – mit der Möglichkeit der Überschneidung[55]. Die Darstellung ihrer Ausführungen soll nun stichwortartig erfolgen[56] – diese sollen hier als Beispiele zur Ausgestaltung der fünf Gemeindeämter für die heutige Zeit dienen:

1. Apostolische Leitung: I. d. R. überregional tätig, Veranlassung und Überwachung missionarischer Projekte.

---

51 Vgl. dazu ebd., S. 171-174. Ebd., S. 174 finden sich Beispiele von Menschen mit diesem Charisma.

52 S. hierzu ebd., S. 174-178. Ebd., S. 177f. sind Beispiele von Menschen mit diesem Charisma aufgeführt.

53 Zu diesem Leitungskonzept vgl. FROST, M., HIRSCH, A.: *Zukunft*, S. 269-292. Dazu, dass es sich für die beiden Autoren um Leitungsaufgaben handelt, s. ebd., S. 274.

54 Leider wird im Verlauf der Ausführungen der beiden freikirchlichen Publizisten ebd., S. 269-292 immer wieder eine polemische Haltung gegenüber den etablierten Konfessionen geäußert, von denen sich der Autor dieses Artikels in aller Form distanziert. M. Frost und A. Hirsch geben ihrem Leitungsprinzip mit den fünf Dienstämtern durch die Umbenennung der Hirten in Pastoren und die Versetzung der Evangelisten an die letzte Stelle aufgrund der Anfangsbuchstaben der einzelnen Ämter die Bezeichnung APPLE (vgl. ebd., S. 271) APPLE bezeichnet laut Aussage der beiden Autoren den sog. „fünffältigen Dienst" (ebd., S. 271).

55 Vgl. ebd., S. 275.

56 Zu den folgenden Punkten 1.-5. vgl. ebd., S. 274f.

2. Prophetische Leitung: Unterscheidung spiritueller Wirklichkeiten und Kommunikation derselben zum passenden Zeitpunkt sowie in adäquater Weise zum Zweck des Vorantreibens der Mission.

3. Evangelistische Leitung: Mitteilung der Frohen Botschaft auf eine die Menschen zu einer Antwort einladenden Weise.

4. Pastorale Leitung: Hirtendienst für die ChristInnen auf seelsorgerlichem sowie spirituellem Gebiet; dies schließt auch ein Vorangehen mit ein.

5. Lehrende Leitung: Mitteilung der göttlichen Weisheit zum Zweck der Umsetzung der Weisungen Jesu durch die ChristInnen.

In diesen Ausführungen finden sich Entsprechungen und Ergänzungen zu den bereits festgehaltenen Aspekten.

Ferner ist beachtenswert, dass diese fünf Leitungsämter einer christlichen Gemeinde auch soziologischen Leitungstypen entsprechen, die hier stichwortartig vorgestellt werden sollen und in ihrer Auflistung dem jeweils oben unter derselben Nummer genannten Dienst gleichstehen[57]:

1. Unternehmer (= apostolischer Leiter): entdeckt neues Gebiet, Stratege, Gründer von neuen Organisationsbereichen.

2. Infragesteller (= prophetischer Leiter): bewirkt Richtungsänderung durch Störung des aktuell als selbstverständlich Angesehenen.

3. Kommunikator (= evangelistische Leitung): Mitteilung dessen, was die Organisation sagen möchte, an die entsprechende Zielgruppe außerhalb der Organisation.

4. Betreuer (= pastorale Leitung): Sorge um Leute und Verbundenheit innerhalb der Organisation.

5. Systematiker (= lehrende Leitung): Stiftung von Einheitlichkeit aller Teile sowie Bewusstmachung der gesamten Struktur gegenüber den Menschen.

Die beiden Autoren halten die Leitungsstruktur i. S. der fünf Dienstämter aus *Eph* 4,11, die – wie gerade dargelegt – ebenfalls der soziologischen

---

57 Vgl. zu den folgenden Punkten 1.-5. ebd., S. 280-282.

Leitungsstruktur entspricht, zum einen hinsichtlich des inneren Wachstums einer Gemeinde und zum anderen mit Blick auf deren missionarisches Wirken für relevant[58].

Dies spricht für eine Zusammensetzungsstruktur von pfarreilichen Pastoralräten unter Beachtung der fünf Gemeindeämter.

Zusammenfassende Ausführungen zum bisher Festgehaltenen sowie kursorische Darlegungen zu einer praktischen Umsetzung möchte die folgende Analyse bieten.

4. ANALYSE

Dieser Artikel beschäftigte sich ausgehend von der Frage nach dem (inneren) Wachstum von Pfarreien mit einer diesem Zweck dienlichen Zusammensetzungsstruktur in pfarreilichen Pastoralräten in Deutschland. Für eine solche Struktur wurden die fünf Gemeindeämter aus *Eph* 4,11 als Lösungsansatz präsentiert und dazu Ausführungen gemacht, die im Folgenden für die Weiterarbeit zusammengefasst werden sollen:

In Bezug auf eine Zusammensetzungsstruktur in pfarreilichen Pastoralräten unter Beachtung der Gemeindeämter konnte im *2.* Kapitel herausgearbeitet werden, dass dafür keinerlei rechtliche Hindernisse existieren.

Das *3.* Kapitel erstellte zu den fünf Gemeindeämtern mittels biblischer Exegese, dazugehöriger Charismen und Voraussetzungen sowie zeitgenössischer Aspekte über deren Aufgaben und Leitungscharakteristika ein typologisches Profil dieser Ämter. Die folgende *Tabelle 1* stellt aus den Ausführungen des Kapitels Nr. *3.* das dort erarbeitete typologische Profil der fünf Gemeindeämter für die heutige Zeit stichwortartig zusammen[59]:

---

58 Vgl. ebd., S. 273f.

59 Da es sich dabei um eine Zusammenfassung handelt, sei auf die jeweiligen Referenzstellen im oben im Text genannten *3.* Kapitel verwiesen.

Gemeindeamt	Biblisches Profil	Zugehörige Charismen und *Voraussetzungen*	Modernes Verständnis a) Beispielhafte Charakteristika b) *Soziolog. Leitungstypen*
Apostel (= Apostolische Leitung)	Missionarischer, gesamtkirchlicher und durch die Offenbarung fundamentlegender Charakter sowie Würde.	Missionar. Charisma (Verkündigung an (Sub-) Kulturen u. v. a. an kirchenferne Getaufte u. NichtchristInnen) und evangelistisches Charisma (begeisternd). *Liebe und enge Verbindung zur Gesamtkirche und Diözese.* *Liebe zur Offenbarung, zur Beschäftigung mit Hl. Schrift und Tradition sowie fundamentale Kenntnis dieser Sachverhalte. Richtungsweisende und gestaltgebende Vermittlung derselben.* *(Potenziell) würdige Person.*	a) I. d. R. überregional tätig, Veranlassung und Überwachung missionarischer Projekte. b) *Unternehmer:* entdeckt neues Gebiet, Stratege, Gründer.
Prophet (= Prophetische Leitung)	Durch die Offenbarung fundamentlegender Charakter und Würde (s a. Apostel). Kontinuierliche Prophetie zu Aktuellem / Zukünftigem.	Charisma der kontinuierlichen Prophetie. Wahrheit / Weisheit von Gott weitergeben. *Reife Persönlichkeit.*	a) Unterscheidung spiritueller Wirklichkeiten und Kommunikation derselben zum passenden Zeitpunkt sowie in adäquater Weise zum Zweck des Vorantreibens der Mission. b) *Infragesteller:* bewirkt Richtungsänderung durch Störung des aktuell als gängig Angesehenen.
Evangelist (= Evangelistische Leitung)	Primär Verkündigung des Evangeliums, weniger missionarische Tätigkeit.	Primär evangelistisches Charisma (begeisternd – s. a. Apostel), weniger missionarisches Charisma (s. Apostel: Verkündigung an (Sub-)Kulturen u. v. a. an kirchenferne Getaufte u. NichtchristInnen.). *Liebe zur Frohen Botschaft, gute Kenntnis derselben sowie Fähigkeit zu ihrer Darbietung.*	a) Mitteilung der Frohen Botschaft auf eine die Menschen zur Antwort einladenden Art. b) *Kommunikator:* Mitteilung dessen, was die Organisation sagen möchte, an die entsprechende Zielgruppe außerhalb der Organisation.

Hirt **(= Pastorale Leitung)**	Pastorale Tätigkeit. Leitung.	Pastorales Charisma inkl. Hilfe, Gastfreundschaft und Mitleid. Ermutigung Einzelner, administratives Charisma und Leitungscharisma. *Reife Person, die in Liebe mit Menschen umgehen, sie vernetzen und leiten kann.*	a) Hirtendienst für ChristInnen. b) *Betreuer.* Sorge um Leute und Verbundenheit innerhalb der Organisation.
Lehrer **(= Lehrende Leitung)**	Pastorale Tätigkeit in der Form der Unterweisung von Gemeinde sowie Taufbewerbern.	Charisma des Lehrens für maximale geistliche und anderweitige Potenzialentfaltung von Einzelpersonen sowie Zusammenschlüssen von Menschen. Ggf. Charismen der Erkenntnis und Weisheit. *Liebe zur Beschäftigung mit Offenbarung und Tradition.*	a) Mitteilung der göttlichen Weisheit zum Zweck der Umsetzung der Weisungen Jesu durch die ChristInnen. b) *Systematiker.* Stiftung von Einheitlichkeit aller Teile sowie Bewusstmachung der gesamten Struktur gegenüber den Menschen.

Tabelle 1: *typologisches Profil der fünf Gemeindeämter für die heutige Zeit*

Nach dieser Zusammenfassung sollen nun Ausführungen zu einer möglichen praktischen Umsetzung stattfinden, die aufgrund des Charakters eines Artikels naturgemäß unvollständig bleiben müssen:

1. Es braucht zuallererst Frauen und Männer in einer Pfarrei, die die Profilanforderungen des jeweiligen Gemeindeamtes erfüllen bzw. das Potenzial zu deren Erfüllung besitzen und bei denen außerdem die generellen gesamtkirchlichen Voraussetzungen für die Mitgliedschaft in einem Pfarrpastoralrat vorliegen (Erfüllen der kirchenrechtlichen Voraussetzungen nach can. 512 §§ 1 & 3 CIC 1983 sowie KKK 1650[60]; repräsentative Abbildung der Pfarrei durch die Ratsmitglieder, welche normalerweise auch in der Pfarrei verantwortlich oder aktiv

---

60   Vgl. zu den vorher in der Klammer aufgeführten Bedingungen DBK: *Instruktion*, S. 24, Artikel 5 § 2 & S. 24, Fußnote 85.

tätig sind[61]). Dazu ist eine Pastoral nötig, welche diese Frauen und Männer entdeckt bzw. sie fördert.

2. Es ist – wie bereits oben festgehalten – bei jedem dieser fünf Ämter an ein Wahlamt zu denken, auf das sich Menschen mit den Eigenschaften aus dem gerade genannten Punkt Nr. 1 bewerben können und auf das sie von den Pfarreimitgliedern gewählt werden; eine Wahl auf ein bestimmtes Amt ist aus dem Vereinswesen bekannt (z. B. Präsident, Vizepräsident, Schatzmeister usw.).

3. Was die Anzahl der Mitglieder eines solchen pfarreilichen Pastoralrates mit den fünf Gemeindeämtern anbelangt, kann je nach Größe einer Pfarrei an eine einfache, doppelte oder noch mehrfachere Besetzung des jeweiligen Amtes gedacht werden.

4. In *Eph* 4,11 gibt es keine Gewichtung der Gemeindeämter außer deren Reihenfolge. Die Exegese machte aber eine inhaltlich-faktische Gewichtung der Apostel und Propheten gegenüber den anderen drei Ämtern deutlich. Ferner bezeugt *1 Kor* 12,28, dass das apostolische Gemeindeamt in der Hierarchie vor dem Prophetenamt und dem Gemeindeamt des Lehrers steht. Ansonsten existiert biblisch kein zusätzlicher Anhaltspunkt für eine weitere hierarchische Einordnung. Dies kann in einem pfarreilichen Pastoralrat bspw. durch eine größere Verantwortung des Apostelamtes vor dem Prophetenamt und schließlich beider – unter Berücksichtigung der sonst differierenden Reihenfolge in *Eph* 4,11 und *1 Kor* 12,28 – gegenüber den anderen drei Ämtern geregelt werden, wie es z. B. auch in Vereinen für manche Ämter im Verhältnis zu anderen der Fall ist. Es sei aber nochmals betont, dass entsprechend *Eph* 4,11-16 *alle* fünf Gemeindeämter für ein (inneres) Wachstum einer Pfarrei wichtig sind. Sie ergänzen sich gegenseitig bzw. können sich wie weiter oben festgehalten auch überschneiden[62].

5. Eine Struktur mit fünf Gemeindeämtern – unter Berücksichtigung der gerade in Punkt 4. festgestellten Hierarchie innerhalb dieser Ämter – ist ein biblisches Prinzip für (inneres) Wachstum und daher mit Blick

---

61 Vgl. dazu KLERUSKONGREGATION: *Umkehr*, 112 & 114.
62 Vgl. FROST, M., HIRSCH, A.: *Zukunft*, S. 275.

auf dieses vertrauenswürdig. Wie herausgearbeitet spricht von den untersuchten Rechtsgebieten her bereits grundsätzlich nichts dagegen und damit auch nichts gegen diese Hierarchie.

6. Bei den Voraussetzungen im Rahmen der Einleitung wurde bereits deutlich gemacht, dass es in diesem Artikel nicht um irgendein beschneidendes Vorhaben bezüglich des Weiheamtes selbst oder der Pfarreileitung geht oder das Verhältnis eines mit den fünf Gemeindeämtern besetzten pfarreilichen Pastoralrates zu diesen im Blick steht. Die fünf Gemeindeämter können sich entsprechend ihres jeweiligen typologischen Profils und gemäß can. 536 § 2 CIC 1983 in dieses Gremium beratend einbringen. Ebenfalls können sie sich in Übereinstimmung mit diesem Profil in der Pfarreiarbeit außerhalb des pfarreilichen Pastoralrates engagieren.

7. Es gilt, dass die Leitung für eine gelingende Evangelisierung und damit für inneres Wachstum von Pfarreimitgliedern sowie das Wachstum an Mitgliedern einer Pfarrei zu ca. 33,3 % Relevanz besitzt[63].

5. FAZIT

Inneres qualitatives und äußeres quantitatives Mitgliederwachstum einer Pfarrei kann strukturell durch eine Besetzung von pfarreilichen Pastoralräten begünstigt werden, die sich bezüglich der Gläubigen als deren Mitglieder an den fünf biblischen Gemeindeämtern orientiert; darüber hinaus sind dort neben der Pfarreileitung Personen von Amts wegen Mitglieder.

Dass die Besetzung dieser pfarreilichen Pastoralräte mit den fünf Gemeindeämtern möglich ist und welche Rahmenbedingungen mit Blick auf diese Besetzung sowie auf das typologische Profil dieser Ämter vorliegen, haben die obigen Ausführungen skizziert. Diese wurden eingangs bereits nicht als vollständige Betrachtungen zu diesem Thema klassifiziert, sondern lediglich als Diskussionsanregungen.

---

63   Vgl. WIENHARDT, TH.: *Qualität*, S. 571.

LITERATURVERZEICHNIS

1. Primärliteratur

CIC 1983 = *Codex des kanonischen Rechtes*. Lateinisch-deutsche Ausgabe mit Sachverzeichnis. Im Auftrag der Deutschen Bischofskonferenz, der österreichischen Bischofskonferenz, der Schweizer Bischofskonferenz, der Erzbischöfe von Luxemburg und von Straßburg, sowie der Bischöfe von Bozen-Brixen, von Lüttich und Metz, 5. Aufl., Kevelaer: Butzon & Bercker, 2001.

DBK: *Gemeinsam* = SEKRETARIAT DER DEUTSCHEN BISCHOFSKONFERENZ (HG.): „*Gemeinsam Kirche sein*": *Wort der deutschen Bischöfe zur Erneuerung der Pastoral.* Bonn, 2015 (Die deutschen Bischöfe Nr. 100).

DBK: *Instruktion* = SEKRETARIAT DER DEUTSCHEN BISCHOFSKONFERENZ (HG.): *Instruktion zu einigen Fragen über die Mitarbeit der Laien am Dienst der Priester.* Bonn, 1997 (Verlautbarungen des Apostolischen Stuhls Nr. 129).

EG = PAPST FRANZISKUS: Apostolisches Schreiben *Evangelii gaudium: über die Verkündigung des Evangeliums in der Welt von heute* / hg. vom Sekretariat der Deutschen Bischofskonferenz. Bonn, 2013 (Verlautbarungen des Apostolischen Stuhls Nr. 194).

EN = PAPST PAUL VI.: Apostolisches Schreiben *Evangelii Nuntiandi: über die Evangelisierung in der Welt von heute* / hg. vom Sekretariat der Deutschen Bischofskonferenz. Neuausgabe. Bonn, 2012 (Verlautbarungen des Apostolischen Stuhls Nr. 2).

EÜ = *Die Bibel: Einheitsübersetzung der Heiligen Schrift* / vollständig durchgesehene und überarbeitete Ausgabe. Stuttgart: Katholisches Bibelwerk, 2016 (ISBN 078-3-460-44000-5 Standardausgabe (blau)).

GLAUBENSKONGREGATION: *Iuvenescit* = KONGREGATION FÜR DIE GLAUBENSLEHRE: Schreiben *Iuvenescit Ecclesia* an die Bischöfe der katholischen Kirche über die Beziehung zwischen hierarchischen und charismatischen Gaben im Leben und in der Sendung der Kirche / vom 15.05.2016. Hg. vom Sekretariat der Deutschen Bischofskonferenz. Bonn, 2016 (Verlautbarungen des Apostolischen Stuhls Nr. 205).

KKK = ECCLESIA CATHOLICA: *Katechismus der Katholischen Kirche*, München: Oldenbourg, 1993 (diverse Orte und Verlage).

KLERUSKONGREGATION: *Umkehr* = KONGREGATION FÜR DEN KLERUS (HG.): *Die pastorale Umkehr der Pfarrgemeinde im Dienst an der missionarischen Sendung der Kirche.* Vatikanstadt: Libreria Editrice Vaticana, 2020.

2. Sekundärliteratur

2.1 Printquellen

BERGER, K.: *Urchristen* = BERGER, K.: *Die Urchristen: Gründerjahre einer Weltreligion.* München: Pattloch, 2008.

BÜHNER, J.-A.: ἀπόστολος = BÜHNER, J.-A.: ἀπόστολος, ου, ὁ. In: BALZ, H., SCHNEIDER, G. (HG.): *Exegetisches Wörterbuch zum Neuen Testament.* Zweite verbesserte Auflage mit Literatur-Nachträgen. Stuttgart u. a.: Kohlhammer, 1992 (Bd. I), Sp. 342-351.

FROST, M., HIRSCH, A.: *Zukunft* = FROST, M., HIRSCH, A.: *Die Zukunft gestalten: Innovation und Evangelisation in der Kirche des 21. Jahrhunderts.* Glashütten: C&P Verlagsgesellschaft, 2008.

GNILKA, J.: *Eph* = GNILKA, J.: *Der Epheserbrief* / Auslegung von Joachim Gnilka. Ungekürzte Sonderausg. Freiburg i. Br.: Herder, 2002 (Herders theologischer Kommentar zum Neuen Testament: Apostelgeschichte und Briefe).

GOLDSTEIN, H.: ποιμήν = GOLDSTEIN, H.: ποιμήν, ένος, ὁ - ἀρχιποιμήν, ένος, ὁ - ποιμαίω. In: BALZ, H., SCHNEIDER, G. (HG.): *Exegetisches Wörterbuch zum Neuen Testament.* Zweite verbesserte Auflage mit Literatur-Nachträgen. Stuttgart u. a.: Kohlhammer, 1992 (Bd. III), Sp. 301-304.

KALDE, FR.: PGR = KALDE, FR.: § 48 Pfarrgemeinderat und Pfarrvermögensverwaltungsrat. In: LISTL, J., SCHMITZ, H. (HG.): *Handbuch des katholischen Kirchenrechts.* 2., grundlegend neubearbeitete Auflage. Regensburg: Friedrich Pustet, 1999, S. 528-535.

KÜHSCHELM, R.: Apostel = KÜHSCHELM, R.: Apostel. In: Bauer, J. u. a. (HG.): *Bibeltheologisches Wörterbuch.* Vierte, völlig neu bearbeitete Auflage. Sonderausgabe. Graz: Verlagsgruppe SMB, 2001, S. 36, Sp. 1-S. 43, Sp. 2.

SCHICK, L.: Pfarrei = SCHICK, L.: § 45 Die Pfarrei. In: LISTL, J., SCHMITZ, H. (HG.): *Handbuch des katholischen Kirchenrechts.* 2., grundlegend neubearbeitete Auflage. Regensburg: Friedrich Pustet, 1999, S. 484-496.

SCHNIDER, F.: προφήτης = SCHNIDER, F.: προφήτης, ου, ὁ. In: BALZ, H., SCHNEIDER, G. (HG.): *Exegetisches Wörterbuch zum Neuen Testament.* Zweite verbesserte Auflage mit Literatur-Nachträgen. Stuttgart u. a.: Kohlhammer, 1992 (Bd. III), Sp. 442-448.

STRECKER, G.: εὐαγγελίζω = STRECKER, G.: εὐαγγελίζω. In: BALZ, H., SCHNEIDER, G. (HG.): *Exegetisches Wörterbuch zum Neuen Testament.* Zweite verbesserte Auflage mit Literatur-Nachträgen. Stuttgart u. a.: Kohlhammer, 1992 (Bd. II), Sp. 173-176.

WEDDELL, SH. A.: *Fruitful* = WEDDELL, SH. A.: *Fruitful discipleship: Living the Mission of Jesus in the Church and the World.* Huntington, Indiana: Our Sunday Visitor, 2017.

WIENHARDT, TH.: *Qualität* = WIENHARDT, TH.: *Qualität in Pfarreien: Kriterien für eine wirkungs-volle Pastoral.* Würzburg: Echter, 2017 (Angewandte Pastoralforschung 3).

WOLFF, CHR.: *1 Kor* = WOLFF, CHR.: *Der erste Brief des Paulus an die Korinther.* 2., verb. Aufl. Leipzig: Evangelische Verlagsanstalt, 2000 (Theologischer Handkommentar zum Neuen Testament 7).

2.2 Internetquellen

- http://www.schure.de/2230007/konkordatnd.htm
  (aufgerufen am 15.05.2024, 10:15 Uhr).
- https://spcp.prf.cuni.cz/dokument/k-prus.htm
  (aufgerufen am 15.05.2024, 10:16 Uhr).
- https://spcp.prf.cuni.cz/dokument/thur.htm
  (aufgerufen am 15.05.2024, 10:18 Uhr).
- https://www.berlin.de/sen/kultgz/religion-und-weltanschauung/ver-traege/2020neu_vertrag_bischoefl_ordinariat.pdf?ts=1705017669
  (aufgerufen am 15.05.2024, 10:20 Uhr).
- https://www.berlin.de/sen/kulteu/religion-und-weltanschauung/vertraege
  (aufgerufen am 15.05.2024, 10:24 Uhr).
- https://www.berlin.de/sen/kultgz/religion-und-weltanschauung/ver-traege/2020neu_vertrag_evkirche_und_kathkirche.pdf?ts=1705017669
  (aufgerufen am 15.05.2024, 10:28 Uhr).
- https://www.bmi.bund.de/SharedDocs/downloads/DE/veroeffentlichungen/the-men/heimat-integration/staat-religion/MV_Kathol_Kirche.pdf?__blob=publica-tionFile&v=1 (aufgerufen am 15.05.2024, 10:32 Uhr).
- https://www.bmi.bund.de/SharedDocs/downloads/DE/veroeffentlichungen/the-men/heimat-integration/staat-religion/SH_Kathol_Kirche.pdf;jsessio-nid=470F4C849EE55A0B0452A92E5605C50B.2_cid295?__blob=publication-File&v=2 (aufgerufen am 15.05.2024, 10:34 Uhr).
- https://bravors.brandenburg.de/de/vertraege-242586
  (aufgerufen am 15.05.2024, 10:39 Uhr).
- https://www.dbk.de/themen/kirche-staat-und-recht/konkordate-und-kirchenver-traege/ (aufgerufen am 15.05.2024, 10:40 Uhr).
- https://www.gesetze-bayern.de/Content/Document/BayKonk/True
  (aufgerufen am 15.05.2024, 10:43 Uhr).
- https://www.gesetze-im-internet.de/gg/art_4.html
  (aufgerufen am 15.05.2024, 10:44 Uhr).
- https://www.gesetze-im-internet.de/gg/art_28.html
  (aufgerufen am 15.05.2024, 10:46 Uhr).

-   https://www.gesetze-im-internet.de/gg/art_140.html
    (aufgerufen am 15.05.2024, 10:47 Uhr).
-   https://www.ibka.org/artikel/ag97/reichskonkordat.html
    (aufgerufen am 15.05.2024, 10:49 Uhr).
-   https://www.kirchenrecht-ebfr.de/document/112
    (aufgerufen am 15.05.2024, 10:50 Uhr).
-   https://landesrecht.rlp.de/bsrp/document/jlr-KiVermVwVtrGRPpVertrag
    (aufgerufen am 15.05.2024, 10:52 Uhr).
-   https://www.landesrecht.sachsen-anhalt.de/bsst/document/jlr-KonkordatGSTrah-
    men (aufgerufen am 15.05.2024, 10:55 Uhr).
-   https://www.luewu.de/docs/gvbl/2006/34.pdf
    (aufgerufen am 15.05.2024, 10:57 Uhr).
-   https://www.niedersachsen.de/down-
    load/69894/Nds._GVBl._Nr._15_2012_vom_20.07.2012_S._243-249.pdf
    (aufgerufen am 15.05.2024, 10:59 Uhr).
-   https://www.rathaus.bremen.de/sixcms/media.php/13/Heiliger_Stuhl.pdf
    (aufgerufen am 15.05.2024, 11:00 Uhr).
-   https://recht.nrw.de/lmi/owa/br_gv_show_pdf?p_jahr=1984&p_nr=53
    (aufgerufen am 15.05.2024, 11:02 Uhr).
-   https://www.revosax.sachsen.de/GetAttachment.link?id=4859
    (aufgerufen am 15.05.2024, 11:04 Uhr).
-   https://www.vatican.va/roman_curia/secretariat_state/ar-
    chivio/documents/rc_seg-st_19321012_santa-sede-baden_ge.html
    (aufgerufen am 15.05.2024, 11:06 Uhr).
-   https://www.vatican.va/roman_curia/secretariat_state/ar-
    chivio/documents/rc_seg-st_19940922_s-sede-amburgo_ge.html
    (aufgerufen am 15.05.2024, 11:08 Uhr).

Vom selben Autor beim Verlag
Books on Demand erschienen:

Sven Jast

Anders und doch nutzbar:
Erkenntnisse zur Neuevangelisierung aus meiner Reise
nach Kanada und in die USA.

Norderstedt: Books on Demand, 2022
Paperback, 74 Seiten, mit vielen farbigen Abbildungen

Printausgabe: ISBN 978-3-7562-0341-3
E-Book: ISBN 978-3-7562-6242-7

Neuevangelisierung heute

Was können wir in Mitteleuropa, besonders in Deutschland, von erfolgreich evangelisierenden christlichen Gemeinden in Nordamerika lernen?

Mit dieser Frage im Gepäck reiste Sven Jast fast sieben Wochen nach Kanada und in die USA.

Während seiner Reise hielt er seine Erlebnisse in einem Reiseblog
(https://kanadaundusa.jimdofree.com) fest. Seine Reflexionen darüber
finden sich nun in diesem Büchlein. Damit möchte er eine Antwort auf
die oben gestellte Frage geben.

Herausgestellt hat sich, dass die Begebenheiten in Nordamerika anders
sind als in Europa, aber doch dort auch nutzbar!